信毅教材大系·财政税收系列

# 政府预算管理

Public Budget

徐旭川 编著

复旦大学 出版社

## "信毅教材大系"编委会

- 主　　任　卢福财
- 副 主 任　邓　辉　王秋石　刘子馨
- 秘 书 长　廖国琼
- 副秘书长　宋朝阳
- 编　　委　刘满凤　杨　慧　袁红林　胡宇辰　李春根
  　　　　　章卫东　吴朝阳　张利国　汪　洋　罗世华
  　　　　　毛小兵　邹勇文　杨德敏　白耀辉　叶卫华
  　　　　　尹忠海　包礼祥　郑志强　陈始发
- 联络秘书　方毅超　刘素卿

# 总 序

世界高等教育的起源可以追溯到1088年意大利建立的博洛尼亚大学,它运用社会化组织成批量培养社会所需要的人才,改变了知识、技能主要在师徒间、个体间传授的教育方式,满足了大家获取知识的需要,史称"博洛尼亚传统"。

19世纪初期,德国的教育家洪堡提出"教学与研究相统一"和"学术自由"的原则,并指出大学的主要职能是追求真理,学术研究在大学应当具有第一位的重要性,即"洪堡理念",强调大学对学术研究人才的培养。

在洪堡理念广为传播和接受之际,爱尔兰天主教大学(爱尔兰国立都柏林大学的前身)校长纽曼发表了《大学的理想》的著名演说,旗帜鲜明地指出"从本质上讲,大学是教育的场所","我们不能借口履行大学的使命职责,而把它引向不属于它本身的目标"。强调培养人才是大学的唯一职能。纽曼《大学的理想》的演说让人们重新审视和思考大学为何而设、为谁而设的问题。

19世纪后期到20世纪初,美国威斯康星大学查尔斯·范海斯校长提出"大学必须为社会发展服务"的办学理念,更加关注大学与社会需求的结合,从而使大学走出了象牙塔。

2011年4月24日,胡锦涛总书记在清华大学百年校庆庆典上指出,高等教育是优秀文化传承的重要载体和思想文化创新的重要源泉,强调要充分发挥大学文化育人和文化传承创新的职能。

总而言之,随着社会的进步与变革,高等教育不断发展,大学的功能不断扩展,但始终都围绕着人才培养这一大学的根本使命,致力于不断提高人才培养的质量和水平。

对大学而言,优秀人才的培养,离不开一些必要的物质条件保障,但更重要的是高效的执行体系。高效的执行体系应该体现在三个方面:一是科学合理的学科专业结构;二是能洞悉学科前沿的优秀的师资队伍;三是作为知识载体和传播媒介的优秀教材。教材是体现教学内容与教学方法的知识载体,是进行教学的基本工具,也是深化教育教学改革,提高人才培养质量的重要保证。

一本好的教材,要能反映该学科领域的学术水平和科研成就,能引导学生沿着正确的学术方向步入所向往的科学殿堂。因此,加强高校教材建设,对于提高教育质量、稳定教学秩序、实现高等教育人才培养目标起着重要的作用。正是基于这样的考虑,江西财经大学与复旦大学出版社达成共识,准备通过编写出版一套高质量的教材系列,进一步锻炼学校教师队伍,提高教师素质和教学水平,最终将学校的学科、师资等优势转化为人才培养优势,提升人才培养质量。为凸显江财特色,我们取校训"信敏廉毅"中一前一尾两个字,将这个教材系列命名为"信毅教材大系"。

"信毅教材大系"将分期分批出版问世,江西财经大学教师将积极参与这一具有重大意义的学术事业,精益求精地不断提高写作质量,力争将"信毅教材大系"打造成业内有影响力的高端品牌。"信毅教材大系"的出版,得到了复旦大学出版社的大力支持,没有他们的卓越视野和精心组织,就不可能有这套系列教材的问世。作为"信毅教材大系"的合作方和复旦大学出版社的一位多年的合作者,对他们的敬业精神和远见卓识,我感到由衷的钦佩。

王 乔

2012 年 9 月 19 日

# 目 录

第一章 政府预算概论 …………………………………… 001
  第一节 政府预算的起源和发展 …………………… 001
  第二节 政府预算的特征和功能 …………………… 007
  第三节 政府预算的原则和目标 …………………… 012
  第四节 政府预算的流程和周期 …………………… 017

第二章 政府预算的管理体制 …………………………… 023
  第一节 多级政府与多级预算 ……………………… 023
  第二节 预算管理体制概述 ………………………… 027
  第三节 我国预算管理体制变迁的分析 …………… 034
  第四节 分税制预算管理体制 ……………………… 045

第三章 政府预算形式与范围 …………………………… 054
  第一节 政府预算形式 ……………………………… 054
  第二节 政府预算范围 ……………………………… 060

第四章 政府预算方法与分类 …………………………… 073
  第一节 政府预算方法 ……………………………… 073
  第二节 政府预算收支分类 ………………………… 079
  第三节 我国政府收支分类体系改革 ……………… 084

第五章 政府预算编制与审查 …………………………… 095
  第一节 预算编制的原则和依据 …………………… 095
  第二节 预算编制前的准备 ………………………… 099
  第三节 预算编制程序 ……………………………… 101
  第四节 政府预算收支测算的一般方法 …………… 103
  第五节 部门预算编制 ……………………………… 112
  第六节 财政总预算的编制和审查 ………………… 120

## 第六章　政府预算的执行与控制 …… 127
### 第一节　政府预算执行概述 …… 127
### 第二节　国库 …… 130
### 第三节　政府预算收入的执行 …… 138
### 第四节　政府预算支出的执行 …… 143
### 第五节　政府预算执行的控制 …… 146
### 第六节　"收支两条线"制度 …… 152

## 第七章　政府决算与财务报告 …… 158
### 第一节　政府决算的编制 …… 158
### 第二节　政府决算的审查批准 …… 170
### 第三节　政府财务报告 …… 173

## 第八章　政府预算监督 …… 180
### 第一节　政府预算法制监督的制度框架 …… 180
### 第二节　政府预算绩效评价 …… 190
### 第三节　政府预算透明度 …… 198

## 第九章　政府预算管理信息系统 …… 209
### 第一节　政府财政管理信息系统概述 …… 209
### 第二节　政府预算信息管理系统 …… 213
### 第三节　金财工程 …… 218

## 参考文献 …… 227

# 第一章　政府预算概论

**【本章导读】**

政府预算是政府管理社会经济事务和进行宏观调控的有力工具,也是政府参与国民经济分配的主要杠杆。政府预算的产生、发展和日趋完善,标志着财政管理逐步走上了法制化、民主化和规范化的轨道。

政府预算作为一个独立的财政范畴,是财政发展到一定阶段的产物,从预算产生到发展为现代预算制度,其内涵得到不断充实和完善,并形成区别于其他经济范畴和财政范畴的特性。准确理解政府预算功能的前提是把握预算与财政的关系。财政收支活动是预算的执行过程,因此,政府预算的功能是就预算与财政而言的,是预算对财政及对经济的影响和作用。

政府预算的原则是国家选择预算形式和体系的指导思想,也是一国预算立法、编制及执行所必须遵循的原则。现代预算原则是伴随着现代预算制度的产生而出现的,并随着社会经济和预算制度的发展变化而不断变化。政府预算目标能为政府预算的改革和发展提供明确的方向,有利于约束政府及其各公共部门对公共资金的需求,使其与可集中的预算收入相协调。

政府预算的流程按照各个运行阶段的内容,主要分为预算规划与决策、预算编制与审批、预算执行与决算、预算控制与监督、预算审计与评价等阶段。政府预算周期是指为保证政府预算的质量,按一定程序设定的从准备编制预算开始,经过正式编制预算、预算的审查和批准、预算执行、预算调整,一直到决算及绩效评价结束为止的一个完整的预算循环过程。建立标准预算周期制度的目的在于保证政府有充分的时间进行预算编制,并严格按预算程序办事,以确保预算质量。

## 第一节　政府预算的起源和发展

政府预算是财政体系的重要组成部分,属于财政范畴,是一国政府监督管理财政资金的重要工具。政府预算与财政一样,都是人类发展到一定历史阶段的产物。财政是伴随着国家的产生而产生的,而政府预算则是在封建社会末期和资本主义初期作为新兴资产阶级与封建统治阶级进行斗争的一种经济手段而产生的。从严格意义上来说,资本主义社会以前只有简单的政府预算活动,尚未形成现代意义上的政府预算制度,财政范畴中还未包括政府预算。只在当财政要求制定统一的年度收支计划,并要求通过立法程序审查批准时才出现现代意义上的政府预算制度。

## 一、政府预算产生的条件

自国家存在之日起,财政就相伴而生。但这并不意味着有了财政就等于有了政府预算,政府预算是社会发展的产物,真正意义上的政府预算直到资本主义时期才产生。在中世纪的欧洲,虽然存在许多国家,但直到 17 世纪,英国才编制了世界上第一个政府预算。这说明,预算并不是随着国家的产生而立即产生,还需要一定的社会条件加以催化。

### (一) 政府预算产生的经济条件

在封建社会,由于生产力水平低下,人们的收入仅能满足日常生活所需,剩余收入很少,政府所能征收的作为财政收入主要来源的税收规模也就很小,且税种单一。相对应的财政支出规模也很小,资金的使用用途比较简单。从这个角度看,政府并没有建立预算制度的必要。

随着资本主义萌芽的出现和发展,社会生产力水平不断提高,人们的剩余收入增加了,政府的税收规模不断扩大,税种也不再局限于人头税和以土地为征收对象的财产税。与此同时,政府的财政支出规模也急剧扩大,资金的使用用途更多样化。财政收支的不断扩大以及收支内容的多样化,使得政府有必要编制公共资金的使用计划,实现收支平衡。

### (二) 政府预算产生的政治条件

政府预算的产生不仅需要资本主义经济的发展,还需要政治民主化的不断深入。文艺复兴运动推动了政治民主化的进程,孟德斯鸠、霍布斯、洛克等一大批思想家,高举"科学""民主"的大旗,冲击了传统"君权神授"的思想,提出政府权力来源于公众的思想。在《社会契约论》中,卢梭提出"主权在民"的思想,并认为政府的权力来源于其被统治者的认可。这一思想在西方反响很大,美国 1776 年《独立宣言》中就阐明了这一思想,即"人人生而平等,造物者赋予他们若干不可剥夺的权利,其中包括生命权、自由权和追求幸福的权利。为了保障这些权利,人类才在他们之间建立政府,而政府的正当权力是经被统治者的同意而产生的。当任何形式的政府对这些目标具有破坏作用时,人们便有权改变或废除它,以建立一个新的政府。"在西方,预算纳入议会审议程序被认为是政治民主化的标志,而社会契约论对政府的产生做出了解释,同样也为政府预算的产生和发展奠定了基础。

## 二、英国政府预算的产生

现代政府预算制度最早诞生在英国,同时英国也是最早发展资本主义、最早形成议会制度的国家。新兴资产阶级与皇室统治者经过长期的斗争,迫使英国国王于 1215 年签订了《大宪章》。该宪章确立"非赞同毋纳税"的预算原则,以法律形式限制了国王的征税权力。随着新兴资产阶级的发展壮大,他们必然会要求登上政治经济舞台,建立一种能够维护他们自身利益的政治经济制度。资产阶级为封建国家提供了大部分财政收入,因此他们会要求限制封建国家的财政支出,将王室开支与国家开支严格区分,并充分利用议会与国王争夺财政权。

1640年,英国资产阶级革命爆发,推动了英国预算制度的发展。1678年英国议会通过并确定,王室政府为执行其职能所需的财政支出,必须经过代表资产阶级利益的下议院批准通过。1688年,英国资产阶级议会规定,皇室的年俸由议会决定,严格区分国王的私人支出和政府的财政支出。1689年通过的《权利法案》确立了"议会主权"的原则;重申不经过国会批准,王室政府不得强迫任何人纳税;国家机关和官吏在处理国家的财政收支上,不仅要明晰其权责,还要遵循一定的规章和法令。《权利法案》的通过,标志着英国资产阶级君主立宪制的确立,同时也为现代预算制度奠定了基础。

预算作为一项政府制度,最早出现在英国1733年出版的名为《布袋打开了》的小册子,Budget(预算)的原意是指布袋。该书出版的目的是讽刺财政大臣向议会提交预算(或称财务报告)是"打开布袋,向议会展示其灵丹妙药"[①]。1760年,英国国王为换取下议院批准年度财政拨款,放弃了自行征税的权力。至此,资产阶级控制了国家的全部财政收支,财政权完全由议会所控制。1789年,英国议会通过的《联合王国综合基金法案》规定,把全部财政收支纳入同一个文件中,一切财政收入都要纳入综合基金之中,所有的财政支出都由综合基金拨付。自13世纪新兴资产阶级迫使皇室统治者签订《大宪章》起,历经几百年的时间,直到19世纪初,现代政府预算制度才真正建立起来,即:财政大臣每年提出全部财政收支的一览表,对国家所需的收支作出预估,并且制定取得收入的办法;议会审批后再执行;主计审计长对预算执行结果进行独立审计。

## ▍三、中国政府预算的产生与发展

(一)政府预算的产生

在我国漫长的封建社会历史中,虽然在明清时期,资本主义萌芽开始出现,但其发展十分缓慢,自然经济仍占据主导地位,加之我国自古以来都是单一制封建君主集权国家,皇帝拥有最终的决策权,尚不可能产生现代预算制度。1896年,康有为在"戊戌变法"中提出"编制国家预算,公开财政收支"的想法,但因变法失败,其提议并没有得到实施。1908年清政府被迫颁布《清理财政章程》,并于宣统二年(1910年)起,由清理财政局主持编制预算的工作,这被认为是我国出现得最早的正式政府预算。由于1911年辛亥革命的爆发,我国历史上第一部具有现代意义的预算连同清政府一起被埋葬了。

(二)民国时期的政府预算

1914年,北洋政府颁布了《会计条例》,建立了较完整的政府预算制度。国民党执政期间,1931年立法院通过了第一部预算,于1932年4月公布,但因预算收支不能平

---

① 焦建国.英国公共财政制度变迁分析[M].经济科学出版社,2009:167.

政府预算管理

衡而无法实施,直到1934—1936年,预算才勉强由立法院通过并付诸实施①。在抗日战争期间,由于政治上不统一、国内局势动荡和长期通货膨胀而无法编制政府预算。因此,国民政府只编制了总概算,为应对恶性通货膨胀,国民政府中央主计机关于1941年要求各地在编制概算的同时,必须附上事物数量表,以供编制总概算时参考。

1945年抗日战争胜利后,国民政府才恢复了政府预算制度。之后,虽然每年都编制预算,但由于内战和物价极其不稳定,预算实际上变成一纸空文。

(三)新中国的政府预算

1. 国民经济恢复时期的国家预算

中华人民共和国成立后,根据《中国人民政治协商会议共同纲领》第40条的规定,中央人民政府开始着手编制1950年中央和地方财政收支概算。1949年12月,中央人民政府批准了财政部部长薄一波所作的《关于1950年度全国财政收支概算草案编成的报告》,这是新中国第一个国家概算,也是新中国财政制度进入正轨的标志。1950年政务院颁布《关于统一国家财政经济工作的决定》,从而建立了统一的国家财政。1951年政务院发布《预算决算暂行条例》,对预算的基本原则、预算的编制及核定、预算的执行、决算的编制和审定等内容作出了相应的规定,标志着我国国家预算制度的建立。

2. 计划经济体制时期的国家预算

随着国民经济恢复时期的结束,我国进入了大规模经济建设时期。由于当时经验不足,在"向苏联学习"的指导下,国家预算采用的是与计划经济体制相适应的高度统收统支模式。高度统收统支模式有以下三个特点。

(1)国家只有一本集中于财政部的国家预算。这本预算是经国务院通过后,由国务院负责实施的。地方各级政府的收支皆属于国家预算的组成部分,其收支指标由国务院和财政部按照行政隶属关系进行逐级分配。

(2)国家财政资金实行高度的统收统支。按照行政层次,由中央政府在各地设立金库,各级政府的一切收入就地入库;在支出方面,地方各级政府的支出必须按照中央的支付令,就地办理出库。

(3)为鼓励地方政府增收节支,中央采取了超收分成等激励措施,但同时也规定分成部分一般应在下一年度安排使用。

统收统支的预算体制既适应了计划经济体制的发展,也最大限度地集中了财力进行经济建设,以实现国家工业化。在计划经济时期,不仅在财政上实行统收统支,在生产上也按照统一的计划进行,商贸上按照统一的计划来调配物资,对生活资料也通过票证等进行统一安排。

3. 改革开放以来的政府预算

1980年,我国开始进行以中央和地方分权为特点的"划分收支,分级管理"改革,明确划分了中央和地方财政的收支范围,这也标志着地方政府开始根据本地社会经济的发展制定适宜自身发展的政府预算,中央和地方政府预算开始初步分离。随着社会的变化发展,1951年发布的《预算决算暂行条例》已不能与时代的发展相适应,为了加强

---

① 马国贤.政府预算[M].上海财经大学出版社,2011:43.

我国国家预算管理,促进经济社会的稳定发展,国务院于1991年发布了《国家预算管理条例》,并于1992年1月1日正式实施。《国家预算管理条例》规定,国家预算管理,应遵循统一领导、分级管理、权责结合的原则;国家预算应按照复式预算编制,分为经常性预算和建设性预算两部分,经常性预算不列赤字。1994年实行分税制改革,根据中央和地方的事权来合理确定各级政府的支出范围,并通过划分税种来形成中央和地方的收入体系。同年,《中华人民共和国预算法》通过,这说明我国预算立法已从行政法规层次上升到法的层面,进一步加强了人大对政府预算行为的监督和制约。1999年9月,国务院提出的关于2000年中央预算编制改革的意见经中共中央政治局常务会议同意通过。2000年,所有中央一级预算单位都试编了部门预算,并要求教育部、农业部、科技部和劳动与社会保障部这4个部门将部门预算上报给全国人大进行审议。2001年,部门预算改革进一步推进,向全国人大报送部门预算的范围由先前的4个部门扩大到26个部门,且进一步细化预算内容,改进预算批复形式。同时,选择了10个部门作为实行新的预算编制方法和新的预算定额的试点。传统的财政支出实行分散分付制度,这就导致难以有效监督预算执行过程、资金的使用效率低下等问题。为了解决传统财政支出存在的弊端,2001年财政部顺应改革发展的潮流,启动了国库集中收付制度改革,从而强化政府的监督职能,提高财政资金的使用效率。2007年政府收支分类改革全面实施,其目的在于对政府收入和支出进行更好地分类,从而提高预算的透明度,强化对预算的管理和监督,更为清晰地反映政府的收支全貌和政府的职能活动情况。2014年8月31日,十二届全国人大常委会第十次会议通过了《全国人民代表大会常务委员会关于修改〈中华人民共和国预算法〉的决定》,自2015年1月1日起施行。虽然"实行全口径预算管理"的提法可追溯到2003年10月的中共十六届三中全会,但新预算法首次对"全口径预算"从法律上做出界定,即政府全部收入和支出都应纳入预算,预算包括一般公共预算、政府性基金预算、国有资本经营预算、社会保险基金预算。除此之外,新预算法还重点从完善财政转移支付制度、健全地方政府债务管理机制、推进预算公开和绩效管理、加强人大预算决算审查监督等方面,对预算法进行了进一步完善。

### 专栏 1-1

## 全口径预算

全口径预算就是把政府所有收支全部纳入统一管理,其目标是构建一个覆盖所有收支、不存在游离于预算外的政府收支、将所有类型的财政资金收支都纳入统一管理体系的制度框架。

伴随着政府职能的扩展,政府收支活动的复杂性日益增强,对传统预算原则形成了挑战。政府收支未能全部纳入预算,以及纳入预算的政府收支并非都受到了同样严格的预算管理和监控,这两大问题长期存在于政府收支预算管理之中,成为完善我国政府预算体系的桎梏。2003年10月中共十六届三中全会所通过的《中共中央关于完善社会主义市场经济体制若干问题的决定》中,提出了"实行全口径预算",积极构建公共财政体制框架并致力于将所有政府收支纳入预算管理。旨在以规范政府收支为突破,进而重构政府预算体系,构建从涵盖所有政府收支项目的预算报表体系,到预算法律制度规范、预算会计体系、预算权配置、预算管理的范围、预算管理模式及预算报告体系的系统工程。

### (一)加强财政票据管理

收支票据是控制预算内资金的基础途径,对预算外资金也同样适用。当前加强票据管理需要做到以下三点。

#### 1. 梳理相关信息

领购财政票据的种类、年度计划用量、部门执收的依据以及项目和标准等相关信息是决定财政票据管理是否科学、准确的基础环节。实践中,往往由于这些基础信息不全面、不准确导致了后续财政票据管理的混乱,从而为预算外资金逃离监管留下了空间。各部门(单位)有必要根据2013年1月1日生效的《财政票据管理办法》的要求进一步统计和梳理本部门相关信息。

#### 2. 实行电子化管理

目前部分中央部门已经开始试点运行财政票据电子化管理系统。各级地方政府也要在条件成熟时推进电子化票据管理,依托计算机和网络技术手段,运用票据软件对财政票据申请、印制、登记、入库、核发、出库、使用、缴库、保管、核销、审验、销毁等实行全程监管,减少暗箱操作,提高票据管理效率。

#### 3. 部门联动

将预算外纳入预算涉及执收单位、部门、商业银行、国库等部门,相关部门如果各自为政,就难以将预算外资金真正纳入预算内。因此各地方有必要建立统一的财政票据管理信息数据库和信息交流管理平台,实现相关部门之间系统的互联互通,对财政票据进行交叉稽核和流程管理,从而避免收入不进专户以及截留、隐瞒收入等现象。

### (二)加强监督检查

预算外资金涉及部门、单位或者个人的利益,因此在实践中将预算外纳入预算内阻力非常大,效果也并不明显。完全依靠部门积极主动不太现实,通过财政部门的监督检查进行督促是非常必要的。在对预算外资金进行监督检查时,可以考虑以下两种做法。

#### 1. 公开预算外信息

目前公开的政府预算信息中,部门并未公开财政专户资金,财政也并未公开政府性基金等内容。如果能够在监督检查过程中将上述信息公开,就会对相关部门形成动力和压力,从而逐步规范预算外资金的管理,并按照要求将其纳入预算内。比如,黑龙江省人大在审议2012年部门预算时,要求部门提供财政专户资金的信息并与往年进行对比,与2011年相比,大部分部门的财政专户资金都减少6%左右。

#### 2. 重视对个人的惩处

目前监督检查之所以不够严厉,其原因之一就在于惩处主要针对单位或部门而不是个人。即使法律法规规定了对个人的惩处,在实践中也由于人情等因素而难以执行。在以往的私设"小金库"、违规收取非税收入等案例中,由于个人没有或者难以受到惩处,公众认为惩处效果并不严厉。建议在相关法规中具体规定对个人的经济、行政、刑事等惩处政策并真正落实,这样才能起到震慑效果。

## 第二节 政府预算的特征和功能

政府预算作为一个独立的财政范畴,是财政发展到一定历史阶段的产物。预算从产生到发展成为现代预算制度,其内涵不断充实和完善,并形成了不同于其他财政范畴的特征。

政府预算作为财政的一个重要工具,配合其他政策工具(如税收、公债等)为实现政府财政职能发挥着积极作用。政府预算在我国政治经济生活中发挥着重要功能,其功能主要包括财政分配、宏观调控和反映监督。

### 一、政府预算的基本特征

(一)预测性

政府预算的预测性是指政府通过编制未来年度预算可以对预算收支规模、收入来源以及支出用途做出事前的预计和设想。无论是发达国家还是发展中国家,各级政府、各部门都需要对未来年度的预算收支进行预测,编制预算收支计划,进行收支对比,更全面地把握计划年度预算是收大于支,还是收小于支,再做出对策研究。至于这种预测准确性如何,最终能否实现,取决于两方面因素:一是政府预算事前编制的科学化和民主化程度;二是预算执行过程中客观条件变化后选择的应变措施以及预算管理水平和预算管理手段。预算管理手段的现代化,大大加快了预算信息的收集、传递和分析利用的速度,同样提高了政府预算的预测性。

(二)法律性

法律性即政府预算的编制和执行结果都要经过立法机构的审查批准,预算执行过程也要接受立法机构的监督。政府预算的法律性特征主要体现在两个方面:一是立法机关批准的各级政府预算,各级政府必须严格执行,不得随意更改;二是预算管理程序进行法制化管理。

自现代预算制度产生以来,任何国家的预算形成都必须经过立法机构的审查批准,并接受立法机构的监督,从这一层面看,充分凸显了政府预算的法律性。法律性特征是政府预算顺利实现的前提和保证。只有将预算置于法律的约束下,才能称之为真正意义上的现代预算制度。

(三)公共性

相对于其他预算主体而言,政府预算具有较鲜明的公共性。个人及私人部门的私人经济活动只需向利益相关主体提供必要的信息,除法律另有规定外,不需要向社会披露;而政府的经济行为实质上是集众人之财,为众人办事,涉及全体民众的切身利益,除涉及国家安全的内容外,其余都应向民众公开。

与传统国家预算相比,我国政府预算不仅有支出结构的变化,也有预算编制及运行方式的不同。从政府预算的支出结构来看,随着我国政府职能的转变,用于公共性服务、民生的支出比例迅速上升,而生产性和营利性的投资支出逐渐缩小。从预算编制和运行方式来看,政府预算的公共性必然要求其预算决策民主、预算运行规范、公开透明和接受监督。原有的预算制度正逐渐被充分体现预算公共性理念的预算制度所取代。

（四）集中性

预算资金作为集中性的政府财政资金,其规模、来源、去向、收支结构比例和收支平衡状况,都由政府按照社会公共需要,从国家整体利益出发进行统筹分配。这包含两个方面的内容:一是政府预算收入按照国家法定征收对象和标准在全社会范围内进行筹集,任何部门、单位或个人都不能截留、坐支、挪用,从而保证预算收入能够及时、足额地缴入国库;二是预算资金是政府履行其职能所需的财政资金,各地区、各部门、各单位都必须按照国家统一制定的预算支出用途、支出定额、支出比例等相关指标执行,不能各行其是。

（五）综合性

综合性是指政府预算是各项财政收支的汇集点和枢纽,综合反映政府财政收支活动的全貌。也就是说,政府预算应该包含政府一切收支,并且以总额列入预算,不应该以收抵支,只列收支相抵后的净额。政府预算的收支范围比其他财政环节要更广泛。如国有资产收支计划、工商税收计划、拨贷款计划等,这些单项财政收支计划是政府预算的组成部分,并不能全面反映政府的全部收支状况。正因为政府预算全面地反映了政府的方针政策,所以要了解政府在这一年度有什么工作安排和计划,只需要看看这一年度的政府预算就行了。

## 二、政府预算的功能

（一）分配功能

财政分配资金的主要手段是政府预算。财政分配是指财政通过筹集必要的资金,参与国民生产总值的分配和再分配,从而满足社会的公共需要。财政分配职能的实现需要通过财政部门运用预算、税收、财政补贴、转移支付、财政投资、国有企业上缴利润等一系列分配工具。其中,预算是财政分配职能的主要实现形式。原因在于,国家通过税收、公债、上缴利润等分配工具将分散在各地区、各部门、各单位及个人手中的一部分国民生产总值集中起来,政府总预算直接集中了相当数量的以货币为表现形式的社会资源,形成政府预算收入。

如果说政府预算筹集资金只是手段,那么分配资金进而满足国家各方面需要才是目的。政府预算是政府对公共产品进行资源配置的重要工具。公共产品的特性决定了市场不能有效地提供公共产品,更多是通过政府进行资源配置,因此,政府要根据社会公共需要,将筹集起来的预算收入在全社会范围内进行再分配,合理安排各项支出,保证重点建设、行政、国防、科教文卫等方面的需要,为公共产品提供必要的财力保证。政府预算的收入来源和支出用途能够全面反映财政的分配活动,体现集中性财政资金的来源结构和去向用途,即:政府预算收入的来源结构、数量规模和增长速度能够反映国民经济的收支结构、发展状况、经济效益、积累水平和增长速度;政府预算支出的比例结构、支出流向能够体现国民经济和社会发展以及政府各部门之间的比例关系[①]。

（二）宏观调控功能

政府预算的宏观调控功能是指政府预算作为财政分配的中心环节,在对财政资金的筹集、分配和使用过程中,主要通过年度预算的预先制定和执行过程中的收支平衡调整,对国民经济进行调节。

仅仅靠市场调节往往会造成资源配置的浪费,也会失去社会公平,因此在市场经济条件下,宏观调控同样是必不可少的。当市场不能维持其自身均衡发展时,政府可以根据市场经济的运行状况,选择适当的预算政策,从而维持经济的稳定增长和社会的公平发展。

政府预算的宏观调控功能主要表现在以下三方面。

1. 通过预算收支规模的变动,调节社会供求总量的平衡

在市场经济条件下,国民经济正常运行的基本条件是对社会总供给与总需求的平衡的控制。社会总供给是指已经生产出来并进入市场进行交换的全部商品的总和;社会总需求是指有货币支付能力的人们对商品物资需求的总和。只有在商品经济中,商品的使用价值与价值相分离,才会产生总供给与总需求的平衡问题。在二者的平衡关系中,预算对宏观经济的调控主要是作用于社会总需求的,即预算通过自身收支的运作,影响社会总需求,作用于市场的运行。企业和个人的生产或劳务活动是直接由市场机制所支配的,只要存在市场需求,他们就会在市场价格的引导下提供市场所需的产品和劳务,预算并不能代替企业和个人去直接从事市场经营活动。

预算收入代表的是可供政府集中分配的商品物资量,属于社会供给总量的一部分;预算支出代表的是通过预算分配形成的社会购买力,属于社会需求总量的一部分。因此,通过对政府预算收支关系的调节,可以在一定程度上影响和调节社会供求总量的平衡。当社会总需求大于社会总供给时,可以减少预算支出和增加税收,采取收大于支的盈余政策进行调节,从而减少社会总需求,使供求矛盾得以缓解;当社会总需求小于社会总供给时,可采取扩大预算支出和减少税收的办法,采取支大于收的赤字政策加以调节,以增加社会总需求;当社会供求总量基本平衡时,预算可实行收支平衡的中性政策与之配合。

2. 通过调整政府预算收支结构,进行资源的合理配置

与人们的需求相比,资源总是相对稀缺的,因此人们需要对有限的、相对稀缺的资源进行合理的配置,以便用最少的资源耗费,生产出最适用的商品和劳务,获取最佳的

---

① 李燕.政府预算管理[M].北京大学出版社,2016:26.

效益。私人部门资源的最优配置是通过市场机制实现的,而公共部门和私人部门之间的资源配置和公共部门内部的资源配置则是通过政治程序进行预算的编制实现的。政府预算首先决定整个资源分配在公共部门和私人部门的比例,即各自的规模,然后再决定被分配在公共部门的资源规模的内部配置,即配置结构。

(1) 调节公共部门与私人部门的资源配置。市场配置资源的方式是价格,而政府配置资源的方式是预算。通过预算将社会可利用的资源在公共部门与私人部门之间进行分配的问题,实际上是政府财政参与国民生产总值的分配比例问题。在国民生产总值一定的情况下,政府集中得多了,就会挤占社会其他方面的利益,不利于整个国民经济和社会的发展;集中得少了,资金过于分散,政府无法掌握足够的财力,则会影响政府职能的充分发挥。因此,应确定一个合理的政府预算收入占国民生产总值比重的数量界限,合理数量界限的确定要以政府预算支出的范围为导向,而政府预算支出的范围又取决于市场经济条件下政府的职能范围。中共十八届三中全会明确提出,把市场在资源配置中的"基础性作用"修改为"决定性作用",这说明在市场经济条件下,社会资源的主要配置者是市场,而不是政府。西方财政理论认为,政府不仅是纯消费的部门,同时也是一个创造价值的生产部门,它的任务就是提供公共产品,满足社会的公共需要,即政府财政应在社会资源配置中起补充作用。政府财政所要解决的只能是市场不能解决,或者通过市场解决不好的事项,如公共产品的提供、外部效应的纠正、收入分配的调节和经济的稳定等。因而,各国政府配置资源的领域通常是:政权建设、公共投资、收入分配、事业发展等领域。在我国市场经济条件下,需要政府转变其职能,对市场经济条件下我国财政职能的范围进行重新认识,并在此基础上,调整政府预算集中社会资源的比例,从而调节社会资源在公共部门和私人部门之间的配置。

(2) 调节国民经济和社会发展中各种比例关系结构。私人部门通过市场由价格机制确定其经济活动的方向;政府部门则通过政治程序编制预算来确定其活动方向,调整各方利益。如果预算支出增加了对某个地区和部门的投资,就能促进该地区和部门的发展,相反,预算支出减少对某个地区和部门的资金供应,就能限制该地区和部门的发展。因此,通过调整政府预算的收入政策和支出结构,就能调节国民经济中的各种比例关系和社会发展结构。

① 调节资源在各地区之间的配置。由于历史条件和自然条件的差别,存在地区经济发展不平衡的现象,这种不平衡在市场经济条件下是不可避免的。地区间长期存在不平衡,不利于社会的稳定和经济的发展。仅仅靠市场机制难以完全解决这个问题,因此,要求财政通过税收、投资、财政补贴和转移制度等政策形式加以调节。

② 调节资源在经济和社会各部门之间的配置。合理的部门结构有利于提高宏观经济效果,促进国家健康发展。预算主要通过调整投资结构(如增加对国家需要优先发展的部门的投资,将加快该部门的发展)和改变现有产业部门的生产方向(调整资产的存量结构,进行资产重组,以调整产业结构)来调整部门结构。政府预算在以下两方面发挥其调节作用:一是调整预算支出中的直接投资;二是利用预算收支,通过税收政策、财政补贴等引导企业的投资方向,来调整资产存量结构。

3. 公平社会分配

改革开放以来，由于打破了旧的利益分配格局以及对经济结构进行了调整，加上市场经济的消极作用，我国出现了地区之间收入差距悬殊和个人之间分配不公的现象，这将不利于我国经济的持续、均衡发展和社会的稳定。可充分利用政府预算在我国财政分配中的中心作用，通过税收、财政补贴、财政转移支付等手段调节中央与地方之间、地区之间、行业之间以及公民个人间的收入分配，从而克服因分配不公而导致的社会不稳定隐患。

### (三) 反映功能

政府预算的反映功能是指政府预算能通过价值形式反映社会经济活动状况。政府预算作为国家财政集中和分配资金的重要工具，与社会再生产的各个环节(生产、分配、交换、消费)密切相关。政府预算活动涉及中央和地方政府，涉及不同的所有制经济，涉及各部门、各单位和个人。因此，在政府收支活动中，各级政府和企事业单位及个人的政治经济活动都会直接或间接地转换为一定的经济量指标，以价值形式反映出来。

政府预算具有综合性强的特点，它是财政收支系统的基本部分，可综合反映国民经济的运行状态。预算收入可以反映国民经济的发展规模、结构和经济效益水平；预算支出可以反映国家各项经济及社会事业发展的基本状况。而这些综合情况的获知可通过国民经济各部门、各企事业单位、国家金库以及财政部门内部各职能的预算报告按时反映到预算管理部门。因此，通过预算可以更好地掌握国民经济的发展趋势，及时发现国民经济发展中存在的问题，并采取相应对策措施，以促进国民经济稳定健康发展。

### (四) 监督功能

政府预算在筹集和分配财政资金的过程中，充分运用预算资金对国民经济的制约作用，对国民经济的各部门、各企事业单位的收支活动进行严格的制约和监督，来保证预算资金的使用合理、有效。

预算监督的理论依据是，政府与公民之间存在一种社会契约关系，在这种契约关系中，政府向公民提高公共产品和服务，而公民则向政府缴纳政府提供公共产品的价值补偿——税收[1]。公民作为财政资金的提供者，对政府如何花费自己所缴纳的税款有知情权。相较于实行专制王权的政体，实行代议制的政体更有利于取得财政收入。在专制王权下，统治者有权决定如何征税、税款如何使用，因此，人们千方百计地逃税，导致政府税收征管代价高而成效低；在代议制民主下，公民拥有参与决策和监督的权力，这会使他们认为代议机构做出的决定具有合法性，因此更愿意依法纳税，从而减少政府税收征管的成本。公民通过民主决策与监督，既可以使政府将有限的资金投向人们最需要的公共产品，也可以有效防止政府官员对公共财产的侵蚀，而政府预算则是公民监督政府对公共资金使用状况的有效工具。

政府预算实际上是一种对政府及其官员实施的制度控制方法，因此，有必要通过一系列的制度建设来保障预算监督效力的发挥。我国近年来进行的部门预算制度、政府采购制度、国库集中收付制度等预算制度性改革，其目的就在于加强政府的透明度，更好地接受公民的监督。

---

[1] 李兰英.政府预算管理[M].西安交通大学出版社，2007：30.

## 第三节 政府预算的原则和目标

政府预算的原则是一国预算立法、编制和执行所必须遵循的指导思想,它随着社会经济及预算制度的发展而不断变化。

政府预算的目标是指政府预算所期望取得的结果或完成的任务。政府预算目标能为政府预算的改革和发展提供明确的方向,有利于约束政府及其各公共部门对公共资金的需求,使其与可集中的预算收入相协调。

### 一、政府预算的原则

政府预算的原则是指政府选择预算形式和体系时应该遵循的指导思想,即制定国家财政收支计划的方针。政府预算的原则是伴随着现代预算制度的产生而产生的,预算制度的建立和完善,又需要遵循一定的原则,并随着社会经济和预算制度的发展变化而不断变化。

#### (一)西方的政府预算原则

现代预算制度产生后,各国预算学者对预算原则进行了一系列探索,其中具有代表性的分别是意大利财政学者尼蒂(Nitti)、德国学者诺伊马克(Neumark)和美国联邦政府预算局局长史密斯(Smith)提出的预算原则。

1. 尼蒂的预算原则

(1)公开性原则。全部预算收支必须经议会审查批准形成公开性文件,并向社会公布。其中,预算的内容应该尽可能详尽通俗,便于公众了解预算收支的全部情况。

(2)稳定性原则。在进行预算编制时,应认真收集各类信息,并根据社会经济发展的趋势,做出客观、准确的预测,以实现预算的稳定。

(3)统一性原则。各项收支编制的标准应统一,所有收支均应列入同一预算中。

(4)总括性原则。所有财政收支均应列入预算,避免预算外收支的存在,不能进行预算以外的预算资金收支活动。

(5)分类性原则。所有财政收支应按其性质进行分类,便于公众了解政府预算资金活动情况和政府活动内容。

(6)年度性原则。预算必须按照规定的预算年度进行编制和执行,不得逾越预算年度。

2. 诺伊马克的预算原则

(1)全面性原则。所有政府收支必须完全计入预算。倘若将应计入预算开支的经费不计入预算,将会削减政府必要的行政计划或为预算外列支提供借口;倘若不将能收上来的预算收入计入预算,则会发生不正常的预算盈余。

(2)收入的非专用原则。预算收入应作为一个整体,再根据政府财政活动的轻重缓急,将财政资金进行合理配置;收入项目与支出项目之间,互不相属,也不相关,一般不能指定某项收入作为某项支出之用。

（3）一致性原则。财政收支应统一编列，保持一个完整的体系；一项预算内限定同一项目的内容不能分散在两个项目中。

（4）明晰性原则。预算收入的来源和支出的用途应分类列示，清晰一致，方便审议与执行，以提高政府行政工作效率。

（5）准确性原则。预算预计的收入应与实际可筹集的收入基本相符，预算支出也不能高估或低估。

（6）事前批准原则。预算必须在预算年度开始前决定，应在法律上规定预算编制、审批的期限。

（7）严格性原则。预算科目的设立应尽可能明确，要避免科目间隐性、不恰当的流用；预算外支出项目应予以禁止；禁止提前使用下一年度的经费，或将本年度经费不经法定程序结转到下一年度使用。

（8）公开性原则。预算必须向社会全面公开，社会公众根据所公开的预算内容，可以全面了解政府的各项活动及财政状况。

3. 史密斯的预算原则

20世纪30年代资本主义世界经济大危机后，凯恩斯主义风行于西方国家，传统的预算原则已经不能适应新的经济形势和政府职能的变化，各国开始对传统预算原则进行修改和补充。最具代表性的就是美国联邦政府预算局局长史密斯于1945年提出的八条预算原则。

（1）预算必须反映和支持总统的计划。

（2）预算的执行必须赋予行政部门必要的权责。

（3）预算的编制和执行应以政府各部门的财政与业务报告为基础。

（4）预算收支在时间上要具有一定的弹性，即国会通过的预算收支法案必须授权总统可以在一定范围内进行调整，并有权在以后年度的适当时机随时支用本年度预算中的拨款。

（5）预算的"工具"必须充分，即预算的编制和执行应由专职机构并配备相应的人员负责，总统具备调节预算资金的权力和手段。

（6）预算的程序必须多样化，即采取不同管理形式来适应政府各种财政活动的需要，在财政收支数字编列上也应采用不同的预算形式。

（7）预算必须加强行政部门的主动性，即国会可以原则性地规定资金使用的范围、方向和目的，而具体方式和途径应由行政机构灵活决定。

（8）预算机构必须在预算的编制和执行时相互协调。

(二) 我国的政府预算原则

为了加强我国预算管理，充分发挥政府预算的功能作用，在借鉴西方国家预算精华的基础上，根据我国国情，确立了我国政府预算的原则。

1. 完整性原则

预算的完整性原则要求政府预算应包含其所有预算收支项目，完整反映以政府为主体的全部财政收支活动，不允许有政府规定范围之外的资金收支活动。完整的政府预算有利于政府控制、调节各类财政性资金的流向和流量,保证财政分配和监督职能的实现,便于立法机关的审议批准和社会公众的了解和监督。

2. 统一性原则

各级政府编制的预算都是政府预算的组成部分,所有的地方政府预算连同中央政府预算一起共同组成一个国家的政府预算。这就要求设立统一的预算科目,每个科目都要严格按照统一的方法、口径和程序计算和填列。

3. 公开性原则

全部财政收支必须经全国人民代表大会审查批准,政府预算及其执行情况必须采取一定的形式向社会公布,便于人民了解财政收支情况,将政府财政收支置于人民的监督之下。

4. 真实性原则

政府预算和决算所报列的数字必须真实、准确,不得造假。任何隐瞒预算收入或者将不应在预算内支付的款项转为预算内支付的,必须责令纠正。

5. 年度性原则

该原则要求所有政府预算都按照预算年度编制,列出预算年度内收支总额,不应该对本预算年度之后的财政收支做出任何事先安排①。

## 二、政府预算的目标

政府预算的目标是指政府预算所期望取得的结果或完成的任务。如果没有政府预算目标,政府预算就没法确定;政府预算如果目标模糊、不明确,同样会使政府预算出现偏差。

政府预算目标能为政府预算的改革和发展提供明确的方向,有利于约束政府及其各公共部门对公共资金的需求,使其与可集中的预算收入相协调。政府预算作为政府最重要的具有法律效力的公共政策文件,应同时追求公共政策的三大基本目标,即公平、效率与稳定。

### (一) 政府预算的公平目标

政府预算公平包含预算权利平等、机会平等以及分配平等基本内容。

1. 政府预算权利平等

政府预算权利平等是指政府所确定的预算法律法规、制度、政策等,都应平等地适用于所有情况相同的人,即所有人在政府预算法律面前都享有平等的权利,享有同等的公民自由。政府预算权利平等至少应包含四个方面的内容。

(1) 平等保护。任何社会成员都平等享有法律所规定的有关政府预算的权益,如平等享有纳税权,平等享有政府所提供的公共品的消费或使用权,平等享有对政府预算的知情权,平等享有直接或间接参与政府预算管理的权利等。

(2) 平等遵守。任何社会成员既有权平等享有政府预算法律所规定的权利,也必须平等遵守和履行法律所赋予的责任或义务。

---

① 包丽萍.政府预算[M].东北财经大学出版社,2011:7.

(3) 平等适用。政府预算的相关法律、制度和政策,对任何具有相同情况的公民都应一律平等地适用,不能因人而异。

(4) 平等制裁。对任何违反政府预算法律法规、制度政策的公民、企业、事业单位及政府职能机构,都应平等地追究其责任。

2. 机会平等

广义地说,政府预算的机会平等是指政府通过预算制度的设定和预算政策的调节,可为所有的市场经济参与者提供大致相同的发展机会。政府预算的机会平等包含两方面的基本内容。

(1) 共享机会平等。就自然人而言,共享机会的平等即通过政府预算的分配与再分配,为每个社会成员提供大致相同的基本发展机会。就法人而言,共享机会平等包括两个层面的含义:一是政府通过预算收支的安排,最终产出并提供的各种公共品应为各类经济主体共同消费,从而降低其交易成本;二是政府应通过竞争性机制来分配那些用于生产具有一定可分割性公共产品的资源,一些公共产品的生产权也应通过竞争性的方式在各类经济主体间平等安排。

(2) 差别机会平等。无论是自然人之间,还是法人之间,由于利用机会的能力客观上存在差异,对机会的利用不可能是相同的。同样的机会对于不同的人来说,有着不同的实际意义,经济主体自身素质的差异,实际上会使其具有不同的发展起点和潜力。因此,政府预算机会的充分、绝对的均等在现实中是不存在的。如果对一切政府预算机会,都寻求绝对的平等,必将压抑和损害经济社会的整体活力。只承认政府预算共享机会的平等,而不承认差别机会的存在,将会导致政府预算机会平等的绝对化。总而言之,政府预算的机会平等实质上是一种差别机会的平等或包含着不平等的平等。

3. 收入分配尺度平等

这里所使用的"收入分配"包含收入的初次分配与收入的再分配两层含义。收入的初次分配是指企业单位内部的分配,主要依据效率原则,即根据各生产要素对社会的贡献程度进行分配。从这个意义上说,市场分配的尺度是公平的,即经济公平。但是,收入的初次分配的尺度本身就蕴含着初次分配结果的不平等,因为每个人的天赋、受教育程度、继承财富的多寡等是有差别的,是不平等的,这种不平等是造成收入初次分配结果不平等的重要原因。收入再分配是指在初次分配的基础上,政府通过税收及政府预算支出等手段,对初次分配结果的再次调节。在民主和法治的国家中,一切政府收入都要纳入政府预算,一切政府支出都要通过政府预算程序来实现。从这个角度来看,政府分配实际上基本等同于政府预算分配。政府预算分配同样需要一个平等的分配尺度,否则,向谁征税、征多少税以及把强制征来的税收分配给谁并分配多少,就没有明确的价值判断标准。政府预算分配平等的尺度可从以下三方面设定。

(1) 税收公平尺度,既包括横向公平又包括纵向公平。

(2) 政府预算消耗性支出的分配,要以各政府部门或预算单位的产出结果作为分配政府预算资金的尺度;对同一种公共产品来说,如果存在较多竞争性的生产单位,相同的情况应相同对待,若公共产品的"公共性"程度或重要性不同,那么,预算拨款也应有所不同；对公共产品的消费者或使用者来说，在法律上视为相同的人（包括自然人和法人）应该平等地享用政府所提供的公共产品。

(3) 政府预算的转移性支付，其分配的公平尺度也应该按照"法律视为相同的人应平等分配"的原则来安排。

### (二) 政府预算的效率目标

政府预算的效率目标包括政府预算的配置效率目标和公共预算的"X效率"目标。

#### 1. 政府预算的配置效率目标

政府预算配置效率目标是指由公共部门与私人部门之间的资源配置效率目标、政府内部竞争性需求之间的资源配置效率目标，以及配置目标与其他公共政策目标之间的均衡所构成的一个体系。

就公共部门与私人部门之间的资源配置效率目标而言，在社会资源总量一定的条件下，由于公共部门与私人部门之间会争夺对资源的占有和使用量，而私人部门内通常产出的是各种私人商品，公共部门通常产出的是各种公共产品，稀缺资源在客观上就存在一个在公私部门之间以及公共产品与私人商品之间配置的效率均衡点问题。最为理想的状态是：资源在公私部门之间进行任何的重新配置，都不可能在不损害一部分人福利水平的情况下，还能使其他人的福利水平有所改善。

政府内部竞争性需求之间的资源配置效率目标，实际上是指如何将有限的公共资源（预算资金）在不同公共预算支出项目之间有效配置的问题。正因为公共资源是稀缺的，公共需求是无限的，所以，有限的公共资源在不同公共预算支出项目之间存在此增彼减的竞争关系。而效率目标要求公共资源在不同公共预算支出项目之间以及不同的公共产品之间的配置达到均衡状态。若社会用于某种公共产品的资源过多，而用于另一种公共产品的资源过少，那么，公共资源配置在客观上就存在帕累托改进（Pareto Improvement）的空间。在政府预算管理中，公共资源的配置效率要求政府具有将资源从原来的优先项目转向新的优先项目，从有效性低的计划转向有效性高的计划的能力。公共资源的配置效率要求政府建立目标的先后顺序，并评估公共支出对这些目标的实际或预期的作用。

配置目标与其他政策目标之间的均衡主要是指效率目标与公平目标间的协调问题。效率目标通过资源在公私部门、公共产品与私人商品以及不同公共产品之间不同的配置结构得以体现，其中，公共部门和公共产品的配置效率通过政府对消耗性预算支出的分配结构得以体现和实现；而公平目标则主要通过政府对转移性预算支出在不同社会群体之间、不同家庭和个人之间的分配结构来实现。公平与效率之间既有统一性，又存在着矛盾，因此，政府在确定其效率目标的同时应兼顾公平目标的要求。总而言之，单从政府预算的配置效率目标来说，无论预算是增是减，也不管是否有增加的资源来给付额外的预算支出，在任何情况下，政府都应该按照消费者对产品的偏好和预算的约束对公共资源进行配置。

#### 2. 公共预算的"X效率"目标

公共预算的"X效率"目标是指在既定公共资源配置结构下，各公共部门使用公共资源产出公共产品的效率。这一效率目标要求各公共部门用最少的生产成本来生产提供各种公共产品最合适的水平和结构。若政府及其公共部门没有充分利用公共资源来最优地提供公共产品,那么这个公共部门就存在"X 效率"。如果改变公共部门的制度安排能够提高产出效率,那就表明其中存在的"X 效率"被挖掘出来了。实际上,公共部门的产出效率可以不断改进与提高。

### (三) 政府预算的稳定目标

政府预算的稳定目标是指政府以市场经济运行的主要经济参数为依据,通过制定和实施扩张性或紧缩性的预算支出,从而影响社会总需求的总量或结构,使其与社会总供给的总量或结构保持大致均衡,以实现促进国民经济稳定增长、充分就业、物价稳定和国际收支平衡的预期目标。

政府预算稳定目标包括以下四个基本内容:一是经济稳定增长;二是充分就业;三是物价稳定;四是国际收支平衡。实现这些目标的预算政策手段主要有总量预算政策手段和结构预算政策两类。总量预算政策手段是指在社会总需求大于社会总供给时,政府采取紧缩性的预算总量政策,通过削减预算开支规模或提高税率,或两者并举,来抑制社会总需求;反之,则采取相反的预算总量政策。而结构预算政策是指在社会总需求结构或社会总供给结构出现失衡且单靠市场自身并不能解决时,政府可采取相机抉择的结构性预算政策,通过加重或减轻某些行业部门或某种商品的税负,或者通过扩大或减少政府用于某些行业部门或公共产品的开支,影响私人部门的决策变量,以促进国民经济各部门间的协调发展。

## 第四节　政府预算的流程和周期

政府预算的流程是指一个相对完整的预算运行过程,主要包括预算规划与决策、编制与审批、执行与决算、控制与监督、审计与评价等阶段。

政府预算周期是指市场经济国家的政府预算工作程序,是从准备编制预算开始,经过正式编制预算、预算的审查和批准、预算执行、预算调整,直到决算及绩效评价结束为止的一个完整的预算循环过程。

### 一、政府预算的流程

政府预算的流程是指一个相对完整的预算运行过程,按照各个运行阶段的内容,主要分为预算规划与决策、预算编制与审批、预算执行与决算、预算控制与监督、预算审计与评价等阶段。

#### (一) 预算规划与决策

政府收支计划的安排要受到一国法律法规、政策制度及公民意愿的制约,并通过政府预算的中长期规划及短期计划得以体现。政府的年度预算属于短期计划,是建立在中长期财政计划的基础上,根据国内外政治经济形势,结合本国国民经济运行和社会发展的诸多矛盾,按照财政收支情况,区分轻重缓急进行决策的结果。

#### (二)预算编制和审批

在预算规划与决策阶段,已将有关预算问题纳入了政府的议事日程,接下来就要进入预算方案的设计预测和制定阶段。在这一阶段,财政部门要根据法律法规的要求、国民经济和社会发展计划指标等测量主要财政收支的指标,各预算单位和部门要根据财政部门下达的收支控制指标及部门预算的编制要求、基本支出的编制原则和定员定额标准、项目支出的编制原则和排序规定,经过"两上两下"的编制程序编制完成预算草案。预算草案的审核批准阶段是公众及代议机构参与决策的重要步骤,也是促使预算方案合法化的阶段。这一过程在我国表现为各级人大对政府预算的审查和批准。

#### (三)预算执行和决算

预算的执行既是政府预算安排的收支计划指标的实现过程,也是决定各项预算决策能否落实到位的关键环节,在这一阶段,财政部门要通过合理组织收入和有序安排支出来实现既定目标。预算决算则是指每个执行周期完成之后,对预算的执行情况进行总结的过程。

#### (四)预算控制与监督

预算控制与监督是指对预算编制、执行、决算等过程进行的控制与监督,其目的在于保证政府预算的法律性和严肃性,提高预算编制与执行的效率与效益,进而实现预算的政策目标。预算控制与监督贯穿于预算过程的始终,是政府预算整个流程中的重要内容。

#### (五)预算审计与评价

预算审计与评价是指根据一定的财务、会计、预算规定和预算绩效评价指标对政府预算实施的结果进行检查和评价的过程。预算审计与评价的目的在于通过对预算结果与预算目标的差异、预算执行成本与效益(包括社会效益)的分析,及时调整和矫正预算中的偏差,防止预算资金使用过程中的铺张浪费、截留挪用等问题。通过预算审计与评价的过程,来掌握预算的基本规律,加强预算的严肃性、科学性与效率性,进而提高预算的政策效应。

## 二、政府预算的周期

政府预算周期是指为保证政府预算的质量,按一定程序设定的从准备编制预算开始,经过正式编制预算、预算的审查和批准、预算执行、预算调整,直到决算及绩效评价结束为止的一个完整的预算循环过程。一个完整的预算周期,从时间上看,必定包含一个完整的财政年度(12 个月),但一个完整的预算周期的起止通常会贯穿 3 个以上的财政年度。

#### (一)政府预算周期的基本内容

我们可以从两个方面来分析政府预算周期的基本内容。

1. 按政府预算周期的类型

按政府预算周期的类型可将政府预算周期分为项目预算周期、地方政府预算周期和中央政府预算周期三种。项目预算周期是指一个预算收入项目或支出项目,从调查论证、预测、计划、预算编制、预算审查和批准、预算执行到决算、绩效评价等所经历的一个完整的预算循环过程,中央政府或地方政府,可根据预算项目的性质及预算管理控制的实际需要,来分别确定对哪些预算收入项目或支出项目实行标准预算周期管理制度。地方政府预算周期是指地方政府从其预算编制到地方预算审批、执行、决算及绩效评价所经历的一个完整的预算循环过程。而中央政府预算周期是指中央政府从其预算编制到预算审批、执行、决算及绩效评价所经历的一个完整的预算循环过程。

2. 按政府预算周期所经过的主要阶段

政府预算周期所经过的主要阶段包括预算规划与决策、预算编制与审批、预算执行与决算、预算控制与监督、预算审计与评价五个阶段。

### (二) 我国政府预算周期的构成

我国预算周期主要由以下四个阶段构成。

1. 预算编制前的准备工作

(1) 国务院下达预算编制的指示。国务院每年会在预算正式编制前,根据经济增长和社会发展的要求向省、自治区、直辖市和中央部门下达编制下一年度预算草案的指示,并提出相关的原则和要求。《预算法》第 31 条规定,国务院应当及时下达关于编制下一年预算草案的通知。编制预算草案的具体事项由国务院财政部门部署。各级政府、各部门、各单位应当按照国务院规定的时间编制预算草案。

(2) 财政部门测算预算收支指标。中央、地方各级预算应参照上一年度预算执行情况和对本年度收支预测进行编制。财政部门要加强经济与财政分析及预测工作,不仅要进行一年期预测,还要对未来 3—5 年的宏观经济前景进行客观、科学的预测。财政部门既要对未来五年财政发展进行规划预测,又要根据我国目前编制中期财政规划的部署,预测 3 年滚动财政规划。

(3) 财政部制定并颁布政府预算科目和表格,部署编制预算草案的具体事项。财政部根据国务院关于编制下一年度预算草案的指示,部署编制预算草案的具体事项,并制定统一的预算表格,包括总预算表格和预算部门预算表格。

2. 编制审批预算

编制预算应以国家一定时期的发展规划和财政经济方针政策为指导,以国民经济和社会发展计划的主要指标为依据,并参考上一年度预算执行情况和收支预测进行编制。预算草案必须经过立法机构的审查批准后方可执行。

3. 执行预算

经各级人大批准的预算具有法律效力,各级政府必须认真组织实施。预算规定的收入,必须及时足额征收并上缴国库;预算规定的支出,必须及时足额地予以拨付。各级政府对于法定范围内必须进行的预算调整,须按程序报请同级人民代表大会常务委员会审批,未经批准,不得调整。各级财政部门要对本级各部门预算的执行情况进行监督检查,并向本级政府和上一级财政部门报告预算执行情况,以保证预算收支任务的圆满完成。

4. 编制决算

预算决算是对预算执行的总结。正确编制决算可全面反映预算执行的结果,因此,必须做好决算编制的准备工作,自下而上进行审核汇编,不得估算代编。

(三)建立标准预算周期制度的必要性

标准预算周期即从时间序列上将预算划分为预算编制、预算执行、决算三个标准阶段,并对各阶段的实施时限、工作任务、工作要求及工作程序、步骤等做出统一的制度规范。

建立标准预算周期制度的目的在于保证政府有充分的时间进行预算编制,并严格按预算程序办事,以确保预算质量。

在政府预算周期中,将预算编制阶段的时间延长,其目的在于把政府预算的编制建立在全面收集信息、深入调查研究、吸取多方面的意见并进行充分论证的基础上,以确保政府预算编制的质量。长期以来我国预算编制时间过短,造成我国预算管理难以实现科学化和精细化。我国预算编制通知一般在11月份下达,而次年3月份人大开始讨论预算草案,短短几个月的时间很难将预算编细编好。预算作为一种科学的预测,本应建立在真实可靠的基础上,而目前这种预算编制状况使得收支安排带有很大的盲目性和草率性,这将无法发挥预算对收支执行的约束力,并带来预算执行中的低效率。为提高我国政府预算决策水平,有必要建立和实施标准预算周期制度。

除此之外,标准预算周期明确规定了预算周期必须经过的阶段,以及各阶段所要解决的主要问题、责任主体及预算权限等,严格按照标准预算周期制度来组织预算活动、执行预算程序,有利于明确参与预算活动的各预算主体的权责,保证预算活动的正常秩序。

### 专栏 1-2

#### 预 算 年 度

预算年度亦称财政年度,是指国家预算收支起止的有效期限。

世界各国的财政年度起止日期各不相同。一般可分为日历年度制和跨日历年度制两大类。

(1)日历年度制,其财政年度的起止期与年历始末相同,即公历1月1日起至12月31日止。使用日历年度制的有中国大陆、中国台湾、德国、法国、波兰、奥地利、匈牙利、朝鲜、南斯拉夫等。

(2)跨日历年度制,其财政年度起止期与年历始末不相同,如英国、日本、加拿大、印度、中国香港等国家和地区的财政年度是自4月1日起至次年3月31日止;瑞典、埃及、澳大利亚、巴基斯坦、孟加拉国、苏丹等国家的财政年度是自7月1日起至次年6月30日止;美国在1976年以前其财政年度是自7月1日起至次年6月30日止,1976年以后改为自10月1日起至次年9月30日止。财政年度由10月1日起的还有泰国、尼日利亚等。沙特阿拉伯、尼泊尔等国家的财政年度则实行浮动制度,沙特阿拉伯根据伊斯兰教历(Hajra)编制预算,其每一年度预算的起止日期和时间周期长短是不同的。

财政年度的名称,采用日历年度制的,依公元的年份而定,如1991年1月1日起到同年12月31日止的财政年度称为1991财政年度。采用跨日历年度制的,一般以财政年度终止日所属的年份为该期间的财政年度名称,如1991年10月1日起至次年9月30日止的财政年度,称为1992财政年度;如涉及法律程序时,则应称作1991—1992年财政年度。世界各国财政年度起止日期的确定主要取决于本国国情、历史和传统习惯以及财政管理需要等因素,如:

(1) 立法机构会议召开的时间,以便在会议期间审议和通过预算法案;
(2) 年度开始正值税收旺季,以利于执行新的预算;
(3) 保持政府、税收、公司及国家的统计资料汇编年度的一致性;
(4) 适应农业种植和收成季节;
(5) 原属殖民地或附属国的国家,一般根据其历史沿用其原宗主国的财政年度;
(6) 宗教因素。

# 本 章 小 结

政府预算是人类社会发展到一定阶段的产物,它的产生晚于财政、税收和公债。在漫长的奴隶社会时期和封建社会时期,财政收支活动都是在没有公众约束,没有科学计划的情况下进行的。在资本主义生产方式确立之前,并不存在将国家财政收支统一在一个计划文件中,并经过一定的法律程序审核批准才能实行的政府预算。政府预算是在封建社会末期和资本主义初期作为新兴资产阶级与封建统治阶级进行斗争的一种经济手段而产生的。

政府预算具有预测性、法律性、公共性、集中性、综合性等基本特征。政府预算的功能包括分配、宏观调控、反映和监督。其中,政府预算的宏观调控功能主要表现在以下三方面:通过预算收支规模的变动,调节社会供求总量的平衡;通过调整政府预算收支结构,进行资源的合理配置;公平地进行社会分配。

我国政府预算的原则主要包括完整性原则、统一性原则、公开性原则、真实性原则及年度性原则。政府预算应同时追求公共政策的三大基本目标,即公平、效率与稳定。其中,政府预算公平包含预算权利平等、机会平等以及分配平等;政府预算的效率目标包括政府预算的配置效率目标和公共预算的"X效率"目标;政府预算稳定目标包括以下四个基本内容:经济稳定增长,充分就业,物价稳定,国际收支平衡。

政府预算的流程主要包括预算规划与决策、预算编制与审批、预算执行与决算、预算控制与监督、预算审计与评价等阶段。按政府预算周期的类型及政府预算周期所经过的主要阶段两方面来分析政府预算周期。其中,按政府预算周期的类型,政府预算周期可分为项目预算周期、地方政府预算周期和中央政府预算周期三种;政府预算周期所经过的主要阶段包括预算规划与决策、预算编制与审批、预算执行与决算、预算控制与监督、预算审计与评价五个阶段。

## 复习思考

1. 解释以下关键术语：全口径预算、政府预算的目标、政府预算的流程、标准预算周期。
2. 简述政府预算的产生条件。
3. 简述政府预算的基本特征。
4. 简述政府预算的原则。
5. 简述政府预算的目标。
6. 简述政府预算的功能及它们是如何发挥作用的。
7. 简述我国政府预算周期的构成阶段。
8. 简述建立标准预算周期制度的必要性。

# 第二章 政府预算的管理体制

**【本章导读】**

　　政府预算管理体制是指在特定的行政体制下,通过一定的方式调节政府间财力分配的基本制度。具体地说,它是国家在中央与地方及地方各级政府之间,划分财政收支范围和预算管理权限的一项根本制度。政府预算管理体制是以制度的形式处理中央政府与地方政府之间集中与分散的财政分配关系,解决中央与地方政府之间集权与分权的问题。在各级政府之间的收支划分是政府预算管理体制的核心问题。

　　60多年来,我国的预算管理体制经历了统收统支型、财政包干型和分税型三种类型的演变,预算管理体制不断得到完善。自1994年分税制预算体制实施以来,分税制改革带来了一定成效,但同时也凸显出一些新的问题,需要我们不断去完善与改进。

## 第一节　多级政府与多级预算

　　多级政府就是指由若干级次的政府共同承担国家职能的政府体制。预算分级源于政府分级。政府体制是建立一国预算管理体制的基础,对预算管理体制的形成产生直接的影响。一般而言,政府的级次决定着各级政府承担职能的差异,从而决定着预算级次以及各级政府间的财力分配。

### ▶ 一、多级政府及级次构成

#### (一) 多级政府体制的类型

　　除少数国家(如安道尔、新加坡)外,目前世界上绝大多数国家都是由多个级次构成的。多级政府的存在,既有政治历史的原因,也有经济的原因。往往随着国家疆域的扩张,政府社会管理事务不断增加,单凭一个级次的政府显然难以承担其责,这样一来,多级政府的出现就成为历史发展的必然。

　　从政权组织形式来看,当今世界范围内多级政府体制主要有两种形式。

1. 单一制①

单一制是由若干行政区域构成单一主权国家的国家结构形式,其主要特征在于:具有单一的宪法和国籍,有统一的国家最高权力机关;国家主权高度统一,由中央权力机关对外行使;国家内部按地域划分行政区域,各行政区域的地方权力机关接受中央权力机关的统一集中领导,对外不具有独立性。

根据中央权力机关与地方权力机关的相互关系以及权力的集中程度,单一制还可以分为中央集权型和地方分权型。在中央集权型国家,国家的统治权集中于中央政府,地方受中央政府的领导和控制;而在分权型国家,其国家权力由中央政府和地方政府分别行使,除全国统一性的政务外,地方享有较大的行政自治权,中央对地方的控制,一般采用立法监督、行政监督、财政监督等间接手段来实现。

在单一制国家,先有中央政府,后有地方政府②。当一个中央政府无法有效管理所有的政府事务时,就需要在全国范围内划分多个范围相对不大的地方疆域,设立多个地方政府,以帮助中央政府履行管理职责。

2. 联邦制③

联邦制是由若干个具有较大自主性的政治实体,如州、邦、省等联合组成的国家结构形式,其主要特征有:国家整体与组成部分之间是一种联盟关系;实行联邦制的国家都认同统一的联邦宪法,联邦和各成员的权限划分由联邦宪法规定;联邦设有国家最高立法机关和行政机关,行使国家最高权力,领导并约束其联邦成员;联邦各成员有自己的立法和行政机关,有自己的宪法、法律和国籍,管理本领土内的公共行政事务。

与单一制国家不同,联邦制国家各级政府产生的顺序是先有地方政府和州政府,后有作为中央政府的联邦政府。在联邦中央政府产生以前,各州、邦、省等成员政府在本级的管辖领域内,都是相互独立的一级类似"中央政府"的政府,独立行使政府权力,同时下辖了为数众多的地方基层政府。但由于其管辖的区域、人口、经济规模实在太小,仅凭各成员政府的实力实在无力参与国际事务并抵御外来侵略和战争,于是各成员政府要求合作,实现联合统一。经过不断的谈判和协商,各成员政府将它们原有的在各地行使的具有宏观性的一部分权力,让渡给新的联邦中央政府行使,其余的政府权力仍由各成员政府所有。所以,《美国百科全书》认为:"地方政府在单一制国家,是中央政府的分支机构;在联邦制国家,是成员政府的分支机构。"

(二) 多级政府的构成

从世界各国的政府级次来看,无论是单一制国家还是联邦制国家,都多以三级为主。一般认为,三级政府体制是最简洁、高效的政府体制。在联邦制国家中,美国、德国、瑞士、加拿大、澳大利亚等国家都实行三级政府体制。例如,美国分为联邦中央政府、州政府、地方政府三级,其中联邦中央政府下辖50个州。2002年,其各类地方政府总数达87 525个,其中:一般地方政府数量为38 967个,包括3 034个县政府,19 429个

---

① 王邦佐,孙关宏,王沪宁,等.新政治学概要[M].复旦大学出版社,1999.
② 陶勇.地方财政学[M].上海财经出版社,2006.
③ 王邦佐,孙关宏,王沪宁,等.新政治学概要[M].复旦大学出版社,1999.

市政府和 16 504 个镇政府;剩下的为特别地方政府,其数量超过总数的一半,有学区政府 13 506 个,专区政府 35 052 个①。澳大利亚也分联邦中央政府、州政府和地方政府三级,其中联邦中央政府下辖 8 个州政府和 863 个地方政府②。在单一制国家,虽有不少国家的级次相对较多,但日本、挪威、新西兰等政府级次也是三级。如日本,就分为中央、都道府县、市町村三级政府。由此可见,在多级政府体制下,尽量减少政府中间层次,实现政府行政组织体制简约管理的扁平化,是构建高效政府值得借鉴的做法。

我国是一个单一制的中央集权国家,在中央政府统一领导下,地方各级政府按分级管理的原则管理国家公共事务。1949 年新中国成立之后,我国的地方政府的级次设置经历了不断的调整与探索,基本上形成了省(直辖市、自治区)、设区市、县(自治县)、乡(民族乡、镇)四级政府的格局,在支持中央、服务地方社会经济方面发挥了积极的作用。但相比之下,我国目前的多级政府体制也因其级次过多、职责难以分清、机构膨胀、行政效率低下受到一些质疑。

## 二、多级预算

从世界范围来看,除极少数小国外,绝大多数国家都建立了多级政府管理体制,都存在中央政府与地方政府。在多级政府体制下,为实现国家治理目标,各级政府被赋予了不同的职能,因而政府预算也要进行相应的分层。所以,按照"一级政府、一级预算"的基本原则,政府本身的多级结构就决定了要建立多级预算。

而公共品理论为建立多级政府预算给出了更为有力的经济学解释。在市场对资源配置起决定性作用的经济体制条件下,市场失灵为政府的存在并参与资源配置提供了合理性,政府应该为实现社会公平和经济效率,弥补市场失灵,承担资源配置、调节收入分配和稳定经济的职能,其主要内容就是提供公共品。

公共品与一般私人产品不同,它具有非竞争性和非排他性的特征。非竞争性是指一个人对这种物品的消费并不会导致其他人减少对该物品的消费。这意味着增加一个消费者,该物品的边际成本为零。如果按照边际收益等于边际成本的市场定价原则,那么生产者应以零价格提供公共品,收益为零;然而,以追求利润最大化为目标的厂商不可能生产价格为零的产品。而非排他性是指排斥其他人对该物品的消费要么在技术上是不可能的,要么成本极为高昂。这意味着消费者可以不表露个人偏好,不需要付出成本或付出很少的成本,就能获得消费产品的机会。正是公共品的特性导致它无法由市场机制充分生产和提供,必须由政府来承担这一职责。

在公共品的基本特征的基础上,公共品理论继续进行分析,发现公共品受益范围有大小之分,导致公共品具有层次性。按照这一特征可以将公共品大致划分为全国性公共品和地方性公共品。受益范围仅仅局限于地方政府辖区之内的公共品,应为地方性公共品。如果公共品的受益范围远远超出了区域性范围,甚至能够为全国居民共同享用(如公共安

---

① 甘藏春.高度分权的美国联邦政府如何实行对全国的有效管理(上)[J].中国行政管理,2009(06):18—21.
② 陶勇.地方财政学[M].上海财经出版社,2006.

全的中央控制系统),那么,它就属于全国性公共品。公共品层次性的理论揭示了各种类型的公共品之间的区别和差异,但并未解决不同层次公共品的提供问题。实际上,是否需要地方政府参与、是否存在分工提供公共品的有效解等问题曾经长期困扰着经济学家。

乔治·斯蒂格勒(George Stigler)首先提出了对地方政府存在的必要性的证明。他认为,地方政府与中央政府相比,更接近自己的公众,从而对所管辖地区的居民的效用水平和公共品需求比较了解。同时,不同地方的人民有权选择自己需要的公共品的数量和种类,中央政府统一供给公共品就无法满足这一要求。因此,地方政府的存在是为了实现资源配置的有效性和分配的公正性,中央政府则可以协调地方政府之间的利益关系,并更有效地解决分配不公问题。给予地方政府更多的自主性事权和财权,让居民有更多的选择机会,公共品生产决策就更容易满足居民偏好的多样性,可以提高公共品生产的效率。居民因收入、偏好等方面的差异,对同种公共品可能有不同的数量需求。例如:富人有可能比穷人需要更高的教育水平和更多的安全。如果公共品由中央政府统一提供,地区间的差别将被忽略,容易导致社会福利水平下降,如图 2-1 所示。

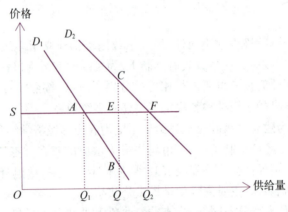

图 2-1　集权制下的公共品供给

图 2-1 中,$D_1$ 是低收入群体对教育的需求曲线,$D_2$ 是高收入群体的教育需求曲线。给定教育产品生产有不变的边际成本 $S$,低收入群体对教育的需求量为 $Q_1$,高收入群体的最优需求量为 $Q_2$。在事权集中的情况下,教育产品统一限量供应 $Q$。$Q$ 高于 $Q_1$ 低于 $Q_2$,结果导致低收入和高收入群体均遭受消费者剩余损失,其损失规模分别为 △$ABE$ 和 △$CEF$ 的面积。在多级财政体制中,这种普遍受损的局面是可以扭转的。不同的辖区以不同的价格提供不同数量的公共品后,居民可以选择最适合自己偏好的辖区居住。因此,以公共品提供上的责任和权力分工为实质内容的财政分权,成为甄别消费者类别、合理配置资源的一种有效机制。

奥茨(Oates)对地方政府分权的合理性的进一步证明形成了"分散化定理":对于某种公共品来说,如果对其消费涉及全部地域的所有人口的子集,并且关于该物品的单位供给成本对中央政府和地方政府都相同,则地方政府能够向各自的选民提供帕累托有效的产出量,而中央政府无法向全体选民提供帕累托有效产量。或者说,若不考虑地方公共品集中供给节约的成本以及政府间的外部性,如果每一级政府都能提供帕累托最优的消费水平,那么分权的福利水平至少和任何一个单一层次上的针对所有地方政府的消费水平的一致性供给所带来的福利水平一样。这个分散化定理实际上给出了政府财政分权的一个关键原则,那就是:如果低级政府能够和上级政府一样提供同样的公共品,那么由低级政府来供给更好。

公共品中消费者个人偏好显示的问题困扰着政府。如果个人偏好不能表露出来,政府就不知道居民需要什么样的公共品,需要多少公共品,因而也就谈不上有效率地配置资源。蒂布特(Tiebout)则通过建立偏好显示机制来解决分工提供公共品的有效解问题。在蒂布特建立的模型中,通过纳税人"以脚投票"的机制可以解决公共品偏好显示的问题,并可以控制政府的收入最大化行为。在该模型中,若某地区决定增加公共品,由于纳税额增加,可能导致居民向别的地区迁移。这说明居民对公共品的选择是"以脚投票"的,即居民如果对某地区政府的公共服务感到不满意,就会迁到另一处他们认为更适宜的地方去工作或生活;如果投资者对某地的投资环境感到不满意,也可以通过资本的自由流动改变投资空间。由于居民可以对地方政府自由选择,这迫使地方政府更注意居民的意见,使公共品的提供更贴近居民的需求,以便吸引更多的消费者和投资者,从而改善资源配置效率。

公共品层次性的理论,揭示了各种类型的公共品之间的区别和差异,为建立多级政府预算提供了必要的依据。公共品层次性对预算体制的基本要求,便是实行多级预算,不同层级的政府有效地提供受益范围各异的公共品和服务,就要做到"一级政府,一级事权,一级预算"。中央政府理所当然地应该承担起提供全国性公共品的责任,但它却不能包揽其他层次公共品的提供。否则,便容易产生效率低下的问题。某些地方公共品,如城市交通、地方治安、土地治理等,不存在收益和成本区域外溢,其收益主要由当地居民获得。根据效率和受益原则,这类物品的生产也须由当地居民提供资源。而对于受益范围更小的属于俱乐部性质的公共品,随着人数的增加,拥挤带来的成本将抵消生产带来的规模收益,效率原则要求这类物品在有限的范围内供给。

## 第二节 预算管理体制概述

在多级政府和财政分权的背景下,为有效地实施管理,必须建立财政管理体制,用以规定各级政府之间以及政府同企业、事业单位之间的财政资金分配和管理职权,规范和处理政府与各方面以及中央与地方的财政分配关系。它包括预算管理体制、税收管理体制、国有企业财务管理体制、文教行政事业财务管理体制、基本建设财务管理体制等。其中,预算管理体制作为国家在中央与地方以及地方各级政府之间划分预算收支范围和管理权限的一项根本制度,是财政管理体制的主导环节。这是由政府预算在财政资金分配体系中的主导地位决定的。

### 一、预算管理体制的内容

建立预算管理体制,一方面可以通过对预算收支范围的划分,实现国家财力在中央与地方以及地方各级政府之间的合理分配;另一方面还可通过界定各自的预算管理权限,明确各级政府支配国家财力的责任和权限。因此,预算管理体制既是协调中央与地方财政分配关系,加强财政管理的制度化、规范化的重要手段,又是国家预算的编制、执行、决算以及实施监督的制度依据和法律依据。我国预算管理体制主要包括以下几方面的内容。

### (一) 确定预算管理的级次及职能范围

政府预算的级次是指政府预算的组成,它与政权结构和行政级次密切相关。各级政权及其相应的行政管理机关,负有组织管理它们职权范围内的经济和社会文教等各项事业的权力和责任。因此,必须明确划分其职责,并提供相应的财力财权。这是实行分级预算的基础。一般说来,有一级政权就应建立一级事权,并同时建立一级财政和预算,使各级政府都有相应的财力和财政管理权限,以保证其行使职能所必需的财力。与我国现有的政权机构和行政级次相适应,政府预算分为五级。

### (二) 划分各级预算收支

划分各级预算收支,即确定中央与地方间的财政收支的归属,明确中央收支和地方收支各占多大比例。这既关系到中央与地方在财政管理上的权限大小,也关系到资金的集中和分散程度,因而是预算管理体制的核心内容。在预算管理体制中,划分预算收支必须对政府预算中的全部收支在中央与地方政府间的划分依据、划分办法及有效期限做出明确的规定和要求。在社会主义市场经济条件下,预算收支划分必须要以事权为依据,从事权分工出发,按照划定的支出范围,根据不同收入来源的性质、规模、增长潜力等来划分收入。这就要求逐步改变我国长期以来以公共部门和国有企业隶属关系作为收支划分依据的做法。预算收支划分的办法也不是一成不变的,它取决于国家的政治经济情况和经济体制改革的进程。在计划经济体制下,我国主要采取的是统收统支的办法,而在市场经济条件下,分税制无疑是最佳的选择。预算收支划分的有效期限是指中央和地方财政收支范围、收入分成比例等确定后的有效年限。它可以是一年,也可以是几年。作为预算体制时效性的具体体现,有效期限的长短决定着地方政府预算权限的大小。一般来说,长期的时效更容易调动地方政府增收节支的积极性,有利于地方的长期规划与发展。

### (三) 确定地方的机动财力

地方机动财力是指在规定的范围内,由地方自行管理、自行支配的一部分预算资金。对这部分资金,地方可根据本地区的需要,因地制宜地解决某些特殊或事先预料不到的开支。地方机动财力主要包括地方预算的预备费、超收分成收入、支出结余等。其中,地方预备费在任何预算体制下都存在,其余的形式则与具体实行的预算体制的类型和收支划分办法有关。如超收分成,是实行总额分成体制的地区,在预算执行中的收入超过指标时,对其超收部分按一定比例留归地方支配的那部分收入;支出结余,是在地方预算执行过程中,由于节约而形成的一部分预算支出结余。

### (四) 预算管理权限的划分

预算管理权限是指预算管理主体对相关财政方针、政策、法规的制定权、解释权、修订权和政府预算的编制、审定、执行和调整等权限。划分预算管理权限就是要明确规定上述哪些权限属于中央、哪些权限属于地方，以及中央和地方相应地都要承担哪些责任，这有利于各级政府和财政部门行使权力，做到权责结合。预算管理权限的划分关系到集权与分权，调动中央和地方两个积极性，因此必须遵循统一领导、分级管理、权责结合的原则。

## 二、预算管理体制的实质

预算管理体制是处理各级政府间财政分配关系的一项基本制度。由于预算管理体制在财政管理体制中占有重要的地位，人们往往将预算管理体制直接称为财政管理体制。从经济基础来看，预算管理体制以制度的形式处理中央与地方政府之间的集中与分散的分配关系；从上层建筑的角度看，政府预算管理体制解决中央和地方政府之间的集权与分权的问题。由此可见，预算管理体制的实质就是处理预算资金分配和管理上的集权与分权、集中与分散的关系。

尽管我国的生产资料公有制及国家性质决定了中央集权与分权之间根本利益的一致性，所谓的集权与分权只是为了划分职权、分工负责。但由于中央与地方所处地位不同，面临问题和处理问题的角度不同，因而，在根本利益一致的前提下，也还存在着整体利益与局部利益、需要与可能、集中与分散、条条与块块等各种矛盾。因此，预算体制的建立与改革，始终紧紧围绕着国家治理形势的变化，通过对预算资金和管理权限范围的调整，恰当地确定各级预算主体独立自主的程度，以切实解决分配中出现的各种矛盾，促进中央与地方分配关系的协调。正确处理政府财力和财权上的集权与分权、集中与分散关系便构成了预算管理体制的实质。

## 三、政府间事权的划分原则

从对政府事权和财权支出范围划分的国际比较分析来看，许多国家，如德国、美国、加拿大、印度、法国等，通过长期的改革与实践，已经成功地进行了各级政府间事权的划分，形成了一些事权划分的国际惯例和基本原则。

1. 受益原则

政府的职能就是克服市场失灵、提供公共品，而政府提供哪些公共品，这些公共品应由哪级政府提供，关键取决于效率。效率应包括两方面内容：一是以最低成本提供公共品，二是可以最大限度地实现公共品的社会效益，满足人们需求。政府提供公共品要有效率，谁能提供最优的公共品，相应的事权就应列入谁的事权范围。应通过分析公共品的受益范围来界定政府间的事权范围和责任归属：凡政府提供公共品和服务，其受益对象为全国民众的，则事权应属于中央政府；凡受益对象为地方居民的，则事权应属于地方政府。

2. 适度原则

上下级政府事权划分的"关键点"就是对"适度"原则界定标尺的理解和把握。适度原则体现在三个方面：一是从一级政府自身的地位作用确定其应有的职责权限。中央和地方各级政府的功能有着明显的区别,中央政府履行的是最高行政层级的宏观决策,处于全局调控地位,而地方各级政府应具备与其职责相匹配的执行和决策权限,处于局部或部分调控地位。中央政府决定和管理的事权是关系到我国整个社会的经济发展和国计民生的重大问题,承担着事关全局的重大责任,其决策作用重于管理作用。地方各级政府决定和管理的事权则主要是促进地方社会经济发展,保一方平安,其重心趋于执行。二是从政府所具有的调控力度界定其职责内容。一般情况下,政府的层级越高,具有的决策权限和调控力度越大,承担的责任也相应较大;反之,层级较低的政府在决策权和调控力方面就相对有限,如乡(镇)政府,在很大程度上所表现的完全是"执行"功能,从这个意义上讲,属于上级政府的职责权限,下级政府在客观上是代替不了的。三是从政府工作的虚实结构划定其责权范围。上级政府负有主要决策功能的,对具体事务的处理要相对虚一些,而处在执行地位的下级政府,对具体事务的处理则要相对实一些。

3. 技术原则

也就是说,凡政府公共活动或公共工程,其规模庞大、需要高度技术才能完成的公共项目,事权应属于中央政府;否则,应属于地方政府的事权范围。三峡水利工程、南水北调工程、西气东输工程、青藏铁路等都是规模庞大、技术复杂的工程,必须由中央政府来承担,而一些诸如路灯、公园等的事务,技术简单,则可由地方政府负责。

4. 公平原则

政府间事权划分的公平原则主要体现在三方面。首先,同级政府事权分配应遵循公平原则,即同一级政府所辖的多个政府之间应具有基本相同的事权内容,否则既不利于上级政府统一事权的形成,也不利于事权划分的稳定;其次,对同一级政府不同事务的事权分配应遵循公平原则,即一个政府对不同事务的事权配置应相对平衡,做到权责一致,保证政府各项事权的有效使用,避免政府间事权划分配置失衡导致的政府失灵;最后,政府间事权划分应保证同一政府辖区内的居民享受到相对公平的政府服务,从而缩小地区间和人之间的贫富差距,保证社会的稳定与和谐。

5. 动态原则

任何事物都是发展变化的,不同层级的政府在不同时期所拥有的事权内容和容量也是不断变化的,而且各有侧重。目前,随着改革的不断深化,特别是我国加入世界贸易组织(WTO)后,随着经济的进一步市场化和国际化,政府行政行为必须更加规范、透明。在这种新的客观大环境下,尤其需要适时调整政府间的事权范围,以应对形势发展变化的需要。在进一步转变政府职能的过程中,需要加大公共管理和公共服务方面的事权容量。不同层级的政府间所强化的事权容量各有侧重,并且要在政府事权内容上扩大通过引入市场机制间接提供公共品和公共服务的范围,这些都会引起事权划分的变化。

6. 国情适用原则

由于政府间事权划分涉及国家政治体制、历史传统、文化地理的方方面面,同时市场经济在不同国家的不同时期都有不同的形式和特点,所以事权划分在不同国家有不同的要求和内容。如社会保障和社会福利,在澳大利亚、德国和瑞典是中央政府的责任,在印度为州政府的事权范围,而在巴西则是各级政府的公共职责;又如教育,在德国、澳大利亚、阿根廷主要是省级政府的职责,在美国是州和地方政府的公共职责,而在巴西和墨西哥则属于中央与省级政府的公共事权范围。因此,一国政府事权的划分必须以本国的国情为主要依据,以适用本国实际为目标。不过,这条原则没有从根本上动摇前述政府间事权划分的基本原则。

专栏 2-1

## 加拿大政府间事权划分概况

加拿大是一个三权分立的联邦制国家,其行政管理体制分为三级,即联邦、省和地方。中央政府即联邦政府,省级包括10个省政府和三个地区政府(10个省分别是安大略、魁北克、新斯科舍、新不伦瑞克、曼尼托巴、不列颠哥伦比亚、爱德华王子岛、阿尔伯塔、萨斯喀彻温、纽芬兰与拉布拉多;3个地区分别是西北地区、努纳武特地区、育空地区)。地级政府包括学区、市政、董事会、委员会等,其中,城、县、乡(镇)、街及特别服务区是市政级政府。加拿大有两个独立的行政主体,即宪法规定的联邦和州政府。地区政府没有独立的地位,因此与省政府有所不同,它们受联邦政府的制约;省级政府的派出机构形成了地方政府,地方政府只有省政府所赋予的部分权力,省级政府直接管辖地方政府。

加拿大的财政体系由联邦政府、省级政府和地方政府组成,实行部门预算以及分税制财政体制。法律上,地方政府是省级的组成部分,因而地方财政收入与财政支出权力都是由省级政府赋予的结果,总体上规模是偏小的。宪法原则性地对加拿大联邦、州和省政府的职能划分做了规定。一般说来,加拿大各联邦、州、省、地区政府的事权划分大体上遵循行政职能下放的原则及公共物品受益原则。详细地讲,中央政府主要承担全国性公共事务,联邦政府的职责主要包括国家安全防卫、国际对外贸易、外交政策、经济政策的调整、调控财政及货币政策和法律的订立和制定、铁路和航空运输、知识产权规范、邮政服务、人口统计、长期囚犯的监狱、人口老龄化的社会保障、移民安排、失业和破产保障、农业扶持、土地保护政策等。州级行政单位负责的则主要是本州级政府的司法机构运转、教育服务、医疗卫生保健服务、社会总体福利、公民财产权利、不可再生资源开发管理、森林的保护、生产开发电能、人民警察系统、司法体系的建立、短期囚犯的监狱、环境、消防等地方性很强的公共物品的供给,然而事实上,上述事权职责和责任大多是通过州管辖下的省级以下的政府来直接实施的。除上述分工外,联邦和州的管理职责与权限范围在很多领域是相互交叉而并非完全独立的,如在教育服务、环境资源利用、农林保护以及产业的扶持等方面,中央政府也会参与到管理中。省级政府以下的地方政府作为省政府的派出机构,其职能权限和职能范围是根据省级政府的规定确定的,地方政府的职能权限相对省级政府来说要小得多,一般来说,省级以下政府主要负责受益范围闭合性较强的社会治安和市级政府的管理等地方性公共物品。详细地说,省级以下政府的基本职责和权限是人民警察、消防安全、地方法律的实施、税款的征收、居民的保健和福利、环境的治理等；最低级政府主要承担的是基础及中级教育服务，它们被称为学区政府，独立于市政府，主要承担义务教育标准的制定和规范，以及筹资事务；特别董事会等行使的是对独立于市政府的管理职责和权限以及向城镇政府范围以外的地区提供具有特殊性质的公共物品。

资料来源：熊波,王修贵,关洪林,等.事权划分的国际经验与借鉴[J].经济研究导刊,2016(4).

## 四、政府间事权的具体划分

政府间事权包括配置、稳定和分配等基本职能。从政府的资源配置职能看,如果不把那些地方政府能够有效提供的公共品或劳务划分给下级政府,这些公共品或劳务的提供就难以得到保证或不能最有效地得到保证,同样,如果把那些本应由中央政府集中提供的公共品或服务划给了地方,其公共品的数量和质量都将得不到保障。从政府的经济稳定职能看,稳定政策的责任应该由中央政府来承担,因为利用分权性财政政策来实现稳定目标几乎是不可能的,而地方政府对货币政策的运用则更加难以接受。当然,中央政府实施稳定政策也必须考虑到地方政府的需要。从政府的收入再分配职能看,在开放的市场经济条件下,地方政府实施收入分配政策往往难以奏效,个人间以及辖区间的再分配措施应更多地由中央集中行使。因此,政府间事权划分主要集中在对资源配置职能的划分。我国是个发展中的大国,在构建公共财政体制框架时,政府之间的事权划分应在考虑公共物品的受益范围、国际惯例和政府职责划分的基本原则的基础上,充分结合我国的国情及特点来进行,并逐步规范化与法制化。

1. 全国居民享用的公共品应完全由中央政府提供

这些公共品包括三方面。一是全国性公共服务事务,如：制定并组织实施国民经济和社会发展的长期战略,对经济发展的速度、方向、结构、生产力布局等全局性重大问题进行决策,调节经济总量和结构均衡,促进宏观经济持续、稳定、协调发展；在市场失灵与失效的领域,有效承担起提供全国性公共物品和劳务的责任,如国防、外交、反恐斗争与社会安全、基础科学与技术研究、跨省重大基础设施和基础产业项目的投资建设与协调等；调节收入分配结构和组织社会保障,从全国着眼把地区经济发展差距和居民收入差距控制在有利于经济发展和社会稳定的范围内,协调好公平与效率的关系；制定并维护正常的法律秩序,鼓励竞争与促进贸易的全球化以及全国统一、有序、高效的大市场体系的形成；制定人口控制计划,提高全社会人口素质；等等。二是跨境的公共事务。随着中国大陆与港澳台经济联系的加强、人员往来的增加,跨境公共设施建设要加大力度,如港澳粤大桥的建设。三是跨国公共事务。随着"一带一路"倡议的推进,以及中国—东盟自由贸易区、东北亚区域经济合作机制的建立,跨国铁路、公路、航空和管道运输等基础设施建设将全面展开。

2. 地方政府应提供本地居民享用的地方性公共品

这些产品应包括：地方性基础设施,省、自治区、直辖市辖区内的航空、地方铁路、公路、航道、管道运输网的建设和完善;地区间公共资源调剂,如省、区、市之间水、电、煤气和油气等资源的调剂,可以由地方政府自行协商解决,水、草场等公共资源在地区间的分配矛盾无法解决时,可由中央协调解决;地方性公益事业,如地区内部水、电、气的提供、污染物处理、环境保护,以及社会保障等事务。

3. 对跨地区外部效应的公共品,中央政府应在一定程度上参与

这些产品,如跨地区的公共资源开发利用,除了由中央负责规划、投资以外,受益地区都要按其使用水资源的数量以及工程难易程度来分担部分投资费用;环境保护方面的事务,如退耕还林还草、水土保持、保护长江和黄河源头水资源环境,以及防风固沙和污染处理等,虽然都有地域性,但其受益是全国性的,所以一般由中央与地方共同分担投资,或以中央为主、地方为辅,或以地方为主、中央给予必要扶持;灾难救助事务,包括旱涝灾害、地质地震灾害、矿难和风灾、火灾、病虫害的灾难救助,非典等疾病灾难的救助,以及战争的灾难救助,灾难防治所需资金,一般由中央专项基金解决,地方资金主要用于小灾小难的救助等。

综上所述,中央和地方政府间事权划分的具体内容如表 2-1 所示。

表 2-1 中央和地方政府间事权划分的具体内容

| 内　容 | 事权归属 | 理　由 |
| --- | --- | --- |
| 国防 | 中央 | 全国性公共品 |
| 外交 | 中央 | 全国性公共品 |
| 国际贸易 | 中央 | 全国性公共品 |
| 金融与货币政策 | 中央 | 全国性公共品 |
| 管制地区贸易 | 中央 | 全国性公共品 |
| 对个人的福利补贴 | 中央、地方 | 收入再分配、地区性公共品 |
| 失业保险 | 中央、地方 | 收入再分配、地区性公共品 |
| 全国性交通 | 中央、地方 | 收入再分配、地区性公共品 |
| 地区性交通 | 地方 | 地区性公共品 |
| 环境保护 | 地方、中央 | 地区性公共品、外部效应 |
| 对工业、农业、科研的支持 | 地方、中央 | 地区性公共品、外部效应 |
| 教育 | 地方、中央 | 地区性公共品、外部效应 |
| 卫生 | 地方 | 地区性公共品 |
| 公共住宅 | 地方 | 地区性公共品 |
| 供水、下水道、垃圾 | 地方 | 地区性公共品 |
| 警察 | 地方 | 地区性公共品 |
| 消防 | 地方 | 地区性公共品 |
| 公园、娱乐设施 | 地方 | 地区性公共品 |

应该指出的是,即使中央政府与地方政府的事权划分清楚了,分工参与了对各类公共品的提供,但这并不能保证供给一定是有效率的。由于各级政府的公共品决策过程涉及一系列的民主程序,而这又涉及个人的偏好,根据阿罗不可能定理,并不存在一种理想规则可以从个人的偏好得出社会的偏好和选择,也就是说民主程序一般不能产生最优的结果。虽然如此,依据公共品理论和财政分权理论,政府介入公共品领域仍能促进效率,增进社会福利;地方政府参与提供部分特定的公共品比中央政府单独提供更有效率;而中央政府利用转移支付、税收补贴等介入有外部效应的地方公共品,要比地方政府单独提供具有更高的效率。

## 第三节 我国预算管理体制变迁的分析

随着研究的深入,人们逐步认识到,与集权相比,多级预算体制使公共品的产出更符合地方偏好,促进了政府间竞争,有利于制度创新;但也会出现外部性、低效税制等弊端。正是因为分权的后果多种多样,所以单纯地讨论绝对的分权体制或绝对的集权体制的优劣都是不科学的。从现有的预算体制改革实践来看,各个国家都力图根据本国的具体情况寻求一种适度的分权。预算管理体制作为一种制度安排具有路径依赖的特性。因此,研究我国预算管理体制必须对其发展脉络有深刻的认识。

新中国成立以来,根据不同时期政治经济形势发展的需要,我国预算管理体制进行过多次重大改革,经历了统收统支型、财政包干型和分税型三种类型的演变。预算管理体制不断完善,对社会的长期稳定和协调发展、经济的总量增长和结构调整、人民生活的改善和提高都发挥了重要的作用。在这过程中,预算管理体制的管理主体、原则、权限等的变化,深刻反映了我国在经济发展和体制转型过程中政府职能的转变和政府间财政关系的调整。

### 一、我国预算管理体制的建立(1949—1950)

制度是一套行为规则,用于支配特定的行为模式和相互关系。对于制度的形成,理论上有两种观点:一是认为制度是自然演化的结果;二是认为制度是人为设计的结果。对于我国预算管理体制而言,它的建立显然是人为设计的结果,它会受到环境因素的影响,但关键取决于制度设计者——政府,提供新的制度安排的能力和意愿。

中华人民共和国的成立意味着宪法秩序的变化,即政权基本规则和意识形态的变化,这深刻地影响了创立新的制度安排的预期成本和收益,进而影响了对新的制度安排的需求和供给。但潜在的制度需求与供给并不能自动转变为有效的制度。"影响制度创新的需求与供给的力量是通过相对不完全的市场来操作的。……是通过政治资源的相对无效的市场来分配的。"因此,预算管理体制的建立是政权组织为保证组织目标的实现,通过运用所掌握的垄断性政治资源设立的。

《中国人民政治协商会议共同纲领》(以下简称《共同纲领》)作为当时的施政纲领,

对于中央与地方政府的关系做了如下规定:"中央人民政府应争取早日制定恢复和发展全国公私经济各主要部门的总计划,规定中央和地方在经济建设上分工合作的范围,统一调剂中央各经济部门和地方各经济部门的相互联系。中央各经济部门和地方各经济部门在中央人民政府统一领导之下各自发挥其创造性和积极性。"这个时期的财政政策,是"建立国家预算决算制度,划分中央和地方的财政范围,厉行精简节约,逐步平衡财政收支,积累国家生产资金。国家的税收政策,应以保障革命战争的供给,照顾生产的恢复和发展及国家建设的需要为原则,简化税制,实行合理负担。"这些规定都成为建立我国预算管理体制的基本原则和目标。

实现全国统一,恢复国家社会稳定,建立新的政治经济秩序是新政权最为急迫的任务,新的预算管理体制必须与此相适应、为此服务。从公共品理论来看,这些都属于全国范围的纯公共品,只能由中央政府来提供。此时的中央财政要负担的费用包括:军政费、经济建设费、救济费等主要支出,以及补助地方支出不足的支出。但财政收入并没有与财政支出相匹配。公粮收入,以及新的城市税制中的税收都掌握在大行政区和省、市、县人民政府中。这种收支脱节的现象造成中央财政困难,制约着新政权最紧迫目标的实现。因此,新政权在建立全国统一的预算、统一城乡税制后还必须统一预算管理权限。统一预算管理权限包括两方面的内容,统一财政收入和统一财政支出。1950年3月,政务院先后发布了《关于统一国家财政经济工作的决定》《关于统一管理1950年度财政收支的决定》,以及其他有关决定,使财经工作从基本上的分散管理过渡到高度集中的统一管理。两份《决定》中有关预算管理体制的主要内容有以下三个方面。

(1) 预算管理权限集中在中央。一切财政收支项目、收支程序、税收制度、供给标准、行政人员编制等,均由中央统一制定。

(2) 财力集中在中央。在财政收入方面,除地方税收和其他零星收入充抵地方财政支出外,其他各项收入,包括公粮、关税、盐税、货物税、工商业税、国有企业收入、公债收入等,均属中央财政收入,一律解缴中央金库;在财政支出方面,各级政府的财政支出,均由中央统一审核,逐级拨付。地方组织的财政收入同地方的财政支出不发生直接联系。

(3) 各项财政收支,除地方附加外,全部纳入统一的国家预算。

由于管理权限和财力集中在中央,而且收入要上缴,支出要另外审核下拨,留给地方政府的财权、财力和事权都极为有限,预算管理主体、级次和权限都单一化了。至此,在新政权的全力推行下,一种高度集权的预算制度——统收统支型预算管理体制——形成了。

## 二、我国预算管理体制的变迁

1. 计划经济体制下条条为主的集权与分权探索(1951—1978)

1950年形成的统收统支型预算管理体制是特定历史情况的产物,有其作用。这种体制是一个极端形态,是我国预算管理体制演变的历史起点。由于它是一个高度集权的体制,很自然地,其演进总体上就应是一个分权的趋势。不过,其间的方式、路径可能有不同的选择,过程会有反复。在这个时期,我国建立社会主义经济制度并实行计划经济,不断探索建设社会主义的方法和道路,政权组织的工作重心在这个阶段也发生了多次变化,预算管理体制的收支划分、管理权限等方面与此相适应,也做了反复调整——实际上,就是预算管理体制的集权与分权的探索。

(1) 1951—1952年,政权的中心任务是国民经济的恢复,为经济建设准备条件。1951年3月,政务院发布了《关于1951年度财政收支系统划分的决定》,按照"采取统一领导分级负责的方针"调整预算管理体制。其主要内容是:财政实行分级管理,分为中央、大行政区、省(市)三级制;按照企业、事业和行政单位的隶属关系和业务范围,划分为中央财政支出和地方财政支出;将财政收入分为中央财政收入、地方财政收入以及中央和地方的比例解留收入;地方的财政收支,每年由中央核定一次,其支出首先用地方财政收入抵补,不足部分由比例解留收入抵补;地方的上年实际结余如超过编入预算的数字,其超过部分留给地方一部分,如未达到编入预算的数字,其不足部分由中央补助等。1951年预算体制与1950年的预算体制相比,由收支两条线改为收支挂钩,地方有了自己的收支范围。但地方的财力和财权仍然很小,绝大部分仍集中在中央。

(2) 1953—1957年,政权的总任务是完成社会主义改造,建立社会主义制度。1953年,政权提出社会主义改造的过渡时期总路线,即"逐步实现国家工业化和对农业、对手工业和对资本主义工商业的社会主义改造。"我国的经济制度形态逐步改造为计划经济体制,经济管理的思想和方式发生重大转变。计划经济体制的一个基本特征是经济决策权和资源配置权的高度集中。这个时期的预算管理体制调整同样具有集中权力的特点。在划分收支分级管理的体制中,地方有固定收入和一定的机动财力,但在计划管理体制中更强调集中统一。基本建设投资项目的绝大部分,由中央部委直接安排投资和管理。地方的一些农田水利、城市公用事业、文教卫生等基本建设项目,须经中央有关部门批准,设计施工任务由中央下达。财政支出项目标准决定权逐步集中到中央,如国家干部职工的工资等级、标准、定级、增加工资等都由中央统一规定。这个时期,中央财政收支占财政总收支的比重在我国历史上都是最高的,收入每年的中央占比分别为83%、76.6%、77.6%、79.3%、80.4%,支出每年的中央占比分别为73.9%、75.3%、76.5%、70.4%、71%。

(3) 1958—1960年,政权的中心工作是遵循社会主义建设总路线进行社会主义经济建设。期间,中央向地方大量下放事权,如中央各部所属企业下放的地方管理,扩大地方管理工业的权限,计划管理权,基本建设项目审批权,以及商业、银行、劳动、教育等管理权下放。与此配套,"在1957年预算指标下达之后,如果有某些企业和事业单位经国务院批准转移隶属关系时,必须连同收支预算指标,一并办理划转手续。"同时,预算管理体制也进行了一场中央向地方分权的运动。1957年11月,国务院颁发了《关于改进财政管理体制的规定》,基本精神是要明确划定地方财政的收支范围,进一步扩大地方财政管理权限,并且在保证国家重点建设的前提下,增加地方的机动财力,实行"以收定支,五年不变"的预算管理体制(1959年改为"总额分成,一年一变")。《规定》的主要内容是:按照分类分成方法划分财政收入,扩大地方财政收入的范围,包括固定收入、企业分成收入和调剂分成收入;在支出划分方面,对基本建设投资,由过去的包含于地方支出中改为全部由中央专案拨款解决,地方国营和合营企业新增流动资金,30%由地方财政拨款,70%由中央财政拨款或银行贷款;地方可以在划定的收支范围内,根据收入安排支出,预算执行过程中收入超过支出的部分,地方可以自行安排使用,年终结余全部留给地方在下年度自行安排使用;以1957年的预算数作为基数,确定收入项目和分成比例,原则上五年不变,地方可多收多支。在扩大地方财权的同时,中央在税利合一的税制改革中扩大了地方对税收的减免权。通过这些措施地方掌握较大的财权和财力,地方财政收支占总财政收支比重迅速上升,如地方财政支出占财政总支出的比重由1957年的29%快速上升到1958年的55.7%。

(4) 1961—1965年,政权的中心工作是以"调整、巩固、充实、提高"方针指导经济建设。"大跃进"运动严重破坏了经济秩序,导致了经济衰退。中央被迫从1961年开始对整个国民经济实行"调整、巩固、充实、提高"的方针。这标志着我国国民经济从全面"大跃进",逐步转向了调整。经济调整的核心是再次集中计划决策权、物资管理权和财政金融管理权,增强中央对宏观经济的控制能力。预算管理体制又随着中心工作的需要做改进,即实行比较集权的办法,主要内容是:事权财权基本上集中在中央、大行政区和省三级;继续实行"总额分成,一年一变"的办法,收回了一部分重点企业、事业单位的收入,作为中央的固定收入,将基本建设拨款改由中央专案拨款;政府预算从中央到地方,实行上下一本账,坚持"全国一盘棋",各级预算的安排,坚持收支平衡,略有结余,一律不准打赤字预算;地方财政的超收分成和支出结余以及地方的上年结余资金,用于基本建设的,必须纳入国家基本建设计划,报经有关部门批准;对各地区、各部门和单位的预算外资金,或纳入预算,或减少数额,并加强管理。1958年,中央与地方财政支出比重为44.3∶55.7,而1962年这一比例调整为61.6∶38.4,中央财政的控制能力得到了增强。

(5) 1966—1978年,"以阶级斗争为纲"的政治路线指导着经济工作,经济发展从属于政治运动。在那样一个特殊的历史条件下,预算管理体制出现频繁变动。1966—1970年,继续实行"总额分成,一年一变"的预算管理体制。1971—1973年,再次下放财权,实行财政收支包干的预算管理体制,主要内容是:扩大地方财政收支范围,中央的财政收入和支出,除了中央部门直接管理的企业收入、关税和中央直接管理的基本建设、文教行政、国防战备、对外援助和国家物资储备等支出以外,其余都划归地方财政,由地方负责管理;地方预算的收支指标,由省(市、自治区)提出建议数,经中央综合平衡,核定下达,省(市、自治区)按照中央核定的预算收支指标,或包干上缴(收入大于支出),或按差额包干获得中央补助(支出大于收入);上缴和补助数额确定之后,一般不做调整,地方要保证完成上缴任务,中央要按确定的数字给予补助;在预算执行过程中,地方收入超收或支出结余,都归地方支配使用,如果发生短收或超支,由地方自求平衡。1971年的预算管理体制扩大了地方的财政收支范围,同时按绝对数包干,超收部分全部留归地方,这样就大大地调动了地方增收节支的积极性,地方的机动财力可随着增收节支而大大增加。但为了解决临时困难,随后的预算管理体制又做了些调整,1974—1975年,实行"收入按固定比例留成,超收另定分成比例,支出按指标包干"的体制;1976—1979年,再次实行"收支挂钩,总额分成"并试行"收支挂钩,增收分成"的体制。

1951—1978年，是我国建立社会主义经济制度，实行计划管理体制的阶段，整体国民经济有所发展，但在1957—1978年这22年里，我国社会动荡，经济发展停滞，经济现代化出现中断。计划体制要求权力高度集中，使得地方政府依附于中央政府。预算管理体制就是在这样的制度环境中变化：尽管一直强调"分级管理"，但预算管理主体仍然单一化，地方预算要由中央下达，直到1971年地方才能自编预算；而预算体制则在政治运动中陷入集中、分散的频繁变动。

2. 逐步分权的财政包干型预算管理体制——多级预算主体的形成(1979—1992)

中共十一届三中全会，决定从1979年开始把全党工作的着重点转移到经济建设上。为了在国民经济方面贯彻执行"调整、改革、整顿、提高"的方针，中央提出在总结历史经验的基础上，对计划经济管理体制逐步进行全面改革，并选择以预算体制作为突破口，改革先行一步。

(1) 划分收支、分级包干的预算管理体制。1980年预算管理体制改革的基本精神是，在巩固中央统一领导和统一计划，确保中央必不可少的开支的前提下，明确划分各级财政的权力和责任，做到权责结合、各司其职、各尽其责，充分发挥中央和地方两个积极性，共同承担平衡财政收支的责任。1980年，国务院颁发《关于实行"划分收支、分级包干"的财政管理体制的暂行规定》，全面改进国家与企业之间的分配关系，这种体制被称为"分灶吃饭"，其主要内容是：按照经济管理体制规定的隶属关系，明确划分中央和地方财政的收支范围，将财政收入分成固定收入、固定比例分成收入以及中央和地方调剂收入，而财政支出按企业行业的隶属关系划分为中央支出、地方支出和中央专案拨款三类；按照划分收支的范围，以1979年财政收支预计执行数为基础确定地方财政收支的包干基数；地方上缴比例、调剂收入分成比例和定额补助数由中央核定下达后，原则上五年不变。地方在划定的收支范围内，多收了可以多支，少收了就要少支，自求收支平衡；凡是全国性的重大问题，如税收制度、物价政策、公债发行、工资奖金标准、企业成本开支范围和专项基金提取比例，以及重要的开支标准等，各地区、各部门都必须执行全国统一的规定，未经批准，不得变动。

(2) 划分收支、分级包干体制的调整。1980年预算管理体制的改革，是调整中央和地方财政关系的一次新的尝试。在预算管理上，由以"条条为主"改变为以"块块为主"，扩大了地方的财权，体现了权责利相结合的原则。但在打破统收局面的情况下，统支的局面却没有完全打破，致使中央财政相当困难，以致中央财政不得不向地方财政借款以弥补缺口。因此，1983年再次上收权力，对分灶吃饭的财政体制又做了一些调整和改进：从1983年起，有相当一部分省、市、自治区实行收入按固定比例总额分成的包干办法；由于国家预算有赤字，中央财政困难，所以将中央财政向地方财政的借款改为调减地方的支出包干基数，或者减少补助数额以解决此问题；将卷烟、酒两种产品的工商税划归中央财政收入；凡是中央投资兴建的大中型企业收入，属中央收入，中央与地方共同投资兴建的大中型企业收入，按投资比例分成；从1983年起，将县办工业企业的亏损，由二八分担办法(即中央财政负担80%，县财政负担20%)改为由中央财政和县财政各负担一半的办法。

(3) 划分税种、核定收支、分级包干的预算管理体制。1984年，"分灶吃饭"的体制执行到期，又正值第二步利改税的改革开始实行，为与这一改革同步，国务院决定从1985年起进一步改革政府的分配关系，实行"划分税种、核定收支、分级包干"的体制。这次改革的原则是继续实行分级包干、几年不变的政策，适当集中财力。改革的基本内容是：原则上按照第二步利改税后的税种设置划分收入，分为中央固定收入、地方固定收入和中央与地方共享收入，而支出基本维持原体制格局；收入基数按照1983年地方决算数，支出基数按照1983年既得财力核定，收入的分成比例和上解、补助的数额确定以后，一定五年不变，地方多收入可以多支出，少收入就要少支出，自求收支平衡。根据各地区财政收支的实际情况，实行的体制具体形式有总额分成、定额上解、定额补助、大包干和民族地区体制。

（4）财政大包干预算管理体制。1986年以后，受多方面因素的影响，财政收入占国民收入的比重大幅度下降，中央财政收入在整个财政收入中的比重也不断下降，使得财政连年出现较大的赤字，宏观调控能力日益削弱。针对这些问题，按照先调动地方组织收入的积极性，在地方财政收入增长以后，中央再从收入增量中多拿一些的思路，发布了《国务院关于地方实行财政包干办法的决定》，从1988年开始执行包干体制。这实际上是个过渡性的体制，采取的形式主要有收入递增包干、总额分成、总额分成加增长分成、上解额递增包干、定额上解和定额补助。

1979—1992年，是一个包干的时代。农村搞联产承包，企业搞承包经营，而政府之间搞的也是财政包干。这是政权的工作重点转移到"以经济建设为中心"的初期，中央政权在推行放权让利的改革时所采用的主要方式。中央政权承认了不同主体间的利益差别，并以这种改革方式逐步形成微观经济主体。财政包干型预算管理体制的改革和完善实际上就是确认地方政府利益的过程。当地方政府有了自己的财政收支范围，有了稳定的税收及相应的预算管理权，地方政府在"分级管理"中的预算主体地位就形成了。

3. 分税制预算管理体制改革——建立分级预算管理制度（1993年至今）

随着社会主义市场经济改革目标的确立，我国宏观经济管理体制都要进行深度改革，预算管理体制也必须要与此相适应。20世纪90年代初，我国开始在部分地区实行分税制试点，并于1994年在全国推广实行分税型预算管理体制。这是我国改革开放以来，也是新中国成立以来，在预算管理体制上经历的最深刻的一次改革。这次预算体制改革与建立社会主义市场经济体制的改革目标相一致，以市场经济条件下规范的预算体制为主要内容。

这次改革的具体做法是：在保持原包干体制确定的地方上解和中央补助基本不变，即不触动地方既得利益的情况下，对财政收入的增量分配进行适当调整。其具体内容是：在原来中央政府与地方政府事权的划分基础上划分中央与地方的财政支出范围；按新的税种来划分中央与地方的收入范围，其中，中央固定收入由关税、海关代征消费税和增值税、消费税、中央企业所得税、地方银行和外资银行及非银行金融企业所得税、铁道部门和银行总行以及各保险公司等集中缴纳的收入（指营业税、所得税、利润税、城市维护建设税）、中央企业上缴利润构成，地方固定收入则包括营业税（不含铁道部门、银行总行、保险总公司向中央集中缴纳的部分）、地方企业所得税（不含地方银行和外资银行及非银行金融企业所得税)、地方企业缴纳利润、个人所得税、城镇土地使用税、固定资产投资方向调节税、城市维护建设税(不含铁道部门、各银行总行、各保险总公司集中缴纳部分)、房产税、车船使用税、印花税、屠宰税、农牧业税、农业特产税、耕地占用税、契税、土地增值税、中央国有土地有偿使用收入等,而中央与地方共享收入包括增值税、资源税和证券交易税;分设中央和地方两套税务机构,前者负责征收中央固定收入和共享收入,后者负责征收地方固定收入;以1993年为基期,按分税后地方净上划中央的收入确定中央对地方的税收返还基数,从1994年起,每年递增返还,递增率按各地区上划收入增长率的1:0.3系数确定。1994年的体制实现了财政收入的稳定增长,提高了中央财政收入的比重。1993年,财政收入占GDP的比重为12.6%,中央财政收入占财政总收入的比重为22%,到1994年这两个比重分别为11.2%和55.7%,到了2002年为18%和55%。分税型预算管理体制实施以来,除了2002年将个人所得税调整为共享税种外,基本保持了稳定。

市场经济要求建立规范的公共财政体制与之相适应,1994年的预算管理体制改革与此是一致的。由于是以"增强中央的宏观调控能力"为重要目的,这次改革主要在财政收入方面,借鉴了国外的成功做法,使税收制度较好地与国际接轨,但在财政支出方面基本没有变化,仍保留着大量的计划经济色彩。同时,增量改革不触动地方既得利益,建立规范的中央财政对地方的转移支付制度的改革只能留待以后推出。但这次改革中,建立中央税收和地方税收体系、分设中央与地方两套税务机构分别征管、改进预算编制办法、建立适应分税制需要的国库体系和税收返还制度等措施,调整了中央与地方的分配关系,规范的分级预算管理制度初步建立。

## 三、我国预算管理体制变迁的制度分析

从我国预算管理体制的发展历程可以看出,是政府的法令直接推动着预算管理体制演进,政府是预算管理体制演进的"第一行动集团"。因此,我们可进一步把预算管理体制的演变过程纳入强制性制度变迁模型中进行分析。

1. 预算管理体制变迁的基本动因

制度变迁是指一种制度对另一种制度的替代过程。制度变迁的基本动力,就是行为主体追求利益最大化。制度变迁的诱致因素,在于经济主体期望获得最大的潜在利润,即希望通过制度创新来获取在已有制度安排中所无法取得的潜在利润。如果一种制度安排还存在潜在利润的话,就意味着这种制度安排没有达到帕累托最优,因而处于一种非均衡状态。制度不均衡的出现,意味着制度变迁的基本动力的出现。

我国的预算管理体制以1950年建立的高度集权的统收统支型预算管理制度为起始均衡点,开始演化进程。有几方面的因素造成预算管理体制不均衡,引发制度变迁。

(1) 政府目标的变化。制度安排是根据不同时期政治经济形势发展的需要和供给来变化的,但制度"需求的变动趋势虽为必要条件,但不是了解变化路线的充分条件。

政治经济分析的要素是决定性的,对于统治精英的政治经济成本和利益,是对变化的性质和范围做出解释的关键。"

预算管理体制规定了中央政府与地方政府的分配关系。政府是预算管理体制的创造者和改造者。政府自然可以根据自己设定的目标需要,在权衡政治经济成本和利益后,调整预算管理体制。在我国,政府工作重心的变化对预算管理体制变迁的影响尤为显著,这一点从其发展历史过程就可以清楚地看出来。1953年,政府的目标由恢复国民经济改为实现过渡时期总路线,1958年执行社会主义建设总路线实行大跃进,1961年按照"调整、巩固、充实、提高"方针调整经济,1978年再次回到以经济建设为中心的路线,每一次工作重心变化之后预算管理体制都发生了重大改变。

(2) 技术的变化。根据马克思主义经济学,生产关系要适应生产力的发展,社会制度要以技术为条件,技术变迁推动着社会制度变迁。从新制度经济学的角度分析,在技术条件给定的前提下,交易费用是社会竞争性制度安排选择的核心,用最少费用供给定量服务的制度安排将是合乎理想的制度安排。但技术是变化的,它能够改变特定制度安排的相对效率,并使某些其他的制度安排不再起作用。技术变化能够带来新的收入流,是制度变迁需求的一个重要原因。技术变化的影响可以从它对生产和交易的作用来进行分析。

1953—1957年,我国完成了第一个五年计划,工业生产技术水平有了很大提高,根据体制的收入划分,使得中央收入比重不断上升,从1954年的76.6%到1957年的80.4%,中央集中过多,地方缺少财权财力的灵活性。因此,中央与地方的分配关系需做调整。而1984—1992年,地方制造加工业的快速成长,极大地促进了地方经济的发展,地方财政收入占总财政收入的比重逐步提高,由1984年的59.5%提高到1993年的78%。中央财政收入比重快速下降,使其难以承担相应的责任,这种不均衡将引起预算体制的变化。

(3) 制度选择集合的改变。政府提供特定制度服务的可行性制度安排集合取决于社会科学方面的知识。社会科学知识主要是通过成功先例的逐渐积累或作为行政与管理知识与经验的副产品来增进制度绩效和实现制度创新。在相当长的时期内,我国预算管理体制变迁的知识积累主要来源于计划经济国家的建设经验、革命根据地的理财经验以及中国历史上的理财思想,而市场经济思想被排斥在可选择的范围外。因此,在当时不可能实施政府治理的分散化,预算主体的多级化。只有在以市场经济为导向的改革中,这些方法才会进入政府的选择范围。

制度选择集合还可能因政府政策的改变而扩大或缩小。政府可能将某些制度安排从制度选择集合中剔除,也有可能取消一种带有限制性的政府政策,相当于扩大制度选择集合。地方政府逐步形成预算主体,拥有一定的预算管理权限,就开始尝试推行新的预算管理方法,如湖北(1993)、河南(1994)、安徽(1994)、深圳(1995)等省市都分别结合地区情况实行零基预算改革,浙江推行"两保两挂"和"三保三联",江苏实施较为规范的转移支付制度等。

(4) 财政资源分配的变化。预算管理体制规定的是政府间财政分配关系,尤其是中央政府与地方政府的财政分配关系。在处理这一关系的过程中,我国强调发挥中央和地方两个积极性。正如毛泽东所说,"中央和地方的关系也是一个矛盾。解决这个矛盾,目前要注意的是,应当在巩固中央统一领导的前提下,扩大一点地方的权力,给地方更多的独立性,让地方办更多的事情。这对我们建设强大的社会主义国家比较有利。我们的国家这样大,人口这样多,情况这样复杂,有中央和地方两个积极性,比只有一个积极性好得多。我们不能把什么都集中到中央,把地方卡得死死的,一点机动权也没有。"因此,当中央财政收入比重过高或过低时,就会引起政府的警觉,认为中央或是管得太多,或是调控能力不足,从而导致预算管理体制改革。

如图 2-2 所示,我国 1953—2017 年中央与地方财政收入比重的变化,其波动的时间范围基本与预算管理体制一致,1958 年和 1994 年的体制就是中央财政收入比重过高和过低引发制度变化的两个典型例子。

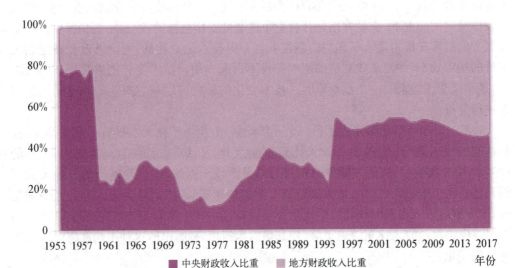

图 2-2　1953—2017 年我国中央与地方财政收入比重变化

当然,财政资源分配也涉及财政收入占国民收入的比重问题。如果财政收入占国民收入比重过低,导致政府难以提供适当的公共品和服务,也需要调整预算体制。图 2-3 展示了我国 1953—2017 年国家财政收入占 GDP 比重的变化。20 世纪 80 年代以来,财政收入占 GDP 比重逐年下降,经过 1994 年的体制改革,这一比重开始逐步回升,到 2010 年已达 20%。

2. 预算管理体制变迁的制约因素

制度的不均衡是制度变迁的基本动因,但变迁的发生还取决于制度变迁的收益成本分析。在强制性制度变迁中,变迁的实现依赖于政府对实现制度变迁所带来的收益和成本的感知和判断。只有当预期收益大于预期成本时,作为制度变迁"第一行动集团"的政府才会努力推动直至最终实现制度变迁。政府及其官员只有在下面的情形下才会采取行动来进行强制性制度变迁:即按税收净收入、政治支持以及其他进入政府效用函数的商品来衡量,强制推行一种新制度安排的预期边际收益要等于或大于预期

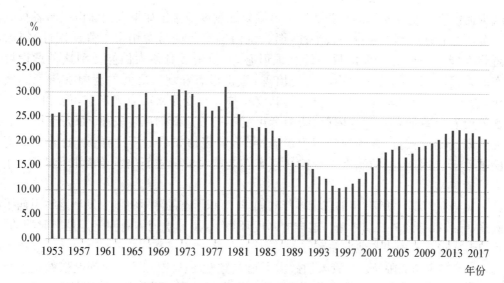

图 2-3　我国 1953—2017 年国家财政收入占 GDP 比重的变化

边际成本。

政府效用函数包含了经济、社会、政治以及个人等多种变量因素。因此,有许多制约因素影响强制性制度变迁的有效性,除了收益和成本外,主要还有:政府及其官员的偏好、有限理性、意识形态刚性、官僚政治、集团利益冲突、社会科学知识的局限性和国家的生存危机等。

(1) 政府及其官员的偏好。因为在任何一个社会中,政府的最大权威都被握在一个政治家手中,他或多或少不受公民偏好和压力的影响,所以,可以把政府的决策过程看作是通过政治家的行为来完成的过程。制度安排的效率由它对国民总财富的影响界定。因此,预算管理体制变迁的效率也应看其对经济总量的影响如何。如果统治者是一个财富最大化者,而且他的财富正比于国民财富,那么统治者会在他权威限度内促进建立最有效的预算管理体制。然而,如果新预算管理体制带给国民的收入较高而带给统治者的收益较低(由于交易费用的缘故),那么在和原先的制度安排进行比较后统治者可能会发现,建立这种新制度安排并不是他的利益所在。而且,财富仅仅是统治者偏好的商品中的一种。例如:在新中国成立初期,统治者更为关心国家生存危机,统治者需要高度集中权力,以应对战争和重建国家的重任,所以预算管理体制是统收统支的;而一旦政权趋于稳定,统治者更为关注经济社会发展,则预算管理体制往往会出现分权的趋向。根据统治者效用最大化模型我们也可以预言,随着国民财富的增加,统治者更为关心他的政治威望。还要说明的一点是,即使统治者是一个财富最大化者,由于他的有界理性,以及他认识、了解制度不均衡和设计、建立制度安排所得信息的复杂性,他仍然不能矫正制度安排的供给不足。

(2) 意识形态。新制度经济学认为,意识形态可以被定义为关于世界的一套信念,它们倾向于从道德上判定劳动分工、收入分配和社会现行制度结构。意识形态是减少提供其他制度安排的服务费用的最重要的制度安排。如果人们确信统治者权威的合法性和现行制度安排的公平性,那么统治国家的交易费用将下降。因此,统治者将发展一种服务于他的目的的意识形态,并投资教育使人们能受到这种意识形态的谆谆教诲。随着制度不均衡的出现,意识形态和现实之间的缝隙在增长。然而,为了恢复制度均衡而强制推行新制度安排并改变原来的意识形态,很可能会伤害统治者权威的合法性。因此,统治者可能不去创造新的制度安排,而去维持旧的无效率的制度安排,并为纯洁意识形态而战,他害怕如果他不这样做,他的权威可能被动摇。因此,新的制度安排往往只有在老的统治者被新的统治者取代以后,才有可能建立。

我国在1957—1978年的二十多年时间里,意识形态的斗争将国家发展路线引向了歧途,导致社会经济长期停滞。这样的制度环境下,预算管理体制调整都是应时型的,难以形成稳定的中央与地方关系。

(3)知识的局限性。尽管人们做出了很多努力,但有限知识这一问题依然是人类存在的核心苦恼和稀缺的构造性原因:我们知道得越多,我们就越能用物质资源更好地满足人类的各种需要。在现实中,人类之间的交往上受制于知识上的两种不足:人们关于未来只有不确定的知识(未来的不确定性),但他们必须猜测未来以便行动,人们喜欢获得能减少不确定性和增强信心的帮助;人们在了解资源、潜在交易伙伴以及它们的精确特征上具有"横向不确定性",特别是当人们需要让别人为他们做事时,他们常常不清楚那些代理人究竟将忠诚、可靠、尽其所能,还是玩忽职守。而个人在吸纳信息(领会信息、传递信息和应用信息)上只具备有限的能力。人们必须在承认这一点的前提下开展日常工作,人们的活动受到有限的认知能力的限制。

制度安排选择集合受到知识储备的约束,即使政府有建立新制度安排以使制度从不均衡恢复到均衡的愿望,但由于知识不足,政府也可能无法建立一个正确的制度安排。二次大战后,社会主义思潮和计划管理经济在世界上占据了主导地位。受此影响,新中国成立初期,把计划经济当作社会主义制度的基本特征,建立了中央计划体制,以及与此相适应的统收统支型预算管理体制。而在相当长的一段时期内,由于社会知识的不足,统治者对国际形势和国家发展方向曾产生了错误的估计和判断。

正是由于这些因素的制约,政府作为制度供给的主体,并不意味着它必然会有效地供给制度和进行强制性变迁。政府进行强制性变迁可能具有经济上的可行性,但是如果政治上需付出的成本过高,致使政府的总成本支出高于总收益,那么也不会形成有效的制度供给。强制性变迁可能使政府在经济上受损,进行强制性变迁是需要付出成本的,当财政收入的增加不足以弥补这一成本时,即使制度变迁降低了交易费用并使社会总产出增加,强制性变迁也可能不会发生。甚至有可能,政府供给的是无效的制度,导致经济绩效下降。

纵观我国预算管理体制的变动,我们看到其强制性变迁基本上是围绕着调动中央和地方两个积极性的思路来进行的。无论变迁的动因是经济上的收益成本的权衡,还是制度供给者的偏好、意识形态或国家的生存危机,都可以看到中央向地方分权是总体趋势。即使是在"文化大革命"时期,政府的中心任务和主要目标不是发展经济和财政,预算管理体制被动地适应经济和财政情况的频繁变化,仍然坚持了分权化的方向,此时的中央财政收入比重是历史最低水平。而1994年的分税制改革,虽然集中了财权财力,但是实现了由包干式分权向规范科学的分权方式的转变。

同时,还应看到中央向地方分权的预算管理体制改革由于基本的制度环境差异,其结果有很大不同。改革开放前的分权化是以计划经济为基础的,排斥商品货币关系和市场机制作用,无论地方政府的权力有多大,分权程度有多深,都没有改变地方政府对中央政府的隶属关系和全国一盘棋的总格局,而且权力的上收与下放、集中与分散都是由中央政府决定的,主动权在中央政府手中,是计划经济的内部调整,对各方面的利益影响不大。而改革开放后的地方分权是以商品货币关系为基础,以经济市场化为导向的。由于统收统支的预算体制被打破,财政包干制广泛推行,地方政府开始具有十分明确的独立的经济利益和行为目标。中央政府和地方政府的关系,不再是单纯的行政隶属关系和上下级关系,而具有了一定的契约关系的性质,中央和地方政府在一定程度上成为具有不同权力和利益的预算主体,具有不同的行为目标。地方政府逐步成为预算主体,为自下而上的自发性改革创造了广阔的空间。各地区从实际出发,大胆创新、大胆试验,从局部推进到整体转换,是中国渐进式改革获得成功的一个重要经验。分权化改革使不同的地区之间形成了相互竞争的机制,强化了地方政府对市场的依赖,调动了地方政府改革的积极性,提高了地方政府在制度创新中的地位和作用,从而大大降低了改革的成本,推动了市场化改革。而市场经济的完善又进一步要求建立稳定规范的政府间预算关系,从而推动分级预算管理体制改革的不断深化。

## 第四节 分税制预算管理体制

### 一、分税制的含义、类型及特点

(一) 分税制的含义

分税制是指在划分中央与地方政府各自事权的基础上,按税种划分各级政府财政收入的一种预算管理体制。它是市场经济条件下世界各国比较通行的,处理中央与地方财政分配关系的一种形式。它涵盖分税、分权、分征、分管等多方面的内容:分税是指全部税收应明确其归属,划分为中央与地方两套税收体系;分权是指划分各级政府在税收方面的立法权、征管权和减免权;分征是指按中央与地方两套税收体系,分别设置税务机构,分别征税;而分管则是指中央政府与地方政府分别管理和使用各自税额,不得混淆或平调、挤占。

(二) 分税制的类型

由于世界各国政治、经济情况不同,地理环境也不同,它们的分税制形式及其内容也不一样。税种划分几乎没有相同的,有的中央集中多一些,有的地方自主权大一些,等等。由此，纵观世界主要国家，分税制可以大致分为三种类型。

（1）分税种式的分税制，即根据各级政府的事权划分，在中央与地方政府之间划分各自的税种，并分别征收。税种的划分方法有完全型与不完全型之分：完全型是把全部税种分为中央税和地方税两类；不完全型则是在中央税与地方税之外，另设中央与地方共享税。

（2）分权式分税制，即在税制的立法、税法的解释和税种的开征与停征、税率税目的调整、税收减免等方面划分中央与地方的管理权，然后按中央税、地方税、共享税分别征收，分级管理。这种办法实际上在中央和地方形成了两套税制。

（3）附加型的分税制，即在主税上附加征收地方税。这种办法中分税的范围很小，地方很难形成独立的财政体系。

（三）分税制的特点

尽管分税制没有固定的模式，但它们在以下四方面有着共同的特点。

（1）各级政府的事权划分非常清晰。各国实行分税制形式的预算管理体制，它的基本目的就是在财力划分上要保证中央政府和地方政府顺利行使职权。财权的划分是以事权划分为基础的，如果事权划分不清，对财权划分是否合理的判断也就失去了标准。可见各级政府职责和支出范围的明确划分，是分税制的重要基础。

（2）中央与地方各有其税收来源和管理权限，且中央财政集中了大部分财政收入。独立而稳定的收入来源和管理权限是一级预算主体独立化的标志，而且在税种划分上，大凡对国民经济有重大影响或有利于宏观调控的税种都划作中央财政收入，各国都是如此。

（3）中央与地方各有一套独立的税务机构。通常而言，国家税务局负责征收中央税和共享税，地方税务局征收地方税，各负其责，互不干扰。这样，有利于避免各级政府在征税问题上产生矛盾，有利于税收管理的规范化。

（4）各国都有一套比较完善的协调制度，即转移支付制度。这是关系到分税制能否顺利实行的一项重要制度，旨在解决中央与地方以及地区间发展的不平衡，如澳大利亚的"均等化"机制、日本的"拨付税制度"、美国联邦的"拨款补助"等，都属于这一范畴。

由此可见，分税制是一种多级预算体制，也是市场经济下处理政府间财政关系的一种较为理想的体制。它的规范化和法制化，有利于地方政府真正成为一级独立的预算主体，有利于中央与地方分配关系的长期稳定与健康发展。

**专栏 2-2**

### "共享型分税制"的形成及其税权结构

**一、"共享型分税制"的形成**

众所周知，在分税制的框架下，诸多税种通常被归类为中央税、地方税以及中央与地方共享税。我国在推行分税制之初，中央税和地方税在税种数量上相对较多，共享税的税种至少在形式上相对较少。但随着分税制实践的发展,有多个税种从单纯的地方税变成了共享税,导致在税种数量以及所涉税收收入的数量或占比方面,共享税都处于更加突出的地位,这样的分税制,我们称之为"共享型分税制"。

从税种数量上看,我国税收体系中较为重要的多个主要税种或主体税种实质上都已被归入共享税。从税收收入上看,上述共享税诸税种在整体税收收入中的"占比"也较大,多个税种都是税源丰沛的大税种,从而使共享税在分税制框架内成为主要形式,并由此使分税制呈现出突出的"共享型"特点。

我国"共享型分税制"的突出特点,是中央收入在共享收入中的占比更高,或者说,总体上更多地向中央倾斜,而非"共享均分",所谓"共享",并非无差别地"共同共有",而是自上而下地"按份分享"或"分成分享"。因此,严格说来,"共享税"应当称为"分享税"。

与此同时,我国的"共享型分税制"名为强调中央与地方共享,其实并未"上下贯通",而是仅着重于中央与省级政权之间的"分成";更为基层的地方并未被纳入其中,因而其收入更缺少制度保障。对于分税制的上述突出缺失,经济学界已有诸多关注和讨论,但法学界的研究还相对不足,因此,非常有必要从税权结构的视角进一步展开研讨。

二、"共享型分税制"的税权结构

从具有基础意义的税收立法权的配置来看,我国采取集权模式:中央税和地方税的立法权,至少在形式上都集中于国家层面;各类共享税在整体税收收入中占比较大,其税收立法权更是从未下放。税收立法上的高度集权,固然有助于在宏观调控、保障稳定等方面体现国家理性和国家目标,提升中央财政的汲取能力,但也会使地方的税权保障受到影响。为此,我国在立法上也通过少量相对隐蔽的授权,赋予地方某些课税要素的有限立法权,这在客观上有助于保障地方的权益并调动其积极性。

与税收立法权的集中配置直接相关,在税收征管权方面,我国虽分设国、地两套税务机构,但除中央税外,增值税等共享税也侧重于由国家税务机关征管,从而使征管权配置也体现出一定的倾斜性。这种安排虽然有助于保障重要税收的及时入库,防止地方保护主义,以及有效地处理中央与地方关系,但随着共享税税种的不断增加,原属地方税的税种在变为共享税后如何确定征收机关,确实更为复杂,既要考虑过往,又要着眼于发展。此外,如若共享税变得越来越多且多由国家税务机关征管,而地方税种越来越少,收入占比也越来越低,那么,是否还要单设地税机关,至少从法律经济学的角度,需要进行成本收益分析。

上述的税收立法权和征管权会直接影响税收收益权,而现行分税制最易为人关注的,就是对税收收益权的分配。如前所述,由于地方的收益权相对较小,中央往往在分成比例上拥有更多的权利,因而共享税的倾斜性、主从性较为突出,这既是我国分税制的重要特点,也映射了现行制度的突出问题。

资料来源:张守文.论"共享型分税制"及其法律改进[J].税务研究,2014(1):58-63.

## 二、我国分税制改革的指导思想及内容

根据党的十四大提出的建立社会主义市场经济体制的总体要求,充分考虑我国国情,并借鉴国际通行做法,1994年我国实施了"分税制"预算体制改革。

### (一)指导思想及原则

**1. 正确处理中央与地方的分配关系,调动两个积极性,促进国家财政收入的合理增长**

面临地方发展经济的积极性刚刚调动起来和中央财政困难、调控乏力的局面,分税制改革既要考虑地方利益,保持并进一步调动地方发展经济、培植财源、增收节支的积极性,又要逐步提高中央政府的宏观调控能力。只有调动两个积极性,才能促进国民经济持续、快速、健康发展,才能促进财政收入合理稳步增长。从现实来看,中央财力薄弱的问题更为突出,为此,在保证地方既得利益的前提下,中央要从财政收入的增量中适当多得一些,以增强中央政府的财政实力。这是这次财政体制改革的一个重要目标。

**2. 合理调节地区间财力**

我国幅员辽阔,又正处于发展时期,这就必然导致地区间发展的不平衡。考虑到社会主义的最终目标是要实现共同富裕,整个国民经济和社会发展也需保持一定的均衡性,因此,分税制改革既要有利于经济发达地区继续保持较快发展势头,又要通过中央财政对地方的协调机制,扶持经济不发达地区的发展和老工业基地改造,同时促使地方加强对财政支出的约束,防止财政支出的不合理增长。

**3. 坚持统一政策和分级管理相结合的原则**

我国是一个统一的社会主义国家,在社会主义市场经济发展过程中,既要创造一个公平竞争的环境,也要保证政府特别是中央政府对市场实施有效的宏观调控。因此,在分税制改革的中心环节——划分税种上,不仅要考虑中央与地方的利益分配,还必须考虑税收对经济发展和社会分配的调节作用。所有的税收立法权都要集中在中央,以保证中央政令统一,维护全国统一市场和不同利益主体之间的平等竞争。在此基础上,税收实行分级征收、分级管理,以提高税收征管效率。

**4. 坚持整体设计与逐步推进相结合的原则**

由于这次分税制改革与税制改革同步进行,而且触动的是中央与地方的利益分配,问题与矛盾都很多,因此分税制改革既要借鉴国际成功的经验,又应实事求是,从我国实际出发。在整体设计并明确改革目标的基础上,分税制的方案和办法应力求规范化,同时必须抓住重点,分步实施,逐步完善,不能指望一步到位,否则可能适得其反,欲速则不达。

### (二)分税制的具体内容

**1. 中央与地方事权和支出划分**

根据中央政府与地方政府事权的划分,中央财政主要承担国家安全、外交和中央国家机关运转所需的经费,调整国民经济结构、协调地区发展、实施宏观调控所必需的支出,以及由中央直接管理的事业发展支出。具体包括:国防费,武警经费,外交和援外

支出,中央直属企业的技术改造的新产品试制经费,中央统管的基本建设投资,中央级行政管理经费,由中央负担的国内外债务还本付息支出,以及中央本级负担的公检法支出和文化、教育、卫生、科学等各项事业费支出。

地方财政主要承担本地区政权机关运转以及本地区经济、事业发展所需的支出。具体包括：地方行政管理费,公检法支出,部分武警经费,民兵事业费,地方统筹的基本建设投资,地方企业的技术改造和新产品试制经费,支农支出,城市维护和建设经费,地方文化、教育、卫生、科学等各项事业费,价格补贴以及其他支出。

2. 中央与地方收入的划分

基本思路是：将维护国家权益、实施宏观调控所必需的税种划分为中央税；将适宜地方征管的税种划分为地方税；将与经济发展直接相关的主要税种划为中央与地方共享税。1994年的分税制改革方案对中央与地方的收入做了明确划分。

中央固定收入：关税,海关代征的进口增值税,消费税,中央企业所得税。地方银行和外资银行及非银行金融企业所得税,铁道部门、各银行总行、各保险总公司等集中缴纳的收入(包括营业税、所得税、利润和城乡维护建设税),中央企业上缴利润等。外贸企业出口退税,除1993年地方已负担的20%的部分列入地方上交中央基数外,以后发生的出口税全部由中央财政负担。

地方固定收入：营业税(不含铁道部门、各银行总行、各保险总公司集中缴纳的营业税),地方企业所得税(不含上述地方银行和外资银行及非银行金融企业所得税),地方企业上缴利润,城镇土地使用税,个人所得税,固定资产投资方向调节税,城乡维护建设税(不含铁道部门、各银行总行、各保险总公司集中缴纳部分),房产税,车船使用税,印花税,屠宰税,农牧业税,农林特产税,耕地占用税,契税,遗产与赠予税,土地增值税,国有土地有偿使用收入等。

中央与地方共享收入：增值税(中央分享75%,地方分享25%),资源税(按不同的资源品种划分,大部分资源税作为地方收入,海洋石油资源税作为中央收入),证券交易印花税(中央和上海、深圳各分享50%)。

在之后的分税制实施过程中,收入的划分在中央与地方间又进行了以下三次局部的调整。

(1) 2003年10月,对出口退税机制进行改革,规定从2004年起出口退税由中央与地方共同负担,具体做法是以2003年出口退税实退指标为基数,对超基数部分的应退税额,由中央与地方按75∶25的比例分别承担。

(2) 2002年起,改变按企业的行政隶属关系划分所得税的办法,对企业所得税和个人所得税收入实行中央和地方按比例分享。除铁路运输、国家邮政、国有四大商业银行和政策性银行以及海洋石油天然气企业缴纳的所得税作为中央收入外,其他企业所得税和个人所得税收入在中央与地方之间分别按50%分成；2003年中央分享60%,地方分享40%；以后年份的分成比例将根据实际收入情况再行考虑。

(3) 1997年以后,对证券交易印花税的分享比例进行了几次调整,其中：1997年调整为中央分享80%,地方分享20%；同时税率由3‰调高到5‰,并规定调高税率所增加的收入全部归中央,由此分享比例折算为中央分享88%,地方分享12%。2000年决定将证券交易印花税中央的分享比例每年提高3个百分点,最终调整为中央分享97%,地方分享3%。

3. 中央财政对地方税收返还数额的确定

为了保持现有地方既有利益格局,逐步达到改革的目标,中央财政对地方实行税收返还,其数额以1993年为基期核定。按照1993年地方实际收入以及税制改革和分税情况,核定1993年中央从地方净上划的收入数额(即消费税+75%增值税一中央下划地方收入±其他调整因素),当年全部返还地方,并以此作为中央财政对地方的税收返还基数。1994年以后,税收返还额在1993年的基数上逐年递增。递增率按全国增值税和消费税的平均增长率的1:0.3系数确定,即上述两税全国平均值若每年递增1%,则中央财政对地方的税收返还增加0.3%。如若1994年以后地方净上划收入达不到1993年基数,则相应扣减税收返还数额。这种税收返还带有转移支付的性质,但还不是真正规范的转移支付制度,尚待时机成熟才能加以规范。同时,对原体制中中央补助、地方上解以及有关结算事项的处理,维持原体制的分配格局,暂时不变。

4. 分设国家和地方两套税务机构,并分别按划定范围征税

国家税务机构负责征收中央级固定收入与共享收入;地方税务机构负责征收地方各级的固定收入。

5. 实施对地方的过渡期转移支付办法,实行新老体制并轨

从1995年起,中央财政初步建立了对地方政府过渡期转移支付制度。同时,取消了原体制中中央对地方的递增补助以及地方对中央的递增上解。中央对地方的递增补助改为以1994年补助额为基数的定额补助,地方对中央的递增上解改为以1994年上解数额为基数的定额上解。

从2002年起,过渡期转移支付的概念停止使用,规范为一般性转移支付,即为弥补财政实力薄弱地区的财力缺口,均衡地区间财力差距,实现地区间基本公共服务能力的均等化,由上级政府安排给下级政府的补助支出。资金接受者可根据实际情况自主安排资金用途。

至此,中央对地方的分税制预算体制在总体框架上就基本定型了。

### (三) 我国分税制实施状况分析及完善思路

1. 我国分税制实施状况分析

从1994年以来分税制预算体制的实际运行情况看,分税制改革已初见成效。

(1) 促进了全国财政收入持续快速增长。分税制前,每年国家财政收入增加额基本徘徊在200亿—300亿元,年增长率为10%左右,分税制实施以来,全国财政收入稳定高速增长,平均年复合增长速度高达17.7%,个别年份甚至达到30%以上。到2010年,全国财政收入已达83 030亿元(不含债务收入,下同),是1994年全国财政收入的16倍[①]。

(2) 增强了中央财政的宏观调控能力。实行分税制后,中央财政收入在绝对额和占全国财政收入的比重两方面均有大幅度上升。特别是中央财政收入占全国财政收入

---

① 中华人民共和国统计局.中国统计年鉴2010.北京:中国统计出版社,2010.

的比重,1994年即为55.7%,并在以后年份均稳定在50%以上。改变了以往财政收入初次分配中"地方得大头"的状况,增强了中央宏观调控力度。

(3) 中央与地方财政分配关系进一步规范。一方面,中央与地方相对有了各自的税收收入和一定的收入均衡调节机制;另一方面,中央政府在分税制实施后进一步集中了税政,取消了原体制下地方政府拥有的许多税收减免权,避免了中央税收的流失。

(4) 促进了资源的优化配置和产业结构的合理化调整。这次分税制改革,中央政府的政策意图十分明确,除了要适当增加中央的财政收入外,就是要调整经济结构。因此,分税制后,原属地方主体税种的流转税大部分划归中央,抑制了地方因利益驱动而过多发展"小烟厂""小酒厂"的投资冲动,弱化了地区间封锁与重复建设现象,促进国内统一开放市场的形成。另一方面,由于分税制将农业四税及营业税等划归了地方,较好地调动了地方发展农业、第三产业和其他地方企业的积极性,为地方财政收入的增长提供了比较扎实的基础。

(5) 一般性转移支付办法的实行,意味着我国转移支付制度已开始由"基数法"向按客观影响因素计算的"标准收支法"转变,并向调节地区差异,实现地区间财政均等化目标迈出了至关重要的一步。

但是在分税制的执行过程中,也不断暴露出一些问题,进而影响到分税制预算体制的整体效果,具体表现在以下五个方面。

(1) 政府间级次过多,事权与支出范围划分不清晰。根据2010年的统计,中国大陆现有省(直辖市、自治区)级政府31个,市(地区)级政府333个,县级政府2 856个,乡镇级政府40 906个[①]。如此庞大而多级次的行政体制,首先带来的是政府运作成本和资源配置需求的加大,以及沉重的财政负担;其次,造成了各级政府行政与财政关系的复杂化,使各级政府的职责与权限难以划清,事权与财权不协调。目前我国各级政府的事权和财政开支范围,在有些方面的划分是比较明确的,如国防、外交和各级政府政权的运转经费等,但在另一些方面确实存在着事权划分的模糊,导致财政收支范围划分不清、上下交叉过多的问题,以及基层政府事权与财权的不匹配。

(2) 收入划分标准过多,收入界限模糊。严格地说,分税制的收入划分标准应该比较单一,即税种。但我国目前的分税制在运行中,采用的收入划分标准除了税种外,还有行政隶属,如中央所属企业上缴利润归中央,地方所属企业上缴利润归地方。这不仅强化了政府对企业的行政干预,不利于政企分开,同时也妨碍了企业间的横向联合和生产要素的重组,不利于深化企业改革。此外,还有行业划分标准,如铁路运输、国家邮政、国有四大商业银行和政策性银行以及海洋石油天然气企业缴纳的所得税、营业税和城镇维护建设税归中央,其他企业相关税收要么由中央与地方共享,要么归地方。这不仅增加了税务部门的征收难度,也造成了国地税机构之间的矛盾。

(3) 转移支付办法尚不完善。目前我国的转移支付体系过于庞杂,其内容不仅包括税收返还、一般性转移支付、专项拨款,还有体制补助、结算补助等,以及近些年改革中出现的农村税费改革补助、工资改革补助等其他补助项目。转移支付形式多样,而且

---

① 中华人民共和国统计局.中国统计年鉴[M].北京:中国统计出版社,2010.

多不规范,真正具有均等化效果的只有一般性转移支付,难以实现地区协调发展的目标。

(4) 地方税建设相对滞后,地方缺乏主体税种和必要的税收立法权。目前,我国地方税大多数是比较零星且稳定性差的小税种,税基较窄、收入弹性低,无法形成一个完整的地方税收体系,而且越往下越无税可分。加上目前几乎所有地方税的立法权都控制在中央,这无疑加大了基层地方财政收支平衡的难度。

(5) 省以下财政管理体制尚不规范。就目前各地区出台的地方财税体制分析,明显存在着地方各级政府之间纵向财政分配不合理的现象。在税种划分、税收返还操作方法上也存在不少问题,如:相对于中央与省的共享税范围,省以下政府间的共享范围大大扩展了;省级财政通过分税或截留中央的税收返还而少给或不给市、县的情况也有出现。

### 2. 完善我国分税制的思路

通过以上分析,有必要进一步完善我国现行的分税制预算体制。其中应着力解决以下四个主要问题。

(1) 适当减少地方行政与财政级次,以法律形式明确政府间的事权和支出范围。根据我国的实际情况,可以考虑适当减少地方政府的行政层次,逐步形成省—县二级地方建制。在行政体制改革尚未到位之前,积极推进"省直管县"和"乡财县管"改革,强化县级政府在地方的重要地位,切实缓解我国基层财政的困难局面。同时,明确划分政府职责:一方面,应促使地方政府从大量介入一般盈利性工商活动转移到向当地居民提供更好的公共服务上面来;另一方面,应在此基础上,逐步明确中央与地方在农业、基础设施等经济性事务和科技、教育、扶贫等方面的事权责任,并加以法律规范。

(2) 改进税收收入的划分方法,使之有利于建立一套有效率的税收体系以及保证各级政府职能的发挥。我国分税制体制应从多标准的收入划分,逐步过渡到以税收作为政府间收入划分的唯一标准。而在以税收作为收入划分标准的运用中,可以选择采用按税种划分,也可以实行分享税率。在此基础上,合理划分中央与地方的税收收入,并保持相对的持久性,以实现中央与地方财政关系的稳定性和规范化。

(3) 归并和简化转移支付体系,逐步增加转移支付力度。现行分税制同时并存着存量调节和增量调节两条转移支付系统。存量调节就是为维护既得利益而设置的双向转移支付,自上而下的有税收返还、体制补助、结算补助等多种方法,自下而上的是地方上解。规范的转移支付制度,要求逐渐减少以至消除以基数法为依据的为维护既得利益的转移支付,过渡到按客观因素测定标准收入和标准支出的转移支付制度。因此,就目前而言可以有两种选择:一是进一步将维护既得利益的多种调节方法简化为税收返还一种方法,而后逐步减少富裕地区税收返还的增量,增加贫困地区税收返还的增量;二是将税收返还基数逐步纳入按因素法计算的拨款公式,每年纳入一定比例,若干年后全部过渡为按因素法计算的转移支付制度,与此同时,清理现行的专项拨款,改进拨款方法。

(4) 完善地方税收体系。一是要扩大地方税收规模,增强地方政府预算自求平衡的能力;二是应赋予地方必要的税收立法权和执法权;三是力争各级政府都应有自己的主体税种,以保证各级财政有稳定的收入来源。

## 本 章 小 结

多级政府就是指由若干级次的政府共同承担国家职能的政府体制,而预算源于政府分级。政府体制是建立一国预算管理体制的基础,对预算管理体制的形成产生直接的影响。从政权组织形式来看,当今世界范围内多级政府体制主要有单一制和联邦制。

预算管理体制是确定中央政府与地方政府以及地方各级政府之间各级预算管理的职责权限和预算收支范围的一项根本制度,它是财政管理体制的重要组成部分。我国预算管理体制主要包括:确定预算管理的级次及职能范围;划分各级预算收支;确定地方的机动财力;预算管理权限的划分。政府间事权的划分原则包括收益原则、适度原则、技术原则、公平原则、动态原则及国情适用原则。

60多年来,根据不同时期政治经济形势发展的需要,我国预算管理体制进行了多次重大变革,经历了统收统支型、财政包干型和分税型三种类型的演变。引起我国预算管理体制变迁的基本动因是:政府目标的变化;技术的变化;制度选择集合的改变;财政资源分配的变化。预算管理体制变迁的制约因素包括政府及官员的偏好、意识形态和知识的局限性。

分税制是指在划分中央与地方政府各自的事权的基础上,按税种划分各级政府财政收入的一种预算管理体制。分税制大致可以分为分税种式、分权式以及附加型这三种类型。1994年,我国实施了"分税制"预算体制改革,其指导思想和原则是:① 正确处理中央与地方的分配关系,调动两个积极性,促进国家财政收入的合理增长;② 合理调节地区间财力;③ 坚持统一政策和分级管理相结合的原则;④ 坚持整体设计与逐步推进相结合的原则。我国分税制改革过程中仍存在一些问题,需要进一步完善。

## 复 习 思 考

1. 解释以下关键术语:多级政府、多级预算、预算管理体制、分税制。
2. 简述我国预算管理体制的内容。
3. 简述政府间事权的划分原则。
4. 简述政府间事权的具体划分。
5. 简述我国预算管理体制变迁的基本动因。
6. 简述我国预算管理体制变迁的制约因素。
7. 简述分税制的特点。
8. 简述我国分税制改革的指导思想及基本内容。
9. 简述应如何完善我国的分税制。

# 第三章　政府预算形式与范围

【本章导读】

按照不同的划分标准，政府的预算形式可以划分为不同的类别：按政府预算编制的技术组织模式，可划分为单式预算与复式预算；按照预算编制方法，可划分为增量预算与零基预算；按照预算编制的导向，可划分为投入预算与绩效预算。各国在不同的历史背景下选择最适合本国国情的预算形式。

政府预算的范围应当覆盖政府的实际活动范围，并准确地反映政府活动的规模，完整的预算范围有助于确定政府与市场的界限和关系。政府所有的收入和支出都应该被包括在政府预算中。我国提出了全口径预算的构建，包括公共预算、国有资本经营预算、社会保险基金预算和政府性基金预算。

## 第一节　政府预算形式

政府的预算形式是指政府预算安排的外在组织形式，体现预算收支之间的内在联系和资金管理要求。自现代预算产生以来，出现了各种预算形式，可以按照不同的标准，将其分成不同的类别，每种预算形式都具有其特点，各国需要根据本国的实际情况选择最适合本国国情的预算形式。

### 一、单式预算与复式预算

按政府预算编制的技术组织模式可划分为单式预算和复式预算两类。

（一）单式预算

单式预算起源于英国。在20世纪30年代以前，世界大部分国家均采用单式预算形式。单式预算将一个预算年度内国家所有的财政收支汇编在一个平衡预算表内，不需要区分各项公共收支的经济性质，表中采取收支对照的形式，收入总计等于支出总计（包括结余）。

单式预算有以下三个方面的优点：① 单式预算将所有的财政收支分列在同一张预算表内，单一汇集平衡，整体性强，直观且明确地反映财政状况的全貌，有利于政府统筹安排整个财政资金；② 单式预算的预算表结构简单，收入与支出科目的划分与国民收入核算体系相关，清晰明了，便于社会公众了解；③ 单式预算的编制手续简单。

单式预算有三个方面的以下缺点。① 单式预算对政府财政收支的经济性质不加以区分,难以对各支出项目和资金使用效益追踪管理,不利于政府对复杂的财政活动进行深入的分析与管理,不利于政府的宏观经济决策。② 单式预算的执行要求着重于财政收支平衡,容易掩饰财政赤字或盈余的规模与产生的原因。实行单式预算的国家大多把债务收入列为正常的财政收入,使得债务收入掩盖了一部分赤字。③ 单式预算不能清晰地反映各类公共品的成本。

(二) 复式预算

1. 复式预算的含义

复式预算是 20 世纪 20、30 年代在单式预算的基础上发展起来的,最先起源于北欧丹麦,随后许多国家纷纷采用复式预算方式。复式预算是指在预算年度内将全部政府预算收支按经济性质、来源和用途进行归类,分别汇编成两个或两个以上的预算,以特定的预算收入来源保证特定的预算支出,并使两者具有相对平衡和稳定的对应关系,以便按资金性质进行预算管理。按照预算收支的性质差异建立多元预算结构,形成政府预算的复式双轨和多轨两种运行模式。

2. 复式预算的基本内容

常见的复式预算通常把政府财政收支分为经常预算和资本预算,有的国家还包括专项基金。

(1) 经常预算。经常预算亦称"普通预算"或"经费预算",是政府编制的关于政府日常经常性收支需要的预算。税收是经常性预算收入的主要来源,还包括其他一般性收入,如规费收入、罚没收入。经常性预算支出是政府履行职能的正常需要以及满足社会公共部门正常开支需要的支出,一般具有无偿性,包括国防、行政管理、外交、科教文卫等事业费支出。经常预算作为一个相对独立的预算,有自己稳定的收入来源和相应的支出项目。经常预算要求预算收支平衡,一般不能有赤字,否则将意味着政府的财政收入连基本的支出需求都无法满足,政府财政将陷入困难。

(2) 资本预算。资本预算主要反映债务收入和政府公共投资支出。资本预算收入包括国有资产经营收益、资产处置收入、债务收入、经常预算结余转入等,支出包括各类投资和贷款。资本预算的收支体现政府对经济活动干预的程度,所发生的支出不是在消耗社会财富,而是在形成一定量的资本,可以在较长的时间内发挥作用。

3. 复式预算的优缺点

复式预算有以下四个方面的优点。① 复式预算的执行不仅仅要求追求国家财政收支平衡,而且要求经常性预算保持收支平衡且有所结余,建设性预算保持合理的规模。② 复式预算有利于对不同性质的资金实行不同的预算管理办法。比如,对有的专用资金预算实行目标规划预算法,对有的专用资金实行零基预算法,对有的专用资金实行多年滚动式预算法,等等[1]。复式预算便于按照资金性质的差异对预算进行有针对性的管理,提高预算资金的使用收益。③ 复式预算便于分析预算收支对社会需求的影响,使资本预算投资的伸缩性加大,成为促进经济发展的有力杠杆。④ 复式预算将财政

---

[1] 白伊宏.论我国预算编制方法的改革[J].中央财政金融学院学报,1987(04):23—25.

收支按经济性质划分,并在不同的表中反映各自的平衡,提高了国家财政资金分配的清晰度,便于考核预算资金的来源和用途,有利于政府加强宏观分析和控制,也有利于公众了解、监督政府资金的运用①。

复式预算有以下三个方面的缺点。① 复式预算的资本支出的资金来源主要依赖举债,如果举债规模控制不当,容易导致通货膨胀,物价上涨,影响国民经济的稳定。经常性预算支出的资金来源主要是税收收入,占预算收入比重较大,容易掩盖支出浪费的现象。② 复式预算的结构复杂,编制手续繁杂、工作量大,并且要求较高的技术管理水平。③ 复式预算打破了预算的完整性,总体反映功能比较弱。

如今,世界上大部分国家都采用复式预算的编制形式,但是也有部分国家放弃复式预算,重新选择单式预算的形式。20 世纪 80 年代,瑞典、英国、美国等工业发达国家陆续停止使用复式预算。目前美国实行"统一预算",这种预算从形式上看与单式预算无异,但是,其财政支出依旧按照经济性质进行了分类,分为全权预算支出和法定支出两部分,可以说美国实行的仍然是某种程度上的复式预算。单式预算和复式预算作为世界各国编制和管理年度预算的两种方法能够同时存在,说明一个国家预算形式的选择要看它能否兴其利、除其弊。

4. 我国政府的复式预算的发展

从新中国成立一直到 1991 年以前,我国政府预算一直采用单式预算的编制方式,这与当时我国传统的统收统支的财政管理体制相适应。当时,政府职能相对较少,财政收支结构简单、规模有限,单式预算在当时的情形下基本上起到了监督与控制政府财政支出的作用。

随着我国市场经济体制的不断深化和政府职能的扩大,政府财政收支内容逐渐复杂化,原来的单式预算形式已经不能够适应需求。借鉴西方预算管理模式,改革传统的预算制度,建立复式预算制度成为一种必然。1990 年 12 月,中共十七届三中全会通过的《中共中央关于制定国民经济和社会发展十年规划和"八五"计划的建议》中,最早做出了政府预算在"八五"期间实行复式预算的决定。1991 年 10 月 21 日,国务院发布《国家预算管理条例》,规定从 1992 年起,国家预算按照复式预算的形式编制,并分为经常性预算和建设性预算两部分。1994 年 3 月 22 日,第八届全国人民代表大会第二次会议通过《中华人民共和国预算法》,以法律的形式规定中央预算和地方各级政府预算都应按照复式预算进行编制。

我国的复式预算最初实行双轨式预算,即分为经常性预算和建设性预算。经常性预算,同经常预算,即维护政府活动的正常性收支,包括经常收入和经常支出。经常收入包括税收收入与非税收收入,非税收收入又包括行政性收费收入、专项收入和其他收入,经常支出则包括国防、行政管理、事业发展、社会保障、付息、专项支出和其他支出等。建设性预算收入项目包括资本性收入(如国有资产收益)、债务收入和经常性预算结余。建设性预算的支出项目包括债务本金支出和经济建设支出,如基本建设支出、挖潜改造支出、支援农业生产支出等。双轨式预算方案对推动税收体制、投资体制以及财

---

① 傅志华,邱玉芳.国外复式预算制实践[J].经济研究参考,1992(Z5):683—692.

务管理体制改革起到了积极的作用。

但是,在实践过程中,双轨式预算模式存在一些问题。① 对政府收支活动的反映不完整,大量的专用基金在预算外循环,无法充分地反映政府的活动范围和方向。② 复式预算的划分缺乏科学合理性:经常性预算不强调符合社会公共需要,只要归属为正常性支出,就必须发生财政支出;建设性预算中未对经营性和非经营性部分未加区分,不便管理和调控。我国复式预算的目标为由双轨转向多轨式模式。1995 年 11 月 2 日,国务院第 37 次常务会议通过的《中华人民共和国预算法实施条例》第 20 条规定,我国的复式预算编制分为政府公共预算、国有资产经营预算、社会保障预算和其他预算。我国复式预算编制逐步趋于完善与成熟,有利于提高我国财政分配的透明度和强化预算约束机制,提高预算管理水平。

### 专栏 3-1

#### 日本的复式预算形式

国外大部分国家实行复式预算,但其复式预算的分类并不相同。日本实行复式预算制度,中央预算分为"一般会计预算""特别会计预算"和"政府关联机构预算"三大类。一般会计预算,即与政府基本事务相关的一般性财政收支预算,预算收入包括税收、国债收入等,预算支出包括社会保障、科学教育文化事业、行政管理、国防等国家基本职能活动。特别会计预算也称特别账户预算,是国家在基本事务之外,用于特定目的的国家项目预算。特别会计预算有五类,包括:① 事业特别会计预算,即经营特定事业的预算,如邮政事业特别会计预算;② 管理特别会计预算,即从事特定产品、业务管理或调节供求关系的特别预算,如粮食管理和外汇资金特别会计预算;③ 保险特别会计预算,即管理政府社会保险业务的特别预算,如国民年金特别会计预算和厚生保险特别会计预算;④ 融资特别会计预算,即管理中央政府融资贷款的特别预算,如资金运用部特别会计预算、产业投资特别会计预算;⑤ 整理特别会计预算,即管理中央政府特殊资金的特别会计预算,如国债偿还基金特别会计预算和交付税及让与税分配资金特别会计预算。政府关联机构预算是指各政府关联机构的财务预算,政府关联机构是指依据法律设立的、中央政府提供全部资本金的法人,而且必须是经营事业尤其是融资性业务的机构,如日本进出口银行、日本开发银行等。

## 二、增量预算与零基预算

政府的预算形式按照预算编制方法,可以划分为增量预算与零基预算。

### (一) 增量预算

增量预算,也称基数预算,是指以上年度或基期的预算收支执行数为基数,综合考虑预算年度国家政策变化、财力增加额以及支出实际需要量等因素,确定预算年度收支的增减调整比例,以测算预算年度的相关预算收支指标,并据以编制预算的方法。

增量预算的优点在于简单,实际操作容易,同时考虑各个项目事业发展和经济建设的连续性,在数据资料有限、对预算管理的科学性和规范性要求不高的条件下,可满足财政决策和预算编制的需要。

增量预算有两方面的缺点。① 难以保证预算收支基数的科学性、准确性。在实际工作中,通常以上年度的实际数,或者以前若干年度的平均数作为预算收支基数,这种方法很可能会导致以前年度不合理的收支因素继续延续。从总的发展趋势来看,预算收支数呈逐年向上滚动的趋势,如此预算收支基数将会越来越大,在对基数缺乏严格审核和评价的前提下,会导致"水分"越来越大。并且,一些单位、部门或地方政府为了增加地方预算的机动财力,在编制预算时会人为地压低收入基数,扩大支出规模,影响预算收支指标的准确性。② 基数预算编制方法简单、粗糙,更多地依靠预算编制人员的主观判断。

### (二)零基预算

零基预算(Zero-Based Budget,ZBB),最早是在1970年,由美国德州仪器公司开发并运用的,至卡特总统入主白宫后,被广泛地引入到公共部门管理中。零基预算不考虑上年度的实际支出水平,依据预算年度政府预算政策的要求、财政资源的约束和经济与社会事业对部门职能的发展要求,对预算年度预算收支的规模进行重新审查,以零为起点测算预算年度收支指标。

零基预算与传统的增量预算相比,具有更多的优点。① 零基预算方法综合了计划、预算及业务决策等项目,是一套综合的预算管理系统。② 零基预算法要求各部门各单位所有的管理人员广泛地参与计划的制定和审核,充分发挥了他们的创造性,同时也调动了他们参与预算管理的积极性,并且可以提高整个预算管理队伍的素质。③ 可以减少分部门、各单位之间的重复支出项目,节约财政资金。④ 有利于优化预算资源的配置,在预算分配过程中,不再只关注部门新增的支出项目或计划,而是对其所有的预算资源需求,不受以前年度预算资源配置格局的约束,重新提出申请、审议并确立支出的优先顺序,有利于将优先的预算资源配置到使用效率更高的项目中。⑤ 有利于提高预算管理水平,零基预算极大地增加了预算的透明度,预算支出各项目一目了然,预算更加切合实际,可以起到更好的控制作用,整个预算的编制和执行也能逐步规范,从而提高预算管理水平。

零基预算也存在一定的缺点。① 零基预算要求一切从零开始,导致预算编制工作量大,需要消耗大量的人力、物力和财力,预算决策成本高昂,影响预算的编制效率。② 零基预算难以适用于所有的预算收支项目,特别是一些刚性的收支项目,如公务员的工资福利支出、国债还本付息支出等。

### (三)我国零基预算的运用

多年来,我国各级财政部门编制年度预算时,基本上都采用增量预算法。在计划经济时期,财政收支规模不大,而且编制预算所需要的信息不足、预算编制技术水平比较落后,采用增量预算法更加简便。但随着改革开放和社会主义市场经济体制的逐步确立,国家财政收支规模不断扩大,粗糙简单的增量预算编制方法给预算的编制带来了一系列问题,如预算调整过多、约束性差等,不利于对政府预算的监督,也降低了预算资金的使用效益。增量预算法与社会主义市场经济的发展要求越来越不相适应。1995年,《中华人民共和国预算法实施条例》第17条规定,各部门、各单位编制年度预算草案的依据分别为法律、法规,本级政府的指示和要求以及本级政府财政部门的部署,本部门、本单位的职责、任务和事业发展计划,本部门、本单位上一年度预算执行情况和本年度预算收支变化因素等。这也就是零基预算的要求。2001年起,一些省份陆续选取部门和部分预算项目实行零基预算编制。但到目前为止,我国并没有完全采用零基预算编制方法,我国的零基预算改革仍不彻底。

## 三、投入预算与绩效预算

政府的预算形式,按照预算编制的导向可以划分为投入预算与绩效预算。

### (一)投入预算

投入预算,又称线性预算,是指根据每项支出的成本来分配公共资源的一种预算制度。投入预算以提供公共服务的组织为单位编制,将各种支出分门别类、互不交叉地编列预算,保证每一项收入和支出都有明确的来源和去向。例如,将拨款分为行政性支出、公共事业支出和专项支出,对行政性支出、公共事业支出采取按惯例因素分类的方式,将人员经费与公共经费分开安排。

投入预算的优点,首先在于投入预算有利于预算管理的规范化和制度化,也便于立法机关审议,目前许多发展中国家和一些发达国家将其作为编制政府预算的主要方式。其次,投入预算重点在于控制资源的投入与使用,保证预算按照预定的规则运行,但不强调是否达到政府的政策目标,即投入-产出效率。然而,正因为投入预算不重视产出,投入预算不能有效地控制行政机构和人员的膨胀,导致预算支出效率低下。

### (二)绩效预算

绩效预算,又称为结果导向型预算,是指政府部门先确定需要履行的职能以及为履行职能需要消耗的资源,在此基础上制定绩效目标,并用量化的指标来衡量每项计划在实施过程中取得的成绩和完成工作的情况。绩效预算的核心是通过制定公共支出的绩效目标,建立预算绩效评价体系,逐步实现对财政资金从注重对资金投入的管理转向注重对支出效果的管理。由此可以看出,绩效预算与投入预算相反,其宗旨在于有效降低政府提供公共产品的成本,提高财政支出的效率,约束政府支出的扩张。绩效预算的目标是政府工作的"成果",而不是政府机构的简单支出。

绩效预算,首先从传统的"人员—职能—经费"的预算管理模式转变为"公共品—公共品成本—预算"的模式,由管人转向管事,更贴近市场经济要求,体现了预算的约束机制。其次,绩效预算把预算的执行权交还给部门,在确定了部门的业绩指标和预算指标后,部门可以在这些指标的前提下,自行调整实现业绩指标的基数路线。这样政府能较好地控制预算规模,并能更好地调动各部门的积极性,促使他们更好地进行资源配置。再次,绩效预算以客观公正的绩效评估体系替代传统的业绩考核,体现了更完整的民主化理念。

> **专栏 3-2**
>
> **美国绩效预算改革**
>
> 　　美国是绩效预算的起源地,1949 年,胡佛委员会在《预算与会计报告》中提出要采用以功能、活动和项目为基础的预算,强调在编制预算过程中要更加重视产出而非投入,这个报告初步体现了绩效预算的思想。20 世纪 80 年代以来,美国政府面临着政府开支过大、政府部门效率低下、公众对政府的不满日益强烈等问题。为了摆脱财政困境,提高政府效率,迎接全球化、信息化以及国际竞争加剧的挑战,美国开始实施绩效预算。1993 年,克林顿成立国家绩效评估委员会,发起新一轮的预算改革,绩效预算在美国全面开展;同年,美国议会通过了《政府绩效与结果法案》。2001 年,乔治·布什将私人部门的绩效管理理念进一步引入联邦政府管理领域,将绩效预算的实行推向了一个全新的阶段。
>
> 　　美国绩效预算建立了中期支出框架,通常是三年期的财政规划,大大增加了预算编制的确定性。中期支出框架便于政府编制年度预算并确定预算重点,能更强有力地约束各支出部门的支出需求,更好地确保政府政策的连贯性,最大限度地降低政府领导人的更替和政策所造成的负面影响。
>
> 　　美国绩效预算以多层次的政府绩效指标为核心,提高绩效预算的可操作性。绩效指标的实际由简单到复杂,逐步完善,注重将政府现状与未来发展结合起来,较好地解决了绩效考核的问题。美国通常先进行民意测验,掌握公众最需要解决的问题,从公众关注的焦点问题出发,制定绩效指标。美国通常还借助企业常用的"成本-效益"分析方法,考虑支出的短期效应和长期效应、支出的直接效应和间接效应等因素。

## 第二节　政府预算范围

　　一国政府预算范围应当覆盖政府的实际活动范围,并准确地反映政府活动的规模,完整的预算范围有助于确定政府与市场的界限和关系。

### 一、政府预算范围的确定准则①

**(一) 覆盖完整**

　　政府预算应覆盖以政府为核心的全部公共部门,并全面覆盖和反映政府活动的范围和方向。

---

① 徐旭川,罗旭.论全口径政府预算范围的合理构建[J].江西社会科学,2013,33(4):74—77.

### (二) 内容全面

政府预算应该包括年度内政府的全部收入、支出、拨款、债务和财政平衡状况,无论其性质和来源的情况如何,以全面反映政府的收支活动。因此,政府的预算外资金、制度外收支活动都要纳入预算管理。

### (三) 规模适度

政府预算规模要与经济发展水平和经济发展模式相适应,预算增长过快,政府预算范围太宽,可能意味着政府失灵与社会市场萎缩。

### (四) 统收统支

根据政府收支对应关系,预算方法可以分为统收统支和专款专用两类。统收统支模式下,收入与支出不存在特定的对应关系,任何一项收入都没有特定的支出用途。专款专用则是一种对特定来源资金预先制定其用途的预算安排方式。如果预算管理中存在大量的专款专用,预算的全面性将会受到不利的影响。因此,规范的预算范围就要提高统收统支比例,缩小政府性基金预算等专款专用的规模。

## 二、全口径预算

2003年中共十六届三中全会最早提出了"实行全口径预算",积极构建公共财政体制框架并致力于将所有政府收支纳入预算管理。"实行全口径预算管理"是我国预算管理改革的基本方向,以加强对政府全口径预算决算的审查和监督。2014年8月31日《全国人民代表大会常务委员会关于修改〈中华人民共和国预算法〉的决定》中,增加了"政府的全部收入和支出都应纳入预算"的条款,明确了我国全口径预算的基调。下面本文将从全口径预算的角度对我国政府预算范围进行界定。

### (一) 全口径预算

全口径预算,即将凭借政府权力取得的收入和政府行为所发生的支出都纳入预算体系中,进行统一、完整、规范、有效的预算管理。换言之,即全面取消预算外资金,将所有政府性收支纳入预算管理。全口径预算管理,不仅仅可以规范财政资金,还涉及对地方政府实权的规范,要求将地方的实权与财权匹配,并建立综合的政府收支问责机制,由人大等机构对政府行为进行预算控制。

### (二) 我国全口径预算下预算收支范围的确定

预算由预算收入和预算支出两部分组成。

1. 预算收入范围

预算收入可以划分为税收收入和非税收收入,包括税收收入、依照规定应当上缴的国有资产收益、专项收入和其他收入。

(1) 税收收入。政府收入的主要来源是税收,包括对所得、财产、行为、交易行为的课税。我国预算收入范围涵盖了我国的所得税、财产税、行为税、流转税4大类20个税种,包括增值税、营业税、消费税、企业所得税、个人所得税、关税、资源税、车船税、车辆购置税、城镇土地使用税、耕地占用税、土地增值税、房产税、契税、印花税、船舶吨位税、城市建设维护税。

① 增值税和营业税。增值税是以商品以及应税劳务在流转过程中产生的增值额作为计税依据而征收的一种流转税。营业税,是对在中国境内提供应税劳务、转让无形资产、销售不动产的单位和个人,就其所取得的营业额征收的一种税。在我国"营改增"后,我国的增值税除了对销售货物或者提供加工、修理、修配劳务以及进口货物的单位和个人征收增值税外,原属于营业税征税范围的交通运输业、部分现代服务业、邮政服务业和电信业也纳入了增值税的试点范围。随着"营改增"范围的进一步扩大,营业税已被增值税取代。

② 消费税是在对货物普遍征收增值税的基础上,选择少数消费品再征收的一个税种,主要是为了调节产品结构,引导消费方向,保证国家财政收入。我国消费税是对我国境内从事生产、委托加工和进口国家规定的消费品的单位和个人征收的一种流转税。征收范围包括:烟、酒及酒精、鞭炮及焰火、成品油、高档化妆品、贵重首饰及珠宝玉石、高尔夫球及球具、高档手表、游艇、木质一次性筷子、实木地板、汽车轮胎、摩托车、小汽车等。消费税收入包括国内消费品消费税收入、进口消费品消费税收入、出口消费品退消费税收入。

③ 企业所得税是对在中华人民共和国境内的企业(居民企业及非居民企业)和其他取得收入的组织,以其生产经营所得为课税对象所征收的一种所得税。居民企业就其来源于中国境内、境外的所得缴纳企业所得税,非居民企业对其来源于中国境内的企业缴纳企业所得税。

④ 个人所得税是指对在我国境内有住所,或者无住所而在我国境内居住满一年的个人,就其从中国境内和境外取得的所得征收的一种税。

⑤ 关税是对进出我国国境或关境的货物或物品征收的一种税。

⑥ 资源税是以各种应税自然资源为课税对象,为了调节资源级差收入并体现国有资源有偿使用而征收的一种税。在我国,资源税是对在我国境内开采应税矿产品和生产盐的单位和个人,依据其销售和使用的数量或者销售额征收的一种税。应税矿产品包括原油、天然气、煤炭、其他非金属矿原矿、黑色金属矿原矿、有色金属矿原矿和盐。

⑦ 车船税是对在我国境内的,车辆、船舶的所有人或管理人征收的一种税。车船税的征收范围是依法应当在我国车船管理部门登记的车船,包括载客汽车、载货汽车、三轮汽车、摩托车和船舶。

⑧ 车辆购置税是对在我国境内购置规定车辆的单位和个人征收的一种税,征收范围包括汽车、摩托车、电车、挂车和农用运输车。

⑨ 城镇土地使用税是对在城市、县城、建制镇、工矿区范围内使用土地的单位和个人征收一种税。其目的是合理利用城镇土地,调节土地级差收入,提高土地使用效益。

⑩ 耕地占用税是国家对占用耕地建房或者从事其他非农业建设的单位和个人,依据其实际占用耕地面积,按照规定税额一次性征收的一种税。"耕地"是指种植农业作物的土地,包括菜地、园地,占用鱼塘及其他农用土地建房或从事非农业建设的,也视同占用耕地。

⑪ 土地增值税是对转让国有土地使用权、地上建筑物及其附着物所取得的增值额征收的一种税。

⑫ 房产税是以房屋为征税对象，以房屋的计税余值或租金收入为计税依据，向房屋产权所有人征收的一种财产税。目前除了进行房产税改革试点的重庆和上海外，我国对个人所持有的非营业用房产免征房产税。

⑬ 契税是指在中国境内取得土地、房屋权属的企业和个人，应当依法缴纳的一种税。

⑭ 印花税是指对经济活动和经济交往中书立、领受具有法律效力的凭证的行为征收的一种税。该类凭证有：经济合同，包括购销、加工承揽、建设工程勘察设计、建设工程承包、财产租赁、货物运输、仓储保管、借款、财产保险、技术的合同或者具有合同性质的凭证；产权转移书据，包括财产所有权、版权、商标专用权、专利权、专有技术使用权的产权转移书据，以及土地使用权出让合同、商品房销售合同等；营业账簿；权利、许可证照。

⑮ 船舶吨位税是指对从我国境外港口进入境内港口的船舶征收的一种税。

⑯ 城市维护建设税是我国为了加强城市维护建设、扩大和稳定城市维护建设资金的来源，而对有经营收入的单位和个人征收的一种税。城市维护建设税是一种附加税，是对所有缴纳了增值税、消费税、营业税的单位和个人征收的一种税。

(2) 非税收入。非税收入是政府财政收入的必要补充，包括依照规定应当上缴的国有资产收益、专项收入、行政事业性收费收入、政府性基金、其他收入等。

① 依照规定应当上缴的国有资产收益，指各部门和各单位占有、使用和依法处分境内外国有资产产生的收益，按照国家规定应当上缴的预算部分，包括国有资产经营收益、国有资产有偿使用收入、国有资源有偿使用收入等。

国有资本经营收益，包括国有资本分享的企业利润，国有股股利、股息、红利，企业国有产权出售、拍卖、转让收益以及其他依法由国有资本享有的收益。

国有资产有偿使用收入包括国家机关、实行公务员管理的事业单位、代行政府职能的社会团体以及其他组织的固定资产和无形资产以出租、出售、出让、转让等方式取得的收入，世界文化遗产保护范围内特许经营项目的有偿出让收入和世界文化遗产的门票收入，利用政府投资建设的城市道路和公共场所设置停车泊位取得的收入，以及利用其他国有资产取得的收入。

国有资源有偿使用收入包括土地出让金收入、新增建设用地土地有偿使用费、海域使用金、探矿权和采矿权使用费及价款收入、场地和矿区使用费收入、出租汽车经营权、公共交通线路经营权、汽车号牌使用权等有偿出让取得的收入，政府举办的广播电视机构占用国家无线电频率资源取得的广告收入，以及利用其他国有资源取得的收入。

② 专项收入是指根据特定需要由国务院批准或者经国务院授权由财政部批准，设置、征集和纳入预算管理、有专项用途的收入，如铁道专项收入、征收排污费收入、电力建设基金收入等。专项收入应纳入预算管理，专款专用。

③ 行政事业性收费收入是指根据国家有关法律、行政法规、地方性法规等有关规定收取，并纳入预算管理的各项行政性收费，包括各类许可证收费以及各类按规定收取的注册费、登记费、手续费、诉讼费等。

政府预算管理

④ 政府性基金是指根据法律行政法规等规定,各级政府及其所属部门为支持某项特定的公共基础设施建设和公共事业发展,向公民、法人和其他组织无偿征收的具有专项用途的财政基金,如水利建设基金收入、文化事业建设费收入、国家重大水利工程基金收入、民航发展基金收入、铁路建设基金收入、国家电影事业发展专项基金收入、森林植被恢复费、港口建设费、大中型水库库区基金、旅游发展基金等。政府性基金收入基金全额纳入政府性基金预算,实行"收支两条线管理"。

⑤ 其他收入包括所有不在以上各类中的一般预算收入,这种收入种类多、数额小、政策性强,包括罚没收入、接受捐赠收入、利息收入、政府财政资金产生的利息收入、彩票公益金等。罚没收入,指政府及其所属的执法部门根据法律法规的规定,对违反国家法律法规的行为进行处罚而收取的收入和没收的财物,包括工商罚款、刑事罚款、交通罚款等。接受捐赠收入,是指各级政府、事业单位、代行政府职能的社会团体以及其他组织以政府名义接受的非定向捐赠货币收入。

⑥ 另外,预算收入范围还包括一般预算调拨收入。一般预算调拨收入并不属于当年预算的实际收入,一般预算调拨收入的增减不会改变国家预算收入的总额,只是预算级次之间相互调拨的收入,如上下级之间、本年度和上年度之间、预算内和预算外的调拨关系获得的收入。预算调拨收入分为一般预算补助收入、一般预算上解收入、一般预算上年结余收入、一般预算调入资金等。一般预算补助收入,指下级政府收到上级政府财政拨付的属于一般预算的补助,包括税收返还收入、专项补助收入、社会保障转移支付补助收入、结算补助收入等。一般预算上解收入指下级政府按照规定向上级上解的收入。一般预算上年结余收入即各级财政上年度执行结果收大于支的结余,结转到计划年度的收入。一般预算调入资金即预算外资金、基金预算结余调入到一般预算内的收入。

2. 预算支出范围

预算支出按照其功能分类,包括一般公共服务支出,外交、公共安全、国防支出,农业、环境保护支出,教育、科技、文化、卫生、体育支出,社会保障及就业支出和其他支出。

(1) 一般公共服务支出主要用于保障机关事业单位正常运转,支持各机关单位履行职能,保障各机关部门的项目支出需要,以及支持地方落实自主择业军转干部退役金等。

(2) 外交支出是指国家外事机构进行外交活动的经费支出,主要包括国家驻外使领馆等机构的经费、政府团体的出国访问费、外宾招待费、国际组织会费和政府援外费。

(3) 公共安全支出是指为了维护国家公共安全而必须的经费支出,包括各级公安机关、国家安全机关的业务经费、人员经费、活动经费、公安干部培训经费,警察学校经费等。

(4) 国防支出是指主要用于国防建设和保卫国家安全的支出。国防支出由直接国防支出和间接国防支出两部分组成。政府预算中,国防支出科目中的支出属于直接国防支出,主要包括军事人员的经费与训练费、武器装备和军事活动器材的购置费、军事工程设施的建筑费、军事活动经费、军事科学研究与试验经费、军事院校教育经费等。在政府预算其他科目中,具有国防性质的支出内容属于间接国防支出,如退伍军人的福利与服务支出、国防公路系统支出等。

（5）教育、科技、文化、卫生、体育支出等事业发展支出是指用于科学、教育、文化、卫生、体育、工业、交通、商业、农业、林业、环境保护、水利、气象等方面的事业支出,具体包括公益性基本建设支出、设备购置支出、人员费用支出、业务费用支出以及其他事业发展支出。

（6）社会保障及就业支出是指用于社会保障和就业制度的运作,为居民的最低生活水准和就业提供保障的支出。它是调节分配关系、减缓收入和财产差距、保障社会公平、维护社会安定的一种手段,主要包括社会保险基金补助支出、行政事业单位离退休支出、就业补助支出、城市居民最低生活保障支出、农村最低生活保障支出和自然灾害生活救助支出。

### 国际货币基金组织政府预算范围

国际货币基金组织编写的《2001年政府财政统计手册》(下文简称《手册》)中关于政府财政统计核算范围的界定是当前国际上普遍采用的标准。

《手册》中将收入定义为由交易造成的净值的增加,认为广义政府单位的收入按照来源分为税收收入和政府单位实行的其他强制性转移(如罚金、罚款和大多数社会保障缴款等)、来自资产所有权的财产收入、出售商品和服务,以及其他单位得到的自愿转移。将收入划分为税收、社会缴款(社会保障缴款和其他社会缴款)、赠与(包括外国政府、国际组织和其他广义政府单位的赠与)和其他收入(财产收入、出售商品和服务,罚金、罚款和罚没收入等其他未列明的收入)四类。

相应地,《手册》中将开支定义为由交易产生的净值的减少。政府的开支是由于政府履行其两大经济责任而发生的支出:一是承担以非市场基础向社会提供部分商品和服务的责任,二是通过转移支付对收入和财富进行再分配。据此,将政府的开支按照经济和政府职能分类。按照经济职能将政府开支分为雇员补偿、商品和服务的使用、固定资本消耗、利息、补贴、赠与、社会福利和其他开支。按照政府职能分为一般公共服务、国防、公共秩序和安全、经济事务、环境保护、住房和社会福利设施、医疗保健、娱乐文化和宗教、教育和社会保护。

（三）全口径预算体系

我国全口径预算体系包括一般公共预算、政府性基金预算、国有资本经营预算和社会保险基金预算。

1. 一般公共预算

一般公共预算是将以税收为主体的财政收入安排用于保障和改善民生、推动经济社会发展、维护国家安全、维持国家机构正常运转等方面的收支预算。一般公共预算收入包括各项税收收入、行政事业性收费收入、国有资源（资产）有偿使用收入、转移性收入和其他收入。一般公共预算支出按照其功能分类，包括一般公共服务支出，外交、公共安全、国防支出，农业、环境保护支出，教育、科技、文化、卫生、体育支出，社会保障及就业支出和其他支出。

一般公共预算分为中央一般公共预算和地方各级一般公共预算。中央一般公共预算包括中央各部门（含直属单位，下同）的预算和中央对地方的税收返还、转移支付预算。中央一般公共预算收入包括中央本级收入和地方向中央的上解收入。中央一般公共预算支出包括中央本级支出、中央对地方的税收返还和转移支付。地方各级一般公共预算包括本级各部门（含直属单位，下同）的预算和税收返还、转移支付预算。地方各级一般公共预算收入包括地方本级收入、上级政府对本级政府的税收返还和转移支付、下级政府的上解收入。地方各级一般公共预算支出包括地方本级支出、对上级政府的上解支出、对下级政府的税收返还和转移支付。

2. 政府性基金预算

政府性基金是指各级人民政府及其所属部门根据法律、行政法规和中共中央、国务院文件规定，为支持特定公共基础设施建设和公共事业发展，向公民、法人和其他组织无偿征收的具有专项用途的财政资金。政府性基金属于政府非税收入，应全额纳入财政预算，实行"收支两条线"管理，收入全额上缴国库，先收后支，专款专用，预算上单独编列，自求平衡，结余结转下年继续使用。

政府性基金项目分为地方性政府基金项目、中央政府基金项目和全国性基金项目。由于大部分政府性基金预算都有一定的时效性，各预算级次每年度都会公布或调整政府性基金项目目录。根据2017年财政部公布的信息，我们就全国性政府基金项目进行介绍。

（1）农网还贷资金，该基金对农网改造贷款"一省多贷"的省、自治区、直辖市（指省、市、区的农网改造工程贷款由多个电力企业承贷）电力用户征收，并分别安排给国家电网公司和南方电网公司专项用于农村电网改造贷款还本付息。该基金随"一省一贷体制"的全面建立而相应取消。

（2）铁路建设基金。该基金征收范围是经国家铁路正式营业线和执行统一运价的运营临管线运输的整车、零担和集装箱货物。该基金用于国家计划内大中型铁路建设项目以及与建设有关的支出，主要包括：铁路基本建设项目投资、购置铁路机车车辆、与建设有关的还本付息、归还固定资产借款本金、建设项目的铺底资金、铁路勘测设计前期工作费用、合资铁路注册资本金、建设项目的周转资金以及财政部批准的其他支出。

（3）民航发展基金。依据财政部于2012年发布的《民航发展基金征收使用管理暂行办法》（财综〔2012〕17号），在中国境内乘坐国内、国际和地区（香港、澳门和台湾，下同）航班的旅客，以及在中国境内注册设立并使用中国航线资源从事客货运输业务的航空运输企业和从事公务飞行的通用航空企业，应缴纳民航发展基金。民航发展基金的使用范围包括：机场飞行区、航站区、机场围界、民航安全、空中交通管制系统等基础设施建设；对货运航空、支线航空、国际航线、中小型民用运输机场进行补贴；民航节能减排;通用航空发展;民航科教、信息等重大科技项目研发和新技术应用;加强持续安全能力和适航审定能力建设等。该基金执行至 2015 年 12 月 31 日。

(4) 港口建设费。经国务院批准,财政部会同交通运输部于 2011 年印发了《港口建设费征收使用管理办法》(财综〔2011〕29 号)。该基金实行中央与地方 8∶2 分成,主要用于沿海港口公共基础设施建设、内河水运建设、支持保障系统建设等,该基金将执行至 2020 年 12 月 31 日。

(5) 旅游发展基金。该基金从乘坐国际和地区航班中出境的中外旅客缴纳的民航发展基金中提取,主要用于旅游宣传促销、旅游开发项目补助等。该基金执行至 2015 年 12 月 31 日。

(6) 文化事业建设费。该基金按歌厅、舞厅、卡拉 OK 歌舞厅、音乐茶座和高尔夫球、台球、保龄球等各种营业性娱乐场所营业收入的 3% 和广播电台、电视台和报纸、刊物等广告媒介单位以及户外广告经营单位营业收入的 3% 征收。该基金主要用于国家社会主义精神文明建设,重点是对思想道德和文化建设等方面进行宏观调控的支出,包括重大活动经费、培训经费、优秀作品奖励经费、国家公益性文化事业单位维修购置补助经费等。

(7) 国家电影事业发展专项资金。该基金按县及县以上城市电影院电影票房收入的 5% 计征。使用范围包括:资助城市影院放映国产影片;资助城市影院更新改造;资助影院计算机售票系统;资助少数民族电影译制;其他经财政部和国家新闻出版广电总局批准对电影事业发展有重大影响的项目。

(8) 高等级公路车辆通行附加费(海南)。为加强和规范海南经济特区机动车辆通行附加费的征收与管理,促进公路事业的发展,对进出本经济特区机动车辆征收的通行附加费。

(9) 森林植被恢复费。该基金征收对象为:勘查、开采矿藏和修建道路、水利、电力、通信等各项建设工程占用、征用或者临时占用林地的用地单位。该基金专项用于植树造林、恢复森林植被,包括调查规划设计、整地、造林、抚育、护林防火、病虫害防治、资源管护等开支。

(10) 残疾人就业保障金,简称残保金。残保金是指为保障残疾人权益,由未按规定安排残疾人就业的机关、团体、企业、事业单位和民办非企业单位缴纳的资金,主要用于支持残疾人就业和保障残疾人生活。

(11) 城市基础设施配套费。城市基础设施配套费是指按城市总体规划要求,为筹集城市市政公用基础设施建设资金所收取的费用。通常按建设项目的建筑面积计征,专项用于城市基础设施和城市公用设施建设,包括城市道路、桥梁、公共交通、供水、燃气、污水处理、集中供热、园林、绿化、路灯、环境卫生等设施的建设和维护,它是市政基础设施建设资金的补充,与各项城市建设资金统筹安排使用。

(12) 水利建设基金。该基金是用于水利建设的专项资金,由中央水利建设基金和地方水利建设基金组成。中央水利建设基金主要用于关系经济社会发展全局的重点水利工程建设。地方水利建设基金主要用于地方水利工程建设。跨流域、跨省(自治区、直辖市)的重大水利建设工程和跨国河流、国界河流我方重点防护工程的治理投资由中央和地方共同负担。中央水利建设基金主要从车辆购置税收入中定额提取并从铁路建设基金、港口建设费收入中提取(3％)。地方水利建设基金则主要从地方收取的政府性基金和行政事业性收费收入中提取(3％),向企事业单位和个体经营者征收,从中央对地方成品油价格和税费改革转移支付资金中足额划入,部分城市可从征收的城市维护建设税中划出不少于15％的资金,用于城市防洪和水源工程建设。

(13) 大中型水库移民后期扶持基金。该基金筹集渠道为:对省级电网企业在本省(区、市)区域内扣除农业生产用电后的全部销售电量加价征收;财政预算安排的大中型水库移民后期扶持专项资金,包括用对销售电量加价部分征收的增值税安排的资金和用于解决中央直属水库移民遗留问题的定额补助资金;经营性大中型水库应承担的移民后期扶持基金。该基金专项用于扶持大中型水库农村移民解决生产生活问题。

(14) 跨省大中型水库库区基金。该基金从有发电收入的大中型水库发电收入中筹集,根据水库实际上网销售电量征收,主要用于支持实施库区及移民安置区基础设施建设和经济发展规划,支持库区防护工程和移民生产、生活设施维护,解决水库移民的其他遗留问题。

(15) 三峡水库库区基金。该基金按照三峡电站机组实际上网销售电量计征,除由中央财政用于安排三峡库区维护和管理的部分外,按照三峡工程综合淹没实物比例分配给湖北省、重庆市(湖北省15.7％,重庆市84.3％),由两省市政府用于三峡库区及移民安置区基础设施建设和经济发展,三峡库区防护工程和移民生产、生活设施维护,解决三峡库区移民的其他遗留问题。

(16) 教育费附加是由税务机关负责征收,由同级教育部门统筹安排、同级财政部门监督管理,专门用于发展教育事业的政府资金。为了贯彻落实《中共中央关于教育体制改革的决定》,加快发展地方教育事业,扩大地方教育经费的资金来源,开辟多种渠道筹措经费,国务院于1986年4月28日发布《征收教育费附加的暂行规定》,该规定指出,凡缴纳产品税、增值税、营业税的单位和个人,除按照《国务院关于筹措农村学校办学经费的通知》(国发〔1984〕174号文)的规定缴纳农村教育事业费附加的单位外,都应当按照该规定缴纳教育费附加。教育费附加的征收范围和增值税、消费税的征收范围相同,按实际缴纳的增值税、消费税之和的3％征收。

(17) 地方教育附加。地方教育附加是指根据国家有关规定,为实施"科教兴省"战略,增加地方教育的资金投入,促进本省、自治区、直辖市教育事业发展,开征的一项地方政府性基金。地方教育附加主要用于各地方的教育经费的投入补充。设立之初,地方教育附加非全国统一开征的费种,地方政府可以决定是否开征以及征收比例。2010年,财政部要求各地统一征收地方教育附加,征收标准为单位和个人实际缴纳的增值税和消费税税额的2％。

(18) 国家重大水利工程建设基金。该基金利用三峡工程建设基金停征后的电价空间设立,用于解决南水北调工程建设资金缺口、三峡工程后续问题以及加强中西部地区重大水利工程建设。该基金对除西藏自治区、国家扶贫开发工作重点县农业排灌用电以外的全国销售电量计征。南水北调和三峡工程14个受益省份筹集的基金,全额上缴中央国库,由中央财政安排用于南水北调工程建设和三峡工程后续工作;南水北调和三峡工程16个非受益省份筹集的基金,全额上缴省级国库,由相关省份安排用于本地重大水利工程建设。执行期至2019年12月31日。

(19) 省级大中型水库库区基金。该基金是为促进省级大中型水库库区和移民安置区的经济及社会发展而设立的政府性基金。该基金从本省区域内有发电收入的大中型水库的发电收入中按一定比例筹集,主要用于支持库区及移民安置区的基础设施建设和经济发展规划,重点解决与符合条件的库区移民人口生产生活密切相关的人畜饮水、农田水利、道路交通等基础设施建设,支持库区防护工程和移民生产生活设施维护,支持库区和移民安置区的科技扶持,支持解决水库移民的其他遗留问题、支持移民建设项目过程中符合规定可计入工程建设成本的规划设计费、监测评估费等支出。

(20) 小型水库移民扶助基金是为扶助小型水库移民、帮助其解决生产生活困难而设立的政府性基金。该基金从本省区域内省级电网的销售电量中按一定比例征收。基金的使用范围是省内小型水库的库区和移民安置区的村,主要用于安排基本农田、水利设施、基础设施、社会事业设施、环境保护和生态建设及技能培训、生产开发等项目支出。

(21) 核电站乏燃料处理处置基金。经国务院批准,财政部会同国家发展改革委、工业和信息化部印发了《核电站乏燃料处理处置基金征收使用管理暂行办法》(财综〔2010〕58号),凡拥有已投入商业运行五年以上压水堆核电机组的核电厂,应按照实际上网销售电量和0.026元/千瓦时的标准缴纳乏燃料处理处置基金,主要用于乏燃料运输、离堆贮存、后处理、高放废物的处理处置,以及乏燃料后处理厂建设、运行、改造和退役等。

(22) 可再生能源发展基金。该基金按各省(区、市)扣除农业生产用电后的销售电量征收可再生能源发展基金,专项用于可再生能源发电电价补贴。

(23) 船舶油污损害赔偿基金。该基金针对在我国管辖水域内接收从海上运输持久性油类物质(包括原油、燃料油、重柴油、润滑油等持久性烃类矿物油)的货物所有人或其代理人征收船舶油污损害赔偿基金,专项用于船舶油污损害及相关费用的赔偿、补偿。

3. 国有资本经营预算

2007年9月,国务院发布《关于试行国有资本经营预算的意见》,标志着我国开始正式建立国有资本经营预算制度。国有资本经营预算是指国家以所有者身份依法取得国有资本收益,并对所得收益进行分配而发生的各项收支预算,是政府预算的重要组成部分。建立国有资本经营预算制度,对增强政府的宏观调控能力,完善国有企业收入分配制度,推进国有经济布局和结构的战略性调整,集中解决国有企业发展中的体制性、机制性问题,具有重要意义。

(1) 国有资本经营预算收入范围。国有资本经营预算的收入是指各级人民政府及其部门、机构履行出资人职责的企业凭借国有资本取得的投资收益和资产转让收入。国有资本经营预算收入由财政部门、国有资产监管机构收取、组织上交。企业按规定应上交的国有资本收益,应及时、足额直接上缴财政。国有资本经营预算收入包括以下内容。

① 国有企业按规定上交国家的利润。在预算编制中,通常按照不同的行业编制收入,包括金融企业、烟草企业、石油石化企业、电力企业、电信企业、煤炭企业、有色冶金

采掘企业、钢铁企业、化工企业、运输企业、电子企业、机械企业、投资服务企业、纺织轻工企业、贸易企业、建筑施工企业、房地产企业、建材企业、境外企业、对外合作企业、医药企业、农林牧渔业企业、邮政企业、转制科研院所、地质勘查企业、卫生体育福利企业、教育文化广播企业、科学研究企业、机关社团所属企业,和其他国有资本经营预算企业。

② 股利、股息收入。包括国有控股公司、国有参股公司以及其他国有资本经营预算企业的股利、股息收入。

③ 企业国有产权转让收入。包括国有股权、股份转让收入、国有独资企业产权转让收入、金融类企业国有股减持收入、其他国有资本经营预算企业产权转让收入和其他国有股减持收入。

④ 国有独资企业扣除清算费用后的清算收入,以及国有控股、参股企业国有股权(股份)分享的公司清算收入。

⑤ 其他国有资本经营预算收入。

(2) 国有资本经营预算的支出范围。国有资本经营预算资金支出,由企业在经批准的预算范围内提出申请,报经财政部门审核后,按照财政国库管理制度的有关规定,直接拨付使用单位。使用单位应当按照规定用途使用、管理预算资金,并依法接受监督。具体支出范围依据国家宏观经济政策以及不同时期国有企业改革和发展的任务,统筹安排确定。必要时,可部分用于社会保障等项支出。

① 国有经济布局和结构调整支出,主要用于保持和增强中央企业对关系国家安全和国民经济命脉的重要行业和关键领域的控制力,包括支持中央企业之间的战略性兼并重组、支持安全生产保障能力建设、对中央企业民用军品配套生产线维持维护补助,解决中央历史遗留问题等。

② 重点项目支出,主要用于支持中央企业涉及国家安全、国家核心竞争力和综合国力等具有国家战略意义的重大项目,包括支持信息安全保障能力建设、支持民用大飞机关键技术研发、支持火电企业发展等。

③ 产业升级与发展支出,主要用于增强中央企业自主创新能力,推动重大技术创新和科技成果产业化,促进教育、农业、文化等相关产业发展,包括支持装备制造、生物医药、石化、有色金属等重点产业升级与发展、支持关系国家粮食安全的种子产业链发展和农垦戍边、支持文化企业信息平台建设和数字化转型等。

④ 境外投资及对外经济技术合作支出,主要用于支持中央企业开展对外投资合作等,包括收购兼并境外战略性资源和拥有关键技术的境外企业、支持设立境外研发中心、对外承包工程和对外劳务合作等。

⑤ 困难企业职工补助支出,主要用于困难中央企业离休干部医药费补助和职工安置等。

⑥ 调入公共财政预算用于社保等民生支出,或用于补充社保基金等支出。

⑦ 其他支出。

4. 社会保险基金预算

社会保险基金预算是对社会保险缴款、一般公共预算安排和其他方式筹集的资金,专项用于对社会保险的收支预算。社会保险基金预算应当按照统筹层次和社会保险项目分别编制，做到收支平衡。社会保险基金预算按险种分别编制，包括企业职工基本养老保险基金、失业保险基金、城镇职工基本医疗保险基金、工伤保险基金、生育保险基金等内容。根据国家法律法规建立的其他社会保险基金，条件成熟时，也应尽快纳入社会保险基金预算管理。

（1）养老保险金。养老保险，是国家和社会根据法律和法规，为解决劳动者在达到国家规定的解除劳动义务的劳动年龄界限，或因年老丧失劳动能力退出劳动岗位后的基本生活而建立的一种社会保险制度。我国的养老保险制度包括基本养老保险、企业补充养老保险、个人储蓄性养老保险和商业养老保险。

基本养老保险基金预算，包括基金收入预算和基金支出预算。基金收入主要包括基本养老保险费收入、利息收入、财政补贴收入、转移收入、上级补助收入、下级上解收入、其他收入等；基金支出主要包括基本养老金支出、医疗补助金支出、丧葬抚恤补助支出、转移支出、补助下级支出、上解上级支出、其他支出等。

（2）失业保险。失业保险基金预算，包括基金收入预算和基金支出预算。基金收入主要包括失业保险费收入、利息收入、财政补贴收入、转移收入、上级补助收入、下级上解收入、其他收入等；基金支出主要包括失业保险金支出、医疗补助金支出、丧葬抚恤补助支出、职业培训和职业介绍补贴支出、转移支出、补助下级支出、上解上级支出、其他支出等。

（3）医疗保险。城镇职工基本医疗保险基金预算包括基金收入预算和基金支出预算。基金收入主要包括基本医疗保险费收入、利息收入、财政补贴收入、转移收入、上级补助收入、下级上解收入、其他收入等；基金支出主要包括基本医疗保险待遇支出、转移支出、补助下级支出、上解上级支出、其他支出等。

（4）工伤保险。工伤保险基金预算，包括基金收入预算和基金支出预算。基金收入主要包括工伤保险费收入、利息收入、财政补贴收入、转移收入、上级补助收入、下级上解收入、其他收入等；基金支出主要包括工伤保险待遇支出、劳动能力鉴定费支出、转移支出、补助下级支出、上解上级支出、其他支出等。

（5）生育保险。生育保险基金预算，包括基金收入预算和基金支出预算。基金收入主要包括生育保险费收入、利息收入、财政补贴收入、转移收入、上级补助收入、下级上解收入、其他收入等；基金支出主要包括生育保险待遇支出、医疗费支出、转移支出、补助下级支出、上解上级支出、其他支出等。

## 本 章 小 结

政府的预算形式是指政府预算安排的外在组织形式，体现预算收支之间的内在联系和资金管理要求。按照不同的划分标准，政府的预算形式可以划分为不同的类别，按政府预算编制的技术组织模式可划分为单式预算与复式预算，按照预算编制方法可划分为增量预算与零基预算，按照预算编制的导向可划分为投入预算与绩效预算。

一国政府预算范围应当覆盖政府的实际活动范围，并准确地反映政府活动的规模，完整的预算范围有助于确定政府与市场的界限和关系。全口径预算，即将凭借政府权力取得的收入和政府行为所发生的支出都纳入预算体系，进行统一、完整、规范、有效的预算管理。全口径预算管理，不仅仅可以规范财政资金，还涉及地方政府实权的规范，要求将地方的实权与财权匹配，并建立综合的政府收支问责机制，由人大等机构对政府行为进行预算控制。

我国全口径预算体系包括一般公共预算、政府性基金预算、国有资本经营预算和社会保险基金预算。一般公共预算是对以税收为主体的财政收入，安排用于保障和改善民生、推动经济社会发展、维护国家安全、维持国家机构正常运转等方面的收支预算。政府性基金是指各级人民政府及其所属部门根据法律、行政法规和中共中央、国务院文件规定，为支持特定公共基础设施建设和公共事业发展，向公民、法人和其他组织无偿征收的具有专项用途的财政资金。国有资本经营预算是指国家以所有者身份依法取得国有资本收益，并对所得收益进行分配而发生的各项收支预算，是政府预算的重要组成部分。社会保险基金预算是对社会保险缴款、一般公共预算安排和其他方式筹集的资金，专项用于对社会保险的收支预算。社会保险基金预算应当按照统筹层次和社会保险项目分别编制，做到收支平衡。

## 复习思考

1. 解释以下关键术语：单式预算、复式预算；增量预算、零基预算；投入预算、绩效预算；全口径预算。
2. 简述单式预算和复式预算的区别。
3. 简述我国复式预算的内容。
4. 简述零基预算的优缺点。
5. 简述绩效预算与投入预算的区别。
6. 简述我国全口径预算的内容。
7. 简述预算收入的范围。
8. 简述预算支出的范围。

# 第四章 政府预算方法与分类

【本章导读】

在当今社会,经济的迅速发展使得社会事务日趋繁杂,全社会对于政府预算支出的要求日益多样化,这就要求政府部门编制预算的水平也必须得到相应的提高,才能满足国民经济发展的需要和保障人民生活的需求。纵观近代西方各国的预算改革,主要运用了绩效预算、规划设计预算、零基预算,以及20世纪90年代出现的新绩效预算这几种预算方法。

政府预算收支分类是对政府收入和支出进行类别和层次划分,以全面、准确、清晰地反映政府收支活动。政府预算收支分类遵循全面准确的原则、规范细化与力求简化相结合的原则、国际可比性的原则以及稳定与可变性结合的原则。

我国政府收支分类改革自1999年底开始,在我国《政府预算收支科目》的基础上,参照国际通行做法,构建了适合社会主义市场经济条件下公共财政管理要求的新的政府收支分类体系。新体系具体包括收入分类、支出功能分类和支出经济分类三部分。收入分类反映政府收入的来源和性质,支出功能分类反映政府各项职能活动,支出经济分类反映各项支出的经济性质和具体用途。新的政府收支分类体系对进一步深化各项财政改革,提高预算透明度和财政管理水平,起到了十分重要的推动作用。

## 第一节 政府预算方法

预算方法是政府及其部门编制预算的技术思路和方法。预算部门运用一定的预算方法,进行资源分配,预算方法和资源分配的依据会对各部门形成很大的刺激作用。预算体系一旦形成,各部门就必须依照此体系的要求去申请资金。为了能够获得更多资源,部门就必须使得自己的活动符合当前预算体系的理念。因此不同预算方法的选用,很大程度上影响着政府部门的办事效率和行为准则。随着社会经济的巨大发展,政府职能不断发生变化,政府预算所包含的内容逐渐增多,为适应这种形势,预算编制方法也经历了多次变革。纵观近代西方各国的预算改革,主要运用了以下几种预算方法:绩效预算、规划设计预算、零基预算,以及20世纪90年代出现的新绩效预算。

## 一、绩效预算

### (一) 绩效预算的原理

绩效预算(Performance Budgeting)思想最早形成于美国,是西方发达国家在新公共管理理念和民主化背景影响下,追求效率的一种预算管理方式。它将公共资金的产出即政府活动的绩效指标化,并以此作为编制公共预算的主要依据。美国总统预算办公室对绩效预算的定义是:"绩效预算是这样一种预算,它阐述请求拨款是为了达到什么目标,为实现这些目标而拟定的计划需要花费多少钱,以及用哪些量化的指标来衡量其在实施每项计划的过程中取得的成绩和完成工作的情况。"

绩效预算有两个基本特征。① 它是一种结果导向型的预算。过往传统预算都是投入导向型预算,它与绩效预算正好是对立的两种预算方法。绩效是与结果挂钩的,这种结果是指政府的投入产生了什么样的社会效益。结果不同于产出,它是产出的进一步延伸。② 它还是一种以绩效为依据的预算。

绩效预算包含以下四个基本环节。

(1) 设定绩效目标。绩效目标是预算绩效管理的基础,是整个预算绩效管理系统的前提,包括绩效内容、绩效指标和绩效标准。预算单位在编制预算时,要合理地测算预算收支、编制绩效计划、制定绩效目标。

(2) 监控绩效运行。建立绩效运行跟踪监控机制,定期采集绩效运行信息并汇总分析,对绩效目标运行情况进行跟踪管理和督促检查,纠偏扬长,促进绩效目标的顺利实现。

(3) 实施绩效评价。预算支出绩效评价是绩效预算的核心。预算执行结束后,要及时对预算支出的产出和结果进行绩效评价,重点评价产出和结果的经济性、效率性和效益性。财政部门要对预算单位的绩效评价报告进行审核,并提出进一步改进预算管理、提高预算支出绩效的意见。

(4) 应用评价结果。将绩效评价结果及时反馈给预算执行单位,要求其根据绩效评价结果,完善管理制度,改进管理措施,提高管理水平,控制支出成本,增强支出责任,提高财政资金的效率。同时,将绩效评价结果作为安排以后年度预算的重要依据,优化资源配置。

### (二) 绩效预算的形成与发展

绩效预算是20世纪50年代初美国联邦政府首先提出并应用于支出管理的一种预算方法。第二次世界大战以后,美国政府预算支出急剧增长,赤字大量增加,如何控制政府公共支出和加强立法机关对预算的控制权力,引起了当时美国胡佛行政改进委员会的重视。该委员会提出了两个基本问题:一是对政府预算的主要项目,应研究什么是理想的支出数量;二是如何通过立法机关有效而又节约地执行计划的实施方案,并通过成本效益分析确定实施方案所需要支出的费用,以此来编制预算。胡佛行政改进委员会受到了当时美国一些大城市中盛行的和联邦政府中某些部门试行的绩效预算技术的影响,并于1949年建议在联邦政府中采用绩效预算。但限于当时的认识和技术水平,20世纪50年代的绩效预算改革可以说是失败的。在当时,"绩效""测量"等概念并未真正为大多数人所理解,更谈不上绩效评价。绩效评价不能顺利开展,行为结果难以测量,使得绩效预算没能达到预期的效果。因此,绩效预算并没能持续发展,60年代它就被新的预算方法所取代。在一段时期内,绩效预算没有受到美国政府的重视。

直到20世纪70年代末,伴随着新公共管理理论的兴起,人们才开始对绩效预算重新审视。新绩效预算思想把企业管理的理论引入公共部门的预算中,可以说是公共预算理论的一次革命。在西方国家,尤其是经济合作与发展组织(OECD)成员国,绩效预算得到了广泛的应用。在这轮浪潮中,基于绩效的预算方法在美国得到复兴。克林顿政府将新绩效预算作为"重塑政府"的重要工具来推行。1993年美国国会通过了《政府绩效与结果法案》(Government Performance and Results Act,GPRA),标志着新绩效预算改革的开始。在联邦政府,新绩效预算改革与政府业绩和《结果法案》紧密相连;而州级地方政府则主要聚焦在绩效衡量、弹性、授权和重视对施政结果的责任等相关的议题上。克林顿政府的绩效改革取得了显著的成果,并在其任内实现了联邦财政盈余。

## 二、设计规划预算

### (一)设计规划预算的原理

从概念上说,设计规划预算(Planning-Program-Budgeting)是在一个系统中将长期的和短期的政策规划、对多年期间预算成绩和费用的计划或进度计划,以及年度预算三者结合起来。虽然在过去编制的预算中,这几个组成部分都曾分别被考核和使用过,然而把它们统一纳入一个全面的系统进行考核则是一种新方法。这个系统的重点在于为达成政府计划的宗旨和目标,提供对政府需求的明确分析、成本效益分析等。依靠这些分析,这个编制方法有望在资金分配上更加合理,同时使效率更高。该方法是在绩效预算制度的基础上发展起来的,它有四个关键点。

(1)建立国民经济和社会发展的规划以及长期预算概念。由于政府预算是当年的支出,加上政府实行选举任期制,这就很容易产生短期行为问题。而政府的许多支出必须经过多年努力才能实现。为克服这一矛盾,设计规划预算采用了长期与短期相结合的思路,即要求各部门先建立长期计划,编制长期预算。这些预算在经过内阁确定并经议会讨论后,作为优先计划予以保证。因此,政府除了提交当年的预算外,还需要编制以后3年的政府预算。当然,它是一个滚动预算。

(2)建立项目预算概念,以替代单位概念。从本质上说设计规划预算是一种以"办事"为基础的预算。它不是以部门或单位作为预算编制依据,而是以项目作为预算编制依据。因此,必须结合各部门长远规划和管理的实际需要,设立若干年度支出项目,并制定各项目所要达到的目标和项目成本(预算)。

(3)对项目的效果和成本进行评价。预算的需求对于政府可供给的财力来说,永远是需求大于供给的,因而有必要对项目进行筛选。筛选的方法是对项目的成本与效果进行成本收益分析,将那些预定效益较高的项目列入本年度的支出计划。

(4)在上述几方面工作的基础上,编制政府的年度预算草案。

### (二) 设计规划预算的产生和发展

在美国，设计规划预算是 20 世纪 60 年代发展起来的主要预算方法，最早由美国国防部采用，之后推广到美国联邦政府和州级地方政府。

美国是一个军事大国，政府每年以数千亿美元的巨款用于军费开支。如何有效地使用这笔开支是个至关重要的问题。1960 年，美国的希奇（Hitch）和麦基因（Mckean）在《核时代的国防经济学》一书中探讨了国防经济的效率问题，并建议在军事设计上应将各种可行方案的成本与效益进行比较。1961 年，美国国防部长麦克纳马拉（McNamara）采纳他们的意见，决定在国防部试行设计规划预算制度。1965 年，美国总统林登·约翰逊（Lyndon Johnson）决定在其他行政部门也推行这种预算制度。

目前，虽然从制度上说，美国已不再实行设计规划预算编制方法，但它却留下了一笔丰富的遗产，如长期规划的观点，按任务、职能和项目进行的预算分类，运用分析技术来决定项目的优先顺序以及制定预算目标等。它们仍然被各联邦机构、各州和各地方政府广为接受。

## 三、零基预算

### (一) 零基预算的原理

所谓零基预算（Zero-Based Budgeting），就是指在编制预算时，一切从零开始（但不排斥有的项目借鉴以前的数据），对原有的各项开支项目重新进行核定评估，重新测定所需的经费开支，而不是停留在修改上一年度预算或审查新增部分上。政府各部门必须每年重新核定每项工作，测算不同项目所需的资金。从本质上讲，零基预算是关于组织机构的目标、活动范围以及资源运用等先后顺序安排预算的一种思维方式。其基本特征是不受以往预算安排和预算执行情况的影响，一切预算收支都建立在成本效益分析的基础上，根据需要和可能，一切从零开始来编制预算；它重点着眼于"需要优先"，然后根据可利用的资源（财力）进行比较分析，按顺序筛选、安排。零基预算要求每个政府预算执行部门在申请预算时，首先对本部门所有的（新的和原有的）计划项目和行动进行系统评价和审查，然后再编制预算。在实际运用中，零基预算能够有效地控制政府财政支出。

零基预算编制的基本做法如下。

(1) 确定绩效目标。即确定某部门完成自身工作任务的绩效目标，这是实施零基预算的基础。

(2) 确定决策单位。决策单位的确定应建立在部门预算结构的基础之上，根据预算的需要，从实际出发，通过考虑部门规模的大小、活动范围和会计数据是否容易取得等因素来确定。但是零基预算并没有对如何确定决策单位规定具体的方法和程序，只要是科学可行的，决策单位可大可小，决策单位可能是一个计划、一个组织、一项活动，甚至是一个成本项目。在实际的编制过程中，应结合具体情况，决定适宜的决策单位。如决策单位定得太小，将会加大以后评价、分析的工作量，违背成本效益原则，影响预算编制的效率；反之若定得太大，包含多种活动和较多项目，那么又会不便于对需要分开考察、评估的项目进行分析，影响预算编制的效果。

（3）制定一揽子决策。这是零基预算中十分复杂而又关键的一步。当决策单位确定后，每一个决策单位的管理者就要对该决策单位所从事的业务活动进行分析，考虑不同程度的服务水平所产生的影响，以及不同的服务水平所需要的经费开支。每个一揽子决策应至少包括以下内容：决策单位所从事的业务（包括已有的和新增加的）、各业务存在的理由和说明、人员情况及费用开支分类，以及每项业务的不同开支水平对应的不同目标等。所以，一揽子决策不仅包括大量的数字，还必须含有必要的文字说明，不仅要事实客观清楚，而且结论要有理有据，具有说服力，能清晰地反映一揽子决策中各要素之间的关系。

（4）排序。决策单位编制的一揽子决策便是排序的基础，由具有最终决定权的部门结合可利用的财力和各项业务或服务的重要性，对制定出的一揽子决策按轻重缓急进行排序，并且确定哪些决策可以分配到资金，哪些决策不被分配资金而应取消。由此，决策者便能够根据排列顺序来确定下一年度"应当花多少钱"，以及"应把钱花在什么地方"。

### （二）零基预算的产生和发展

零基预算的思想源于1952年，美国人维恩·刘易斯（Wayne Lewis）在他的一篇文章《预算编制理论新解》中探讨了一个预算编制中的问题，即在编制公共支出预算时，应根据什么标准或方法在部门之间分配一定数额的资金，以及不同的分配方法可能产生什么不一样的结果。他提出了一个新论点，认为只有通过"非传统的编制方法"才能解决这一问题，这种"非传统的编制方法"就是后来形成的零基预算编制法。

20世纪60年代，美国联邦政府农业部曾试图在本部门试行零基预算，但最终无果而终。1970年，美国得州仪器公司人事研究部门在部门预算编制中成功地利用了零基预算编制方法，此后该公司的所有部门在编制预算时都成功采用了零基预算。随后，零基预算便先在美国的私营企业界被广泛推广。不久，美国联邦政府决定在公共部门全面使用零基预算，佐治亚州成为美国第一个采用零基预算编制法的州政府。1979年卡特（Carter）当选美国总统后，在联邦政府全面推行用零基预算编制法来编制公共部门预算，许多州政府纷纷效法。零基预算编制法异军突起，在美国迅速传播开来。之后，世界其他一些国家的政府也陆续采用零基预算法。零基预算的使用率在20世纪80年代后期出现下降趋势，1993年，美国国会颁布了《政府绩效与结果法案》，开始全面采用新的绩效预算。

**专栏 4-1**

## 中 期 预 算

中期预算，也称中期财政规划、中期宏观经济框架和财政战略或多年度预算。中期预算的具体编制方法大体有以下三种：第一，以报告年度为基年的滚动方式，编制3到5年期的预算计划，将年度预算纳入其中。这种方法将经过议会批准并付诸实施的预算年度定为中期预算的第一年，预算提交议会审议的预算年度为第二年，后续的1个到3个预算年度为"纯计划年度"。对3到5年期间的每一年为执行政府职能安排了哪些支出、支出是如何筹措的,做详细、全面的安排和审查。这是典型的中期预算模式。第二,以报告年度为中心,将年度预算前后扩展,通常只是对原年度预算在编列形式上做某些改进。第三,在预算中增加了某些中期预算的因素,对某些重点项目做重点反映。某些国家虽未采用上述典型的中期预算模式,但在沿用年度预算的同时,也注意将中期预算的某些因素引入年度预算的编制当中,主要是在涉及某些需要多年投资才能完成的重大支出项目时,所编制的年度预算不仅仅反映该项目一个年度所需的拨款,而且对多年投资做全面的反映。

根据国际货币基金组织和世界银行等机构的研究,中期预算的关键性特征和编制要点包括:

- 包含1份财政(和经济)政策报告书;
- 包含1份完整的中期宏观框架(经济和财政预测);
- 包含支出部门和支出机构在下一个预算年度之后2—4年的支出估计数,并需按功能(如教育与卫生领域)和经济性质(如资本性支出与经常性支出)分类;
- 对各支出部门和支出机构的预算拨款数(限额)是由硬预算约束的;
- 为避免产生问题,中期预算应是导向性而非强制性的(并非一个法定的预算方案),不需要立法机关的表决批准,但中期预算的第一个年度必须与年度预算完全一致;
- 中期预算由政府整体层面编制,但所有政府部门都应遵循中期预算为各部门确立的支出限额;
- 中期预算主要依据中期宏观经济框架编制,包括按功能和按大的经济类别(如工资、其他商品与服务、转移支付、利息和投资)分类得出的支出总额估计数;
- 中期预算框架的准备过程应与年度预算准备的过程(6个阶段)相对应,尤其需要根据年度支出限额加以构造。

## 四、我国的预算方法及改革探索

### (一) 现行的预算方法

《预算法实施条例》规定,中央预算和地方各级政府预算,应当参考上一年预算执行情况和本年度收支预测进行编制。此条规定确定,我国现行政府预算编制采用增量预算法(基数加增长)。增量预算要在编制下一年度预算时,首先确定上年度的基数,然后在上年度基数的基础上,考虑下一年度影响各项收支的因素,确定下一年度各项收支数额;或者在上年度实际收支数的基础上,根据下一年度财政收入状况和影响支出的各种因素,对不同的收支确定一定的增长比例,确定预算。

增量预算法较为简便,易于操作,但这种预算编制方法不符合现代公共财政原理,随着我国经济体制改革的不断深入,越来越不适应公共财政的要求。增量预算法编制预算的主要缺陷有以下三点。① 方法不科学、不规范。在基数加增长的预算编制模式下,年年是基数加增长,各部门经费多少,不是取决于部门职能的变化和预算支出的实际效果,而是取决于原来的基数,预算安排与实际动态过程不能同步。② 预算编制粗放,降低财政效率。"基数加增长"编制方式多年运用下来的结果是"预算套预算",基数变成了常数,而对基数本身合理与否已不再考虑。这导致每年的收支预算安排只能在基数之上增加,不符合实际情况,财政效率大为下降。③ 预算滞后性。下年预算的编制必须以上年决算收支为依据,因此,下年收支的安排必须待上年决算经人大批准后方可进行。这么一来,本年度的详细收支预算往往要到四五月份甚至七八月份才能正式下达实施,造成"一年预算、预算一年"的现象。

（二）预算方法的改革探索

进入20世纪90年代以后,我国开始有部分地区或部门试行零基预算,如安徽、河南、湖南、湖北、云南以及广东深圳市等,另外国家统计局也做了一些尝试。目前,无论地区还是部门实行零基预算,基本都是按照自身对零基预算这个名词的理解,结合本地区或本部门的实际情况进行实践的,不乏一些认识上、方法上、程序上的差别,甚至是误区。例如,将零基预算作为一种控制、削减预算的工具,认为"零基预算"就是"没有基数"的预算,一切从"零"开始,重新核定每一项支出,而零基预算法的核心是重新评估所有的项目,主要注意力应集中于评估项目效果,它是一个注重实效的方法。所谓"从零开始"的真正含义是集中力量改进那些已经被证明不适宜的项目,所以要从"零"开始,而有些则是继续执行,只是做一些修正。另外,我国的零基预算改革是以预算定编、定额、定标准等作为试行此法的起点与内容,而其他国家则是以这些基础工作已经完成为起点。

2002年,绩效预算的概念被引入我国,政府开始在实践当中探索实行绩效预算。我国的绩效预算改革是从财政支出绩效评价开始的。财政部于2003年率先对中央级教科文部门项目支出进行了绩效评价试点,并逐步拓展到了一般预算支出、项目支出,形成了一些支出评价的方法,涉及教育、科技、卫生、转移支付、社保资金等。同时,广东、北京、湖北、贵州、上海浦东新区、浙江温岭等省市和地方结合实际情况积极探索和实践,形成了一些各具特色的做法和经验,收到了较好的效果,积累了丰富的实践经验,为绩效预算的进一步改革创造了条件。2005年财政部出台的《中央部门预算支出绩效考评办法》使得绩效评价从对个体的评价转向对整个部门预算的综合性评价,从而进一步推进了绩效预算改革。不过,此时我国绩效预算改革还处于试点阶段,甚至一些基础性问题都没有解决,如：对是否实行绩效预算改革的认识尚未统一；对绩效预算的解释多样化,尚存在争论；绩效预算的综合性与部门协调不力存在矛盾等。

2011年财政部发布了《关于推进预算绩效管理的指导意见》,对绩效预算的基本内容做了规范。这是对以往绩效预算改革探索的充分认同,也是对我国绩效预算改革方向的再次确认,是我国绩效预算改革的深化。

## 第二节　政府预算收支分类

政府预算收支分类,就是对政府收入和支出进行类别和层次划分,全面、准确、清晰地反映政府收支活动。政府收支分类科目是编制政府预决算、组织预算执行以及预算单位进行会计明细核算的重要依据。

## 一、政府预算收支分类的意义

### （一）政府预算收支分类的框架

为了科学地编制政府预决算，合理组织预算执行，完整准确地反映政府预算资金的积累来源和分配去向，体现政府的宏观经济政策以及国民经济和社会发展计划的比例关系，必须对各项收入和支出，进行科学系统的归并和排列，并根据预算管理的需要，对预算收支进行统一分类。

政府预算收支科目是对政府预算收支划分的综合总分类，是编制预算、执行预算以及编制决算的工具，也是一项重要的预算管理制度。

政府预算科目一般都划分为预算收入科目和预算支出科目两大部分，即"两列"，各列按包括范围的大小及管理的需要又分为"五级"，由大到小依次划分为"类""款""项""目""节"；"类"下分设若干"款"，以此类推。政府预算收支科目概括了预算收支的全部内容，五级科目之间逐级相连，前者是后者的概括和汇总，后者是前者的具体化和补充，形成一个完整的分类体系。

严格地说，政府收支分类、政府预算收支分类和政府预算收支科目是三个不同的，但又紧密联系的概念。这三个概念之间有时会存在包含和被包含、整体框架式和详细分解式的关系。

政府收支分类就是按照一定的原则、方法对政府的一切收入和支出项目进行类别和层次的划分，以便客观、全面、准确地反映政府活动。

预算收支分类是对预算收支结构的科学系统的划分，即把名目繁多的各项政府预算收入和预算支出，按照其各自的性质和相互联系，按一定的标准和层次进行归并和排列。政府预算收支分类应该是对预算收支结构进行的科学划分和系统的设计。如果政府的一切收支都纳入预算，则政府收支分类即为政府预算收支分类，否则，政府预算收支分类只是政府收支分类的一部分，也是其主干部分。

政府预算收支科目是将政府收支分类并分级细化的表现形式，它对政府预算收支分类进行的详细、完整的反映。我国财政部每年都会在报告年度统一制定并发布预算年度的政府预算收支科目，政府预算收支分类一并在政府预算收支科目中做统一规定。通常，为了适应经济发展和预算管理的需要，对上年的政府预算收支科目一般会进行修订，各年的政府预算收支科目具有一定的延续性，但会在分类及其口径上进行或多或少的调整。

现实中，收支分类及其细化通过政府预算收支科目实现。如果政府预算收支完整、细致，则政府收支分类、政府预算收支分类和政府预算收支科目三者应该可视为同一概念。

### （二）政府预算收支分类的地位

政府收支分类是执行决策全过程中统一使用的基础性核算工具，以其独特的地位支配预算事务,并成为预算决策中最重要的决定因素。对政府收支进行科学分类,是全面、准确地反映政府活动的基本前提,它对编制预算和组织预算执行,进行会计核算,加强宏观经济管理与分析都具有十分重要的意义。

1. 形成交叉分层的信息系统

预算收支科目是系统地反映政府预算收入的来源和构成、支出的方向和用途的总分类,也是政府、部门和单位进行具体预算决策的载体,科学的收支分类能够为预算决策提供分类的、有层次的、系统的财政经济信息。政府预算收支分类可提供决策资料,产生决策的某种价值体系和方法,反映决策特征,它对科学合理地编制预算、组织预算执行,对政府宏观决策,人大和社会各界有效实施财政监督等,都具有十分重要的意义。

2. 汇编预决算的前提条件

政府收支分类和科目涉及面广,涉及预算编制、执行、决算、监督等各个环节,同时也涉及众多的政府收支管理部门及管理层面,涉及总预算和部门、单位预算的不同需要,并成为各级财政机关、税务机关、国家金库,以及各部门、各单位统一数字项目的基础。各地区、各部门、各单位的预决算收支都要按用政府收支分类统一规定的科目编制和汇总预、决算,政府收支分类成为保证在全国范围内统一汇编预决算的最基本的条件。

3. 实施预算、强化预算管理的基础性工作

预算收支科目是全面掌握预算、决算、办理预算缴款拨款、组织会计核算、财务分析和统计等各项工作制度的基础。各单位和个人都要按照政府收支分类科目填制专用凭证,办理缴拨款,进行对账和结算;各级财政总会计、各单位预算会计的收支明细账,都要按政府收支分类科目组织会计核算;各地区、各部门、各单位都要按照政府收支分类科目,定期汇编、报告总预算和单位预算收支执行情况表,以便各级人大、政府、社会公众及时了解预算收支执行情况;行政事业单位可以综合运用支出功能分类和经济分类,对既定的行政事业计划任务和单位预算进行财务分析比较、绩效考核;政府财政收支数据必须按统一的政府收支分类科目进行归集、整理,进行财政收支统计,以便与有关历史数据、国际数据进行合理的对比分析。

## 二、政府预算收支分类的原则

政府预算作为政府的基本财政计划,规范着每一预算年度预算收支的组织执行,为了更好地体现政府的决策、意图、活动范围与方向,使政府预算为实现政府职能服务,正确地编制国家预决算,正确组织预算执行,完整准确地反映政府预算资金的积累来源和分配去向,正确地体现党和国家的路线、方针和政策,以及国民经济和社会发展计划的比例关系,必须把名目繁多的全部预算收支,按照其各自的性质和相互联系,进行科学、系统的归并和排列,并根据政府预算管理的需要进行统一分类。

(一) 全面准确的原则

我国政府预决算的编制是通过各级财政层层编制,逐级汇总而成的。为了保证预决算编制的科学性和统一性,推进财政管理的科学性和宏观调控的有效性,政府收支分类必须准确、系统、完整地表达政府预算的内容,既包括财政预算内收支,也包括财政预

算外收支以及行政事业单位自行组织的各项收支,全面反映各种预算资金的来源和去向,系统地反映各项各种性质的预算收支关系和实现情况,体现不同特征的预算收支,将收入或支出性质大体接近的项目进行合理的汇集归类,归属要清楚,不能把应列支出的项目在收入项目中冲减暗扣等。全面准确的收支分类既有利于对不同类别预算收支管理的权责要求分别实施管理,又能保证不同类别的预算收支统一按照国家政策的要求运转,使政府预算分配更为规范,更有成效,强化政府预算管理。

（二）规范细化与力求简化相结合的原则

为了适应预算管理规范化、法制化的要求,预算收支分类要对所有政府收支科目进行科学划分和合理细化,增强其经济分析功能,提高财政透明度,为政府宏观经济管理水平创造条件。

我国原预算收支的划分过于粗略,政府预算支出的类级科目不足50类。法国预算支出大约分为1 100类,预算类级科目进一步细分为预算款,它是按支出管理部门的职责进行划分的;款级以下可进一步细分为预算项,它用于表示具体的支出项目,如设备支出、供热支出、旅游支出等;各部门不能改变支出类别,需要改变时,财政向议会建议并经议会批准后才可对一些重要的事项做一些小的调整;支出管理部门只能在款级或项级科目间对预算进行调整。

各地区、各部门、各单位都要以预算收支分类为依据编制预决算,办理预算缴拨款等事项,每增加一个预算项目,都要增加许多部门和单位的核算工作。因此,预算科目设置要科学,列收列支的内容和范围应清楚明白,便于操作,避免过于繁杂,力求简化。

（三）国际可比性的原则

中华人民共和国成立以来,我国主要采取按支出用途分类的方法,将支出分为经济建设支出、事业发展支出、国防支出、国家行政管理费用和其他支出等;每年预算指标则按支出用途和费用性质分为基建支出、企业挖潜改造资金、科技三项费用等,如原有预算支出科目中的"类"级科目。前者可反映国家政治经济活动的全貌,直接反映预算支出的比例关系,体现国家职能和政府在各个历史时期所致力于的主要工作;后者可使预算支出项目同国民经济和社会发展计划指标口径一致,反映政府预算支出中用于生产性支出和非生产性支出的比例,但不利于支出按功能进行归口管理。

我国预算收支分类要将国际惯例与我国国情相结合,将长远目标与现实需要有机结合,既要尽可能符合市场经济国家的通行做法,体现政府职能和经济性,以便进行国际比较与研究,又要充分满足我国现行经济体制和经济管理的客观要求,体现政策的延续性,保证改革顺利进行。

（四）稳定与可变性结合的原则

预算科目作为一种全国核算和预算管理工具,它本身具有较长期的连续性和适应性,不宜经常变动,以保持相对稳定。长期以来,我国政府预算分类一直采取政府预算收支科目的表现形式,预算科目每年都会进行或小或大的调整,致使预算口径多变,预算指标缺乏直接的纵向可比性。这次我国政府预算收支分类的改革,将"政府预算收支科目"的名称改为"政府收支分类",现行的政府收支分类借鉴国际惯例,强化了科学性和规范性,具有一般性。

但预算科目的设置涉及各行各业,与各项财政、财务、预算、税收法令、制度有关。因此,当政治经济形势发生变化时,为了适应管理和改革的需要,必须及时对收支科目及其分类进行适当的补充、修改和调整。

### 三、国际货币基金组织的政府收支分类

#### (一) 政府收入的分类

国际货币基金组织在《2001年政府财政统计手册》中,将政府收入划分为税收、社会缴款、赠与、其他收入四类。

(1) 税收收入。类下细分为:对所得、利润和资本收益征收的税收,对工资和劳动力征收的税收,对财产征收的税收,对商品和服务征收的税收,对国际贸易和交易征收的税收,其他税收等。

(2) 社会缴款。类下细分为:社会保障缴款和其他社会缴款。其中社会保障缴款又按缴款人细分为雇员缴款、雇主缴款、自营职业者或无业人员缴款、不可分配的缴款。

(3) 赠与。类下细分为:来自外国政府的赠与、来自国际组织的赠与和来自其他广义政府单位的赠与。

(4) 其他收入。类下细分为:财产收入,出售商品和服务,罚金、罚款和罚没收入,除赠与外的其他自愿转移,杂项和未列明的收入等。

#### (二) 政府支出按照政府职能分类

按国际货币基金组织政府财政统计标准,政府支出按职能分类主要包括以下十种。

(1) 一般公共服务。包括行政和立法机关、金融和财政事务、对外事务,对外经济援助,一般服务,基础研究,一般公共服务"研究和发展",未另分类的一般公共服务,公共债务操作,各级政府间的一般公共服务等。

(2) 国防。包括军事防御、民防、对外军事援助、国防"研究和发展"、未另分类的国防等。

(3) 公共秩序和安全。包括警察服务、消防服务、法庭、监狱、公共秩序和安全"研究和发展"、未另分类的公共秩序和安全等。

(4) 经济事务。包括一般经济、商业和劳工事务,农业、林业、渔业和狩猎业,燃料和能源,采矿业、制造业和建筑业,运输,通讯,其他行业,经济事务"研究和发展",未另分类的经济事务等。

(5) 环境保护。包括废物管理、废水管理、减轻污染、保护生物多样性和自然景观,环境保护"研究和发展"、未另分类的环境保护等。

(6) 住房和社会福利设施。包括住房开发、社区发展、供水、街道照明、住房和社会福利设施"研究和发展"、未另分类的住房和社会福利设施等。

(7) 医疗保障。包括医疗产品、器械和设备,门诊服务,医院服务,公共医疗保障服务,医疗保障"研究和发展",未另分类的医疗保障等。

(8) 娱乐、文化和宗教。包括娱乐和体育服务,文化服务,广播和出版服务,宗教和其他社区服务,娱乐、文化和宗教"研究和发展",未另分类的娱乐、文化和宗教等。

（9）教育。包括学前和初等教育、中等教育、中等教育后的非高等教育、高等教育、无法定级的教育、教育的辅助服务、教育"研究和发展"、未另分类的教育等。

（10）社会保护。包括伤病和残疾、老龄、遗属、家庭和儿童、失业、住房、未另分类的社会排斥、社会保护"研究和发展"、未另分类的社会保护等。

### （三）政府支出的经济分类

按照国际货币基金组织政府财政统计分类标准，政府支出按经济性质分类可分为下列八种。

（1）雇员补偿。包括工资和薪金（分为现金形式的工资和薪金、实物形式的工资和薪金）和社会缴款（分为实际的社会缴款和估算的社会缴款）。

（2）商品和服务的使用。

（3）固定资产的消耗。

（4）利息。包括向非居民支付的、向除广义政府外的居民支付的和向其他广义政府单位支付的。

（5）补贴。包括向公共公司提供的（分为向金融公共公司提供的和向非金融公共公司提供的）和向私人企业提供的（分为向金融私人企业提供的和向非金融私人企业提供的）。

（6）赠与。包括向外国政府提供的（分为经常性和资本性两种）、向国际组织提供的（分为经常性和资本性两种）和向其他广义政府单位提供的（分为经常性和资本性两种）。

（7）社会福利。包括社会保障福利（分为现金形式的社会保障福利和实物形式的社会保障福利）、社会救济福利（分为现金形式的社会救济福利和实物形式的社会救济福利）、雇主社会福利（分为现金形式的雇主社会福利和实物形式的雇主社会福利）。

（8）其他开支。包括除利息外的财产开支和其他杂项开支（分为经常性和资本性两种）。

## 第三节　我国政府收支分类体系改革

我国的政府收支分类改革从 1999 年底开始，根据《财政部关于印发政府收支分类改革方案的通知》的要求，自 2007 年 1 月 1 日起执行新的政府收支分类，并从 2007 年编制部门预算时开始使用新收支分类，新的政府收支分类全面实施。

### 一、政府收支分类体系改革的原因

我国原有的政府预算收支分类体系，是参照苏联财政管理模式设计的，是与计划经济体制下的建设型财政管理体制相适应的。几十年来，根据不同时期财政经济运行情况和特点，做过一些小的调整，但基本分类方法和体系没有大的改变。随着社会主义市场经济的发展和公共财政体制的建立，以及部门预算、国库集中收付、政府采购等各项财政改革的不断深入,旧的科目体系存在的问题越来越突出,集中体现在以下五个方面。

(1) 与政府职能转变不相适应。目前我国社会主义市场经济体制已基本建立,政府职能也发生了很大转变,市场在资源配置中的基础性作用日益突出,政府公共管理和公共服务的职能日益加强,财政收支结构也发生了很大变化。但反映政府职能活动的预算收支科目,如基本建设支出、企业挖潜改造支出、科技三项费用等,仍然是按照过去政府代替市场配置资源的思路设计的。这既不能体现目前政府职能转变和公共财政的实际,也带来了一些不必要的误解,影响各方面对我国市场经济体制的认识。

(2) 不能清晰反映政府职能活动。在市场经济条件下,政府的重要职能就是弥补市场缺陷,满足社会公共需要,政府活动讲求公开、透明。政府预算必须反映公共需求,强化公共监督。但我国原有的预算支出科目主要是按经费性质进行分类的,把各项支出划分为行政费、事业费等。使用这种分类方法,从科目上看不出政府究竟办了什么事,很多政府的重点支出如农业、教育、科技等都分散在各类科目中,无法形成一个完整的支出概念。支出预算不透明、不清晰,往往造成"外行看不懂,内行说不清"。

(3) 预算管理的科学化和财政管理的信息化受到制约。按照国际通行做法,政府支出分类体系包括功能分类和经济分类。功能分类反映政府的职能活动,经济分类反映各项支出的具体用途。我国原有的支出目级科目就属于支出经济分类范畴,但它涵盖的范围偏窄,政府预算中大多数资本性项目支出以及用于转移支付和债务等方面的支出都没有经济分类科目反映,而且,原有目级科目也不够明细、规范,这些都不利于细化预算编制、加强预算单位财务会计核算、提高财政管理信息化水平。

(4) 政府预算管理和监督职能弱化。原有的政府预算收支科目只反映政府预算内收支,不包括应纳入政府收支范围的预算外收支和社会保险基金收支等,给财政预算全面反映政府各项收支活动、加强收支管理带来较大困难,不利于综合预算体系的建立,不符合全口径预算管理的方向,也不利于从制度、源头上预防腐败。

(5) 与国民经济核算体系和国际通行做法不相适应,既不利于财政经济分析与决策,也不利于国际比较与交流。我国国民经济核算体系、金融统计指标体系均按国际通行标准做了调整,但政府预算收支分类体系一直未做相应改革,财政部门和统计部门每年要做大量的口径调整和数据转换工作。尽管如此,还是难以保证数据的准确性以及与其他国家之间的可比性。

因此,进行政府收支分类改革,建立一个科学、完整、规范的政府收支分类体系,既是公共财政体制建设的必然要求,也是增强财政透明度、促进公民民主参与预算过程、推进社会主义政治文明和政治民主的必然要求。

## 二、政府收支分类改革的思路

我国政府收支分类改革总的指导思想是:按照社会主义市场经济条件下转变政府职能、建立公共财政体系的总体要求,在认真总结历史经验、充分借鉴国际通行做法的基础上,制定一套既适合我国国情,又符合国际通行做法的较为规范合理的政府收支分类体系,为进一步深化财政改革、提高预算透明度、强化财政管理和监督创造有利条件。

我国政府收支分类改革遵循四个基本原则：① 有利于公共财政体系的建立；② 有利于预算的公正、公开、细化、透明；③ 有利于加强财政经济分析与决策；④ 有利于国际比较与交流。

我国政府收支分类改革必须体现四个层次的要求：① 满足基层预算单位进行明细核算和编报单位预算的要求；② 满足部门编报预算和人大审批预算的需要；③ 满足预算编制、预算执行与调整以及年终决算等各环节财政管理与改革的需要；④ 满足经济统计分析和国际对比研究的需要。特别是明细反映各项支出具体用途的支出经济分类,应当起到"数字辞典"的作用,确保以此为基础,通过计算机软件设计,能够快速生成各类统计数据,提供各类交叉分层的信息。

### 三、我国政府收支分类改革的基本方法

#### （一）扩展政府预算收支分类的涵盖范围

我国政府预算收支分类的范围偏窄,不能全面完整地反映政府所有收支活动。中华人民共和国成立后,我国长期实行统收统支的财政管理体制,政府收支分类虽然只反映财政预算内收支,却基本涵盖了当时体制下的所有政府收支活动。改革开放后,由于经济管理模式和财政管理体制的调整,部门、单位以及国有企业的自主权逐步扩大,各类预算外资金以及行政事业单位的自有收支不断增加,政府收支活动范围发生了很大变化,但收支分类仍然只反映预算内收支活动,这就很难满足全面、准确反映政府收支活动的要求。改革扩大了政府预算收支分类的涵盖范围,新的政府收支分类改变原预算收支分类只包括预算内收支的状况,改革后将全部政府收支均纳入分类范围,即包括预算内收支、预算外收支,以及行政事业单位的自有收支。

#### （二）采用国际通行的政府预算收支分类体系

国际通行的政府收支分类体系包括功能分类和经济分类两个部分,我国原预算收支分类办法、体系、结构和具体科目的设置方法与国际通行做法差别较大,将不同的分类混杂在一起。类、款、项科目有的按部门分类,有的按功能分类,还有的按经济分类；而且,同一功能的支出往往在多处分散反映,如教育支出,除在教育事业费中反映外,还在基建支出、科技三项费用、行政管理费以及基金支出科目中反映,不可避免地带来口径不可比的问题,不利于进行国际比较和研究,也难以客观、准确地反映政府各项职能活动。因此,我国需要采用国际通行的政府收支分类体系。

新的政府收支分类体系由收入经济分类、支出功能分类和支出经济分类三部分构成①。收入分类反映政府收入的来源和性质；支出功能分类反映政府各项职能活动,即政府究竟做了什么,如国防、教育、农业、社会保障等；支出经济分类明细反映政府支出的具体用途,即政府的钱究竟是怎么花出去的,是付了人员工资、会议费还是买了办公设备等。支出功能分类和支出经济分类从不同侧面、以不同方式反映政府支出活动,它

---

① 中华人民共和国财政部.2007 年政府收支分类科目[M].中国财政经济出版社,2006.

们既是两个相对独立的分类体系,又相互联系,可结合使用。

## 四、现行的政府收入分类体系:收入按经济性质分类

政府收入是预算年度内通过一定的形式和程序,有计划地筹措到的归国家支配的资金,是政府参与国民收入分配的主要形式,是政府实现职能的财力保障。

政府收入分类,即将各类政府收入按其收入的来源和性质进行归类和层次划分,以便全面、准确、明细地反映政府收入的总量、结构及来源情况。收入分类相对简单,不需要按功能进行分类。

### (一)现行收入分类的类、款两级科目设置情况

1. 税收收入

分设20款:增值税、消费税、营业税、企业所得税、企业所得税退税、个人所得税、资源税、固定资产投资方向调节税、城市维护建设税、房产税、印花税、城镇土地使用税、土地增值税、车船使用和牌照税、船舶吨税、车辆购置税、关税、耕地占用税、契税、其他税收收入。

2. 社会保险基金收入

分设6款:基本养老保险基金收入、失业保险基金收入、基本医疗保险基金收入、工伤保险基金收入、生育保险基金收入、其他社会保险基金收入。

3. 非税收入

分设8款:政府性基金收入、专项收入、彩票资金收入、行政事业性收费收入、罚没收入、国有资本经营收入、国有资源(资产)有偿使用收入、其他收入。

4. 贷款转贷回收本金收入

分设4款:国内贷款回收本金收入、国外贷款回收本金收入、国内转贷回收本金收入、国外转贷回收本金收入。

5. 债务收入

分设2款:国内债务收入、国外债务收入。

6. 转移性收入

分设9款:返还性收入、财力性转移支付收入、专项转移支付收入、政府性基金转移收入、彩票公益金转移收入、预算外转移收入、单位间转移收入、上年结余收入、调入资金。

### (二)现行收入分类的特点

我国原预算收入分类的弊端,一是范围偏窄,二是采用了按部门、种类、企业类型简单罗列的办法,没有统一的标准。确立新的政府收入分类,可全面、规范、明细地反映政府各项收入。现行收入分类有以下三个特点。

1. 扩大了涵盖范围

改革后的收入分类全面反映政府收入的来源和性质,不仅包括原政府预算收支科目中已有的一般预算收入、基金预算收入和债务预算收入等预算内收入,还纳入了实行财政专户管理的预算外收入、社会保险基金收入等应属于政府收入范畴的各项收入,从

而形成了完整、统一的政府收入分类。

2. 改革了分类方法

原预算收入分类只是各种收入的简单罗列,如各项税收、行政事业性收费、罚没收入等。现行的收入分类采用国际货币基金组织收入分类标准和国家统计局公布的最新行业划分标准对收入进行划分;按照科学标准和国际通行做法将政府收入分类,这为进一步加强收入管理和数据统计分析创造了有利条件。

3. 建立了四级分类结构体系

原收入分类分设类、款、项三级,改革后的政府收入分类根据目前我国政府收入构成情况,结合国际通行的分类方法,将所有政府收入统一按经济性质分设类、款、项、目四级,多了一个层次。四级科目逐级细化,层次分明,概念清晰,标准统一,以满足不同层次的管理需要,既便于收入的征管,也便于统计分析和进行国际比较。

## 五、现行的政府支出分类体系:支出功能分类

### (一)政府支出功能分类的特点

我国原预算支出分类按经费管理渠道和支出的具体用途设置类、款、项,一些涉及政府同一职能的支出通常分散在多个支出科目中反映,而且功能分类与经济分类相混杂,内容和层次都较为混乱。支出功能分类就是按政府主要的职能活动分类。现行的政府支出统一以功能为标准,反映政府各项职能,体现政府一定时期内的方针政策,清晰反映政府职能活动的支出总量、支出结构与资金的使用方向。它有以下三个特点。

1. 涵盖所有政府支出,集中、直观地反映政府职能活动

政府支出按功能的分类涵盖了财政预算内外、社会保险基金等所有政府支出,从而改变了财政预算外资金长期游离于政府预算收支科目之外的状况,能够清晰反映政府各项职能活动支出的总量、结构和方向,便于根据建立公共财政体制的要求和宏观调控的需要,有效进行总量控制和结构调整。统一按支出功能分类,将相同功能支出集中在同一功能科目中反映,不再设置多功能的科目类别,如:205类"教育"反映的是全部政府教育支出,而不仅仅是原来的教育事业费支出;原基本建设支出、科技三项费用、挖潜改造资金、流动资金、行政管理费、各项事业费、农业综合开发支出、支援不发达地区支出以及各项基金支出等都是多功能支出科目,现行的支出科目中不再单列,而在有关功能分类中具体反映。这既有利于全面、准确地反映政府各项功能的支出情况,又有利于规范预算管理,强化预算约束。其中:基建支出不是支出功能分类科目,但为便于反映基建支出的执行情况,曾考虑在支出功能分类的项级科目中单设基建科目,但是这样做,最大的问题就是会影响其他职能活动的完整性,如"防汛"科目中反映的就只能是不含防汛基建支出的部分防汛支出。

2. 充分体现预算细化、透明的要求

例如,210类"医疗卫生"下设置了"医疗服务""疾病预防控制""妇幼保健""农村卫生"等款级科目,在这些款级科目之下又设置了"重大疾病预防控制""突发公共卫生事件应急处理"等社会各方面普遍关注的支出事项。我国政府支出功能分类设置有一般

公共服务、外交、国防、公共安全等大类,类下再分款、项两级。支出功能分类与支出经济分类相配合,可以形成一个相对稳定的、既反映政府职能活动又反映支出性质、既有总括反映又有明细反映的支出分类框架,从而为全方位的政府支出分析创造了有利条件。

3. 将国际标准与中国预算管理结合,便于国际比较

现行的支出功能分类尽量与国际通行做法和国民经济统计分类标准保持一致,这种分类方法将各部门和单位相同职能的支出归于同一功能下,不受国家政府组织机构差别的影响,以便相关统计口径具有可比性。同时,科目设置充分体现我国预算管理的实际需要。例如,适应科教兴国战略要求,考虑到目前我国科技经费管理的特殊需要,单设了"科学技术"类科目。再如,将国际货币基金组织进行总括反映的"经济事务"科目拆分为"交通运输""农林水事务""工业商业金融等事务"三个大类,以便更明细地反映我国政府经济活动。这些特殊处理虽会带来一些统计口径的调整问题,但确实能给有关方面的管理与改革提供较大便利。

(二) 支出功能分类:类、款两级科目设置

现行的支出分类根据社会主义市场经济条件下政府职能活动情况及国际通行做法,将政府支出按功能分为类、款、项三级,主要反映政府活动的不同功能和政策目标。总体上来讲,支出功能分类中的类、款、项科目主要根据政府职能,按由大到小、由粗到细分层次设置。其中:类级科目反映政府主要职能,包括一般公共服务、国防、教育、公共安全等;款级科目反映政府履行某项职能所要从事的主要活动,如教育类下的普通教育、特殊教育等;项级科目反映某活动下的具体事项,如普通教育下的小学教育、初中教育等。

1. 一般公共服务

分设32款:人大事务、政协事务、政府办公厅(室)及相关机构事务、发展与改革事务、统计信息事务、财政事务、税收事务、审计事务、海关事务、人事事务、纪检监察事务、人口与计划生育事务、商贸事务、知识产权事务、工商行政管理事务、食品和药品监督管理事务、质量技术监督与检验检疫事务、国土资源事务、海洋管理事务、测绘事务、地震事务、气象事务、民族事务、宗教事务、港澳台侨事务、档案事务、共产党事务、民主党派及工商联事务、群众团体事务、彩票事务、国债事务、其他一般公共服务支出。

2. 外交

分设8款:外交管理事务、驻外机构、对外援助、国际组织、对外合作与交流、对外宣传、边界勘界联检、其他外交支出。

3. 国防

分设3款:现役部队及国防后备力量、国防动员、其他国防支出。

4. 公共安全

分设10款:武装警察、公安、国家安全、检察、法院、司法、监狱、劳教、国家保密、其他公共安全支出。

5. 教育

分设10款:教育管理事务、普通教育、职业教育、成人教育、广播电视教育、留学教育、特殊教育、教师进修及干部继续教育、教育附加及基金支出、其他教育支出。

6. 科学技术

分设9款：科学技术管理事务，基础研究、应用研究、技术研究与开发、科技条件与服务，社会科学、科学技术普及、科技交流与合作、其他科学技术支出。

7. 文化体育与传媒

分设6款：文化、文物、体育、广播影视、新闻出版，其他文化体育与传媒支出。

8. 社会保障和就业

分设17款：社会保障和就业管理事务、民政管理事务、财政对社会保险基金的补助、补充全国社会保障基金、行政事业单位离退休、企业关闭破产补助、就业补助、抚恤、退役安置、社会福利、残疾人事业、城市居民最低生活保障、其他城镇社会救济、农村社会救济、自然灾害生活救助、红十字事业、其他社会保障和就业支出。

9. 社会保险基金支出

分设6款：基本养老保险基金支出、失业保险基金支出、基本医疗保险基金支出、工伤保险基金支出、生育保险基金支出、其他社会保险基金支出。

10. 医疗卫生

分设10款：医疗卫生管理事务、医疗服务、社区卫生服务、医疗保障、疾病预防控制、卫生监督、妇幼保健、农村卫生、中医药、其他医疗卫生支出。

11. 环境保护

分设10款：环境保护管理事务、环境监测与监察、污染防治、自然生态保护、天然林保护、退耕还林、风沙荒漠治理、退牧还草、已垦草原退耕还草、其他环境保护支出。

12. 城乡社区事务

分设10款：城乡社区管理事务、城乡社区规划与管理、城乡社区公共设施、城乡社区住宅、城乡社区环境卫生、建设市场管理与监督、政府住房基金支出、国有土地使用权出让金支出、城镇公用事业附加支出、其他城乡社区事务支出。

13. 农林水事务

分设7款：农业，林业，水利、南水北调、扶贫、农业综合开发、其他农林水事务支出。

14. 交通运输

分设4款：公路水路运输、铁路运输、民用航空运输、其他交通运输支出。

15. 工业商业金融等事务

分设18款：采掘业、制造业、建筑业、电力、信息产业、旅游业、涉外发展、粮油事务、商业流通事务、物资储备、金融业、烟草事务、安全生产、国有资产监管、中小企业事务、可再生能源、能源节约利用、其他工业商业金融等事务支出。

16. 其他支出

分设4款：预备费、年初预留、住房改革支出、其他支出。

17. 转移性支出

分设9款：返还性支出、财力性转移支付、专项转移支付、政府性基金转移支付、彩票公益金转移支付、预算外转移支出、调出资金、年终结余。

### (三) 支出功能分类：项级科目的设置

严格地讲，所有支出功能分类科目均应按政府职能活动设置，类、款、项三级只是粗细程度有所区别。但考虑到我国行政事业单位的不同特点以及部门预算管理的实际需要，在支出功能分类项级科目的设置方面采取了下述较为灵活的处理方法。

(1) 对所有行政单位的支出，均按三块设置项级科目。即设"行政运行"科目，反映行政单位的基本支出情况；设一个或多个特殊专项活动科目，反映较为特殊的项目支出；设"一般行政管理事务"科目，反映一般项目支出。

(2) 设"机关服务"科目，统一反映行政单位所属为机关工作服务的事业单位的支出。

(3) 对部分事业单位的支出，在相关类、款科目之下，严格按功能分类原则设置项级科目。如"教育"类"普通教育"款下设"小学教育""初中教育"等项级科目，完整反映小学、初中的全部教育支出情况。

(4) 对部分事业单位的支出，分设三块反映。一是设一个反映机构基本支出的科目，如"科学技术"类"基础研究"款下的"机构运行"、"农林水事务"类"林业"款下的"林业事业机构"。二是设一个或多个特殊专项业务活动科目，反映较为特殊的项目支出。三是其他一般专项业务支出统一在"其他"项级科目反映，如"科学技术"类下的有关科目。

(5) 凡事业单位未设对应的支出项级科目的，其支出均在"其他"项级科目反映。

## 六、现行的政府支出分类体系：支出经济分类

以经济性质为标准的分类可以全面反映政府支出的经济性质和具体用途，并将各类支出充分细化到基本要素，具体反映政府投入情况。

### (一) 政府收支分类单设支出经济分类的主要原因

#### 1. 为了使政府收支分类体系更加完整

政府支出经济分类，明细反映政府各项支出的具体用途。依照国际通行做法，政府收入分类、支出功能分类以及支出经济分类共同构成了一个全面、明晰地反映政府收支活动的分类体系。如果我们只设支出功能分类而不设支出经济分类，政府每一项支出的具体用途便无法反映。

#### 2. 为了使原有支出目级科目反映的内容更加明晰、完整

我国 2001 年以前只设有 12 个反映支出经济性质、具体用途的支出目级科目。2002 年以后相关具体科目虽然细化、扩展到了 30 多个，但仍存在不够完整、不够明细的问题。例如，原支出目级科目只能反映预算单位行政事业经费的开支情况，一些资本性支出就无法得到明细反映。而现行的经济分类可以明细反映包括基建在内的所有政府支出情况，而且支出经济分类设类、款两级，款级科目达 90 多个，可以更加全面、清晰地反映政府支出情况。

#### 3. 为了规范管理

支出经济分类既是细化部门预算的重要条件，也是预算单位执行预算和进行会计核算的基础。因此，单设支出经济分类，将原来一个粗略反映政府部分支出性质的附属

科目表,转变成一个可按支出具体用途独立反映全部政府支出活动的分类系统,对进一步规范和强化预算管理具有十分重要的意义。

4. 为了使不同支出分类相互配合,强化支出的管理

支出经济分类与支出功能分类从不同侧面、以不同方式反映政府支出活动。功能分类主要反映政府支出的功能,明确"干什么";经济分类主要明确收入的具体来源和支出"如何使用"。它们既是两个相对独立的体系,又相互联系,可结合使用。在支出功能分类明确反映政府职能活动的基础上,支出经济分类明细反映政府的钱究竟是怎么花出去的,是付了人员工资、会议费还是买了办公设备等,具有细化支出功能分类的作用。

### (二)支出经济分类的科目设置情况

支出经济分类是按支出的经济性质和具体用途所做的一种分类。设置类、款两级科目。根据财政部的《支出经济分类科目改革方案》,2018年开始,我国实施新的支出经济分类科目。调整后类级科目10个,款级科目96个,具体科目设置情况如下。

#### 1. 工资福利支出类

反映单位开支的在职职工和编制外长期聘用人员的各类劳动报酬,以及为上述人员缴纳的各项社会保险费等。下设13款:基本工资、津贴补贴、奖金、伙食补助费、绩效工资、机关事业单位基本养老保险缴费、职业年金缴费、职工基本医疗保险缴费、公务员医疗补助缴费、其他社会保障缴费、住房公积金、医疗费、其他工资福利支出。

#### 2. 商品和服务支出类

反映单位购买商品和服务的支出,不包括用于购置固定资产、战略性和应急性物资储备等资本性支出。下设27款:办公费、印刷费、咨询费、手续费、水费、电费、邮电费、取暖费、物业管理费、差旅费、因公出国(境)费用、维修(护)费、租赁费、会议费、培训费、公务接待费、专用材料费、被装购置费、专用燃料费、劳务费、委托业务费、工会经费、福利费、公务用车运行维护费、其他交通费用、税金及附加费用、其他商品和服务支出。

#### 3. 对个人和家庭的补助类

反映政府用于对个人和家庭的补助支出。下设11款:离休费、退休费、退职(役)费、抚恤金、生活补助、救济费、医疗费补助、助学金、奖励金、个人农业生产补贴、其他对个人和家庭的补助。

#### 4. 债务利息及费用支出类

反映单位的债务利息及费用支出。下设4款:国内债务付息、国外债务付息、国内债务发行费用、国外债务发行费用。

#### 5. 资本性支出(基本建设)类

反映切块由发展改革部门安排的基本建设支出,对企业补助支出不在此科目反映。下设12款:房屋建筑物购建、办公设备购置、专用设备购置、基础设施建设、大型修缮、信息网络及软件购置更新、物资储备、公务用车购置、其他交通工具购置、文物和陈列品购置、无形资产购置、其他基本建设支出。

#### 6. 资本性支出类

反映各单位安排的资本性支出,切块由发展改革部门安排的基本建设支出不在此科目反映。下设16款:房屋建筑物购建、办公设备购置、专用设备购置、基础设施建

设、大型修缮、信息网络及软件购置更新、物资储备、土地补偿、安置补助、地上附着物和青苗补偿、拆迁补偿、公务用车购置、其他交通工具购置、文物和陈列品购置、无形资产购置、其他资本性支出。

7. 对企业补助(基本建设)类

反映切块由发展改革部门安排的基本建设支出中对企业补助支出。下设2款：资本金注入、其他对企业补助。

8. 对企业补助类

反映政府对各类企业的补助支出，切块由发展改革部门安排的基本建设支出中对企业补助支出不在此科目反映。下设5款：资本金注入、政府投资基金股权投资、费用补贴、利息补贴、其他对企业补助。

9. 对社会保障基金补助类

反映政府对社会保险基金的补助以及补充全国社会保障基金的支出。下设2款：对社会保险基金补助、补充全国社会保障基金。

10. 其他支出类

反映不能划分到上述经济科目的其他支出。下设4款：赠与、国家赔偿费用支出、对民间非营利组织和群众性自治组织补贴、其他支出。

改革后，纳入部门预算管理的事业单位在编制支出预算时，仍按各项支出的最终用途列入"工资福利支出""商品和服务支出"等科目；对未纳入部门预算管理事业单位的补贴支出，应根据不同的性质列入"委托业务费"(30227款)、"其他支出"(39999款)等科目。

### 专栏 4-2

#### 政府的"账本"怎样管理？

今天，东方网记者采访了全国人大代表、上海财经大学公共经济与管理学院院长刘小兵。他建议通过及时调整政府财政收支分类科目，更加全面地反映政府的财政活动。

作为财政领域的专家学者，刘小兵代表一直在关注财政部对分类科目的修订。他谈到，目前我国政府收支分类科目主要从功能分类、经济性质分类进行记账，是一个完善的体系。但随着社会的发展，政府财政活动类型不断变化，一些科目的设置有必要进行调整。

他以政府在招商引资、经济扶持方面的支出为例。"一些地方为扶持经济花了很多钱，但在收支科目中找不到合适的科目来记账，只好记在'其他'里。你会发现，'其他'所占的比重逐渐走高。"

"政府的钱花出去要记在合适的科目上，让公众一看就知道钱花到了哪里。"刘小兵认为，将财政收支记在合适的科目上是政府行为的直观反映，科目的设置应该紧跟政府活动的变化而调整。

今年两会上,他建议财政部通过及时调整政府财政收支分类科目,在广度上、深度上全面反映政府的财政活动,从而使财政信息更加公开。

(东方网记者李欢、刘晓晶 2018 年 3 月 4 日北京报道)

资料来源:李欢,刘晓晶.刘小兵:建议及时调整财政收支分类科目[EB/OL].(2018-03-04)[2019-07-30]. http://news.eastday.com/c/ch2018/u1ai11261784.html.

## 本 章 小 结

预算方法是政府及其部门编制预算的技术思路和方法。随着社会经济的巨大发展,政府职能不断发生变化,政府预算所包含的内容逐渐增多,预算编制方法经历了多次变革。纵观近代西方各国的预算改革,主要运用了以下几种预算方法:绩效预算、设计规划预算、零基预算以及 20 世纪 90 年代出现的新绩效预算。我国现行政府预算编制采用增量预算法。

政府预算收支分类就是对政府收入和支出进行类别和层次的划分,以全面、准确、清晰地反映政府收支活动。它对编制预算和组织预算执行、进行会计核算、加强宏观经济管理与分析都具有十分重要的意义。政府预算收支分类的原则有全面准确的原则、规范细化与力求简化相结合的原则、国际可比性的原则,以及稳定与可变性结合的原则。

我国政府收支改革自 1999 年底启动,2007 年开始全面实施新的政府收支分类。我国实施政府收支体系改革的原因是原收支体系有以下弊端:① 与政府职能转变不相适应;② 不能清晰反映政府职能活动;③ 预算管理的科学化和财政管理信息化受到制约;④ 政府预算管理和监督职能弱化;⑤ 与国民经济核算体系和国际通行做法不相适应。我国政府收支分类改革采用扩展政府预算收支分类的涵盖范围和借鉴国际通行的政府预算收支分类体系的基本方法。现行的政府预算收入分类体系包括:收入按经济性质分类、支出功能分类和支出经济分类。

## 复 习 思 考

1. 解释以下关键术语:绩效预算、设计规划预算、零基预算、政府预算收支分类、
2. 简述我国的预算方法与改革探索。
3. 简述政府预算收支分类的地位。
4. 简述政府预算收支分类的原则。
5. 简述我国政府收支分类体系改革的原因。
6. 简述我国政府收支分类改革的思路及基本方法。
7. 简述政府支出功能分类的特点。
8. 简述政府收支分类单设支出经济分类的主要原因。

# 第五章 政府预算编制与审查

【本章导读】

政府预算编制是预算管理的首要环节,预算的编制过程也是政府进行财政决策的过程。预算编制是指预算收支计划的拟订、确定及其组织过程,包括:① 单位预算的产生;② 汇总形成各级总预算草案;③ 汇编国家预算。上述三个方面的活动通过自下而上、自上而下的"两上两下",使基层建议得以汇聚于中央,中央方针政策得以落实于基层,整个预算编制活动得到协调和统一。预算编制遵循及时性、平衡性、真实性以及合理性的原则。

在我国进行预算编制前需准备修订预算科目和预算表格、对本年度预算执行情况进行预计和分析、拟定计划年度预算收支指标以及颁发编制预算草案的批示和具体规定。我国的政府预算编制一般采用自上而下和自下而上、上下结合、逐级汇报的程序。

政府预算编制一直是我国预算管理中最为薄弱的环节,长期以来,存在着预算编制草率、管理粗放、约束软化、效益不高的状况。而这一切又都源于预算编制缺乏科学性、严肃性、效益性、完整性和法律性。为此我们需要从透明化、科学化和程序化的角度去进一步完善它。

## 第一节 预算编制的原则和依据

### 一、预算编制的原则

#### (一) 及时性原则

及时性原则要求各级政府、各部门、各单位的预算编制必须按照国务院规定的时间进行,是对预算编制的时间要求。各部门、各单位都必须按照规定的要求编制预算,然后报送财政部门,地方财政部门必须按照规定的时间汇总整理各部门预算和下级政府预算,然后报送上级政府;在报送上级政府的同时,各级政府都必须按时向本级人大提交预算草案;人大收到预算草案后,也必须按照既定的程序在一定的时间内审核批准预算草案。也就是说,在预算编制的每一个环节中都有时间的要求,某一个环节若出现问题则必然影响整个预算编制的顺利进行。

### (二)平衡性原则

平衡性原则要求中央政府在编制公共预算时不列赤字,当然债务预算除外。因为地方目前还没有借债的权利,因此平衡性原则要求地方政府的整体预算编制坚持以入为出、不利赤字的方针。

但在实践中,预算执行的结果出现预算支出刚好等于预算收入的可能性不大,最终有三种可能:盈余、赤字和平衡。当然,盈余和平衡是相对有利的结果。当赤字出现时,就需要政府在税收等正常收入外,通过举债筹措一部分资金由政府分配使用。

### (三)真实性原则

真实性原则要求编制预算时相关内容必须真实可靠,收支数额不许虚列冒估。性质不同的预算收支应严格区分,不能随意混淆。预算中的预计数应尽可能地反映可能出现的结果。但为应付预算中出现的意外事件和非常事件,各级政府应建立相应的后备基金——各级预算的预备费,用于预算执行中某些临时性的急需和事前难以预料的特殊开支。

### (四)合理性原则

因为预算编制中的各支出项目在国家事务管理和国民经济运行中所处的地位不同,预算安排的顺序和数额也不相同。因此,合理性原则要求在预算编制中必须从全局出发,区别轻重缓急,保证重点,兼顾一般,促进国民经济和各项事业的协调发展。

## 二、预算编制的依据

### (一)国家法律、法规

国家法律、法规是国家权力机关和行政机关在财政经济活动等方面具有强制性的法律规范,它是国家意志的体现,也是政府履行其职能和实施宏观财经管理的依据和行为准则。政府预算是国家管理社会经济事务、实施宏观调控的主要手段之一。因此,在编制政府预算时,必须以国家法律、法规为依据,从预算收支规模的确定,到预算收支结构的安排都要做到有法必依,以确保预算的合法性和科学性。

### (二)国民经济和社会发展计划以及有关的财政经济政策

国民经济和社会发展计划是政府从宏观上对经济活动进行管理、调节和控制的基本手段之一。政府预算是政府经济活动的集中反映,它不仅直接制约着政府活动的范围和方向,而且也直接或间接地制约着国民经济和社会发展计划的实现。这就要求在编制政府预算草案时,必须与国民经济和社会发展计划相适应,根据国民经济和社会发展计划中的生产、投资、流通、就业、物价以及教育、卫生等各项社会经济发展指标和一定时期的财经政策,综合地测算和确定年度预算收支规模和结构,编制年度预算收支草案。

### (三)本级政府的预算管理职权和财政管理体制确定的预算收支范围

预算管理职权是以法律形式规定的各级政府、各级财政部门和国民经济各部门以及各单位在预算管理中的职责和权限。就编制环节而言,预算法规定:各级人民政府负责编制本级总预算草案;各级财政部门具体编制本级总预算草案;各部门编制本部门预算草案;各单位编制本单位预算草案。各级政府在编制本级总预算草案时,必须根据预算管理职权和财政管理体制确定的预算收支范围编制各自的预算草案。

### (四) 上一年度预算执行情况和本年度预算收支变化因素

上一年度预算收支执行情况是编制下年度预算草案的基础性信息资料。除个别新增或取消的预算收支项目外,大部分预算收支项目都是相对稳定的,预算资金运动是一个连续不断的过程,过去和现在的许多特征都会延续到未来,变化的部分往往是在现有基础上的发展变化。因此,在编制预算草案时,应按连续性原则,以上一年度预算收支执行情况为基础,剔除年度间的不可比因素,并结合本年度税制、财务会计制度、企业经济效益状况、物价调整,以及工资、住房、医疗、教育、投资等体制改革对预算收支的影响,综合测定确定。

### (五) 上级政府对编制本年度预算草案的指示和要求

在上文预算编制的准备中对这一点已有所叙述。为了保证预算编制的科学性和统一性,每年国务院及地方政府都要下达编制本年度草案的指示和要求,这些指示和要求是各级政府编制本级总预算的重要依据。

---

**专栏 5-1**

### 英国地方政府预算编制与管理概况[①]

英国实行由中央和地方两级财政组成的高度集中的分税制财政管理体制。几百年来,中央与地方政府的职能和权限发生了多次巨大变化,演变至今,英国现已形成一套政府间事权财权划分清晰、运行顺畅的财政管理体制。虽然一直以来地方政府财政收支政策是英国经济的主要组成部分,但与以往任何时期相比,当今地方政府财政在英国经济发展中的地位与作用都显得尤为突出。由选举产生的地方政府行使议会授予的权力并承担义务,包括提供住房、教育、社会服务、警察和消防服务等;地方政府的收入来自非家庭财产税收中分拨的款项。在由许多方面组成的较为复杂的地方政府财政运行过程中,预算编制与管理始终处于重中之重的核心地位,包括下列主要内容。

一、财政计划

一般来讲,英国地方政府财政计划体系有下列目标:

(1) 帮助地方政府议员确定优先考虑的事项及时间安排;

(2) 预测服务需求的变化;

(3) 显示因支出政策变化而可能需要的支出;

(4) 显示不同政策选择的未来成本;

(5) 为社会需求配制适当的资源;

(6) 为私人服务活动提供基准体系。

二、财政周期

英国的预算年度是从4月1日到下年的3月31日。地方预算一般在1月到2月经地方议会通过后确定,由于中央财政的各项补助资金下达较晚,地方政府通常

---

[①] 王雁.英国地方政府预算的编制与管理[J].财会研究,2003(05):58—60.

在预算最后确定前3个月(11月或12月),提出一个关于下年度临时的财政支出预算和地方税收水平草案,以防由于考虑不周,而不得不在最后时刻变动预算,影响预算的严肃性。典型的预算编制过程一般包括四个阶段。

第一阶段(4—10月):第一步是财政部门发出详细的指导性文件,向各部门解释预算编制的基本原则,据此,各部门搜集基础数据和资料,并要求在规定的日期内,将这些数据反馈给财政部门。目的在于使需要优先保障的服务能够得到合理的资源配置。财政部门的主要任务是:为财政支出使用部门提供建议和帮助;汇总各部门提出的预算申请数;按照预算编制的基本原则,测算出实际应采用的支出标准。财政部门提出的预算编制原则是整个预算过程非常重要的一环。指导原则既要考虑议会的服务意向,又要考虑普遍的有影响力的经济条件的影响。

第二阶段(10—11月):财政部门搜集并仔细审核各部门上报的预算申请后,各部门的预算将分别递交相关的委员会审议,财政部门也要同时向财政委员会上报一份预算报告,提出基本的趋势以及相应的支出水平对服务质量和地方税收负担的影响。

第三阶段(12—1月):这一阶段各委员会审议并最后投票通过预算,一般在1月底2月初,各部门将收到有关自己的支出标准的估计数及下年度补助金的使用权限,如果这一数字与当初申请数有较大出入,各部门也许会要求进一步调整预算。

第四阶段(2—3月):预算编制的最后一个阶段。财政部门收集汇总各委员会关于财政预算的最后调整数,并向议会做陈述报告,经议会投票通过后,财政部门向公众公布政府服务及税收水平。

### 三、预算追加与削减

通常在下列情况下考虑增减变动预算。

(1)前一年度制定政策时考虑不充分而影响本年度预算。

(2)当年资本营运对预算的影响,即由于按时或提前偿还债务而节约了债务利息支出。

(3)年度工资的增减变化。由于人员结构是不断发生变化的,而预算是按照上年情况确定,即便新增职工人数可以弥补预算人数,但一般新增人员工资较低,预算执行中仍会有差额。

(4)支付奖金引起全年预算的变动。

(5)价格或其他费用发生变化。

(6)养老金等各种津贴不足以支付。

### 四、预算控制

地方各政府部门通过其财务管理办公室控制预算。财务人员每月要对照预算监控本部门的资金收支情况。地方议会可以在全年各次例会上对政府部门预算监控报告进行审议,监控报告必须将该部门实际资金收支情况与预算进行对比,要求和预算一样比较详尽。

### 五、部门预算

英国政府建立了一系列财政管理机制,包括公开招标、院校地方化管理、社区服务等。越来越多的经营决策权和预算权由财政部门移交到具体业务部门,权力下放首先始于中央政府,如财政部将权利下放到行业主管部,然后再依次下放到各基层实施单位。与中央政府相比,地方政府预算灵活性更大,经议会同意,政府部门可以根据需要调整预算。如某业务部门采取了新的激励机制,其业务收入有所增加,其预算也可以相应增加;又如地方政府部门也可以与为其提供服务的中央有关部门,通过签订服务协议的形式协商其应支付的服务费;再如地方政府部门也可以根据实际情况,选择收费较低又便捷的中央政府部门以外的私营企业为其提供服务。

## 第二节 预算编制前的准备

在我国目前的预算编制程序中,编制前的准备工作主要有四项。

### 一、修订预算科目和预算表格

预算科目类似会计报表中的会计科目。会计报表的基本组成要素是会计科目,而预算报表的基本组成要素是预算科目。它系统反映政府预算收入的来源和支出方向,是编制预算,办理缴款、拨款,进行预算会计核算、财务分析以及财政统计等工作的核算工具,由收入科目和支出科目两大类组成。会计科目由总分类科目和明细分类科目组成,同样,预算科目也有层次之分。政府预算收入科目包括一般预算收入科目、基金预算收入科目和债务预算收入科目,分为"类""款""项""目"四级,政府预算支出科目包括一般预算支出科目、基金预算支出科目和债务预算支出科目,分为"类""款""项""目""节"五级。它们之间的关系概括为一句话就是:前者是后者的概括和总结,后者是前者的体现和补充。预算科目与会计科目不同的一点是:会计科目随着企业类型的不同而有所不同,但对一个特定企业来讲是相对稳定的,而预算科目是全国统一的,但由于我国现在还处于财政预算制度变革时期,为了正确反映预算收支的内容,适应预算管理的要求,每年在编制政府预算之前都必须根据财政经济变化的实际情况对预算科目进行修订。

预算表格是预算收支指标体系的表现形式,其最基本的构成要素就是预算科目。随着我国预算制度改革的深入,预算科目每年都有所改变,因此预算表格也就随之改变。从实践来看,为了方便财政部对全国省一级政府预算的汇总,各省(自治区、直辖市、计划单列市)的总预算表格和财务收支计划由财政部统一制定,而省一级以下的各级总预算和单位预算表格要在保证中央总的要求的前提下,由各省(自治区、直辖市、计划单列市)根据自身的实际情况拟定。从内容看,我国目前的预算表格可分为四类。

(1) 一般预算收支简表。它是在"一般预算收支总表"之前向上级政府报送的,因此它的内容相对简单,按预算科目分"类"列示。

(2) 一般预算收支总表。它相较于以上的"一般预算收支简表",内容更为具体,按预算科目分"类""款"两级列示,从总体上反映了预算收支的规模、收入来源及支出方向,是最基本的预算表格。因为在该表中基本反映了预算收入的明细数字,所以不需要再行编制"一般预算收入明细表"。

(3)一般预算支出明细表。它是体现一般预算支出的明细报表,反映了预算资金的具体分配情况,按预算科目分"类"列示。

(4)基金预算收支表。它是反映各年基金收入和支出情况的表格,按预算科目分"类"列示。

## 二、对本年度预算执行情况进行预计和分析

在本年度预算执行的基础上预测下年度的收入和支出数额是目前世界各国编制预算前的普遍做法。由于我国目前的标准预算周期较短,因此在预测某一年度的预算数额时,上一年度的预算还没执行完成,这时候就需要对剩余月份的预算执行情况进行预测,汇总上一年度的决算数额,供编制下一年度预算时参考。对本年度已执行预算进行分析时应注意:收入是否做到应收尽收,有无少收或超收现象;支出是否做到应拨尽拨,有无应拨未拨现象;年初安排的项目支出实际取得的绩效如何。而对未执行月份的预算情况进行预测时则应主要考虑有无新的重大财政经济措施的出台和各项影响预算收支变化的因素,如工资调整、价格和税收优惠变化情况等。

对本年度预算执行情况进行预计和分析的步骤为:首先,根据报表资料,对本年度已执行月份的数据结合上年的同期数据进行对比分析,从中发现可能存在的问题,以便在编制下年度预算时予以重视。其次,根据本年度预算已执行月份的实际情况,结合剩余月份中可能出现的经济事件和经济发展情况对剩余月份的预算执行情况进行准确预测。最后,汇总已执行月份的数据与未执行月份的预测数据,形成本年度的预计完成数,为编制下年度预算提供可靠的基础。

## 三、拟定计划年度预算收支指标

在对本年度预算收支情况进行预计和分析的基础上,财政部要根据国家的宏观经济发展状况和中央的各项方针政策,拟定下一年度的政府预算收支控制指标。对中央本级,拟定收支控制指标;对地方,分配指导性的任务。控制指标经国务院审定后下达,各地方则以下达的指标作为编制预算的依据。

预算收支控制指标基本上规定了预算收支规模和增值速度,它是中央和地方之间预算资金分配的总框架。在编制预算之前下达控制指标,有利于财政计划的统一性和预算编制工作的顺利进行,有利于协调国民经济各部门之间的资金分配比例,有利于解决中央预算与地方预算之间的基金分配关系,解决地区之间的平衡问题。

拟定预算收支控制指标的依据是:
(1)本年度预算收支预计完成数;
(2)计划年度国民经济和社会发展计划控制数;

(3) 长期计划中有关的各项年度收支计划数；
(4) 各地区、各部门提出的计划年度预算收支的建议数；
(5) 影响下年度预算收支的有利和不利因素；
(6) 历年预算收支规律。

从以上内容可看出，预算收支控制指标在决定各级政府间的资金分配格局和框架中发挥着巨大的作用，因此该指标的拟定在我国目前的预算编制中具有很大的意义。它客观上要求拟定预算控制指标时尽可能科学、准确，尽量体现中央政府的政策意图。因此可以说，预算控制指标的拟定是一项政策性强、业务水平高的工作，需要运用可靠的数据反复测算，慎之又慎。

### 四、颁发编制预算草案的批示和具体规定

为实现政府预算编制的统一性、完整性和准确性，使各级政府预算的编制符合国家的方针政策及国民经济和社会发展计划的要求，每年在编制预算前，由财政部根据国务院关于编制预算草案的指示精神，颁发编制预算草案的具体规定，内容一般包括：
(1) 编制预算的方针、任务；
(2) 主要预算收入和预算支出指标的具体编制要求；
(3) 各级政府预算收支的划分范围变化和机动财力使用范围、原则和权限；
(4) 政府预算编制的基本方法；
(5) 政府预算报送程序、报送份数和报送期限。

## 第三节 预算编制程序

### 一、"两上两下"编制程序简介

我国目前的预算实行"两上两下"的编报程序。

"一上"是预算编制的第一步，主要是指各部门单位向财政部门上报预算建议数。预算建议数是行政事业各部门单位根据预算年度工作计划、工作任务和收支增减因素，提出的包括财政预算拨款收入、其他收入和各项支出组成的收支概算。

"一下"是预算编制的第二步，是指财政部门与有预算分配权的部门审核部门预算建议数后下达预算控制数或预算指标。财政部门根据年度政府财力情况，参照各部门上报的预算建议数，经过一定的程序测算、分配下达预算指标，其中包括财政预算拨款指标和核拨数额。

"二上"是预算编制的第三步，是指部门单位根据预算控制数或预算指标编制本部门预算送报财政部门。单位根据财政分配的预算指标，核实调整单位各项收支，按照预算编报的要求，编制正式年度收入和支出预算，经主管单位审核汇总后报送同级财政

部门。

"二下"是预算编制的第四步,是指财政部门对部门单位上报的预算进行认真的审核后,向本级人民代表大会提交预算草案进行审议,经人大审议批准后,向各部门单位批复预算。

财政部门对上报的单位预算应进行认真的审核,在规定的期限内批复下达部门预算;主管部门再在部门预算的范围内批复单位预算。单位预算经财政部门、主管预算单位批准后成为预算执行的依据。

## 二、编制流程的图示

上述的"两上两下"编制程序只是对预算编制和审核过程进行简要的描述,对其中的一些具体程序,如部门编报和汇总预算、财政部门审核和向人大提交预算、财政部门批复预算等流程没有进行更为具体的描述,下面结合图示方法进行更具体的介绍。

中央部门预算编制的总流程(见图 5-1)是通过"中央部门预算子系统",首先由各部门编制、汇总和上报本部门的预算建议数,财政部业务司局按照其管理职能分别对部门预算建议数进行审核,并下达预算控制数。然后,各部门根据预算控制数编制预算,上报财政部,财政部再对部门预算数进行审核汇总,报送国务院审定后提交全国人大批准。最后,根据全国人大批准的预算,由财政部统一批复给各部门。

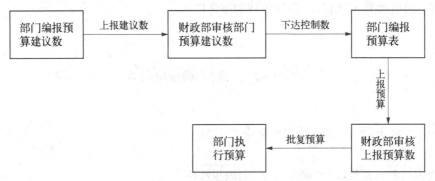

图 5-1　中央部门预算编制的总流程

部门编制预算(见图 5-2)是通过"中央部门预算编报子系统",采用层层汇总的方式,从基层单位开始编报预算,逐级汇总,最后由一级部门汇总成部门预算上报财政部,财政部进行审核。

财政部在管理部门预算的过程中根据现行管理职能将部门预算拆分给各业务司局;各业务司局通过预算专网在自己的权限范围内审核各部门预算数据,给各部门下达部门预算控制限额;根据全国人大批准后的中央预算,预算司向各部门批复预算(见图 5-3)。

全国人大批准中央预算后,财政部应在一个月之内将预算批复到各部门,以便于预算的执行(见图 5-4)。

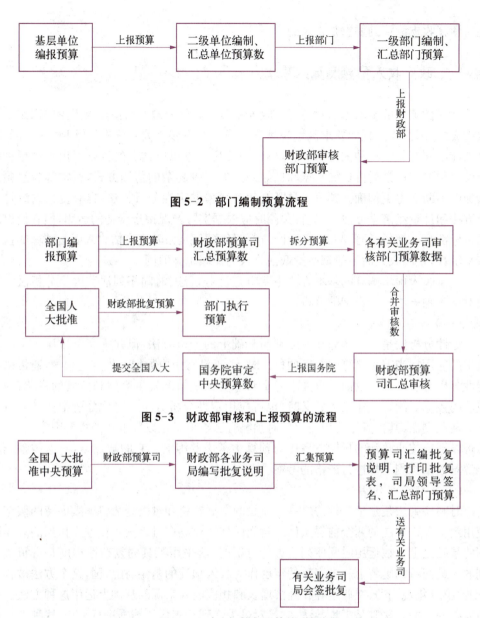

图 5-2 部门编制预算流程

图 5-3 财政部审核和上报预算的流程

图 5-4 财政部批复预算的流程

## 第四节 政府预算收支测算的一般方法

我国实行部门预算改革后,在预算编制程序中,先由部门初步汇总本部门的预算建议数,经财政部门对其审核后再下达预算控制数。这一程序看似简单,但它建立在财政部门对计划年度总体收支进行准确分析的基础之上。预算控制数过大,可能对计划年度财政造成巨大的压力,反之若过小,则会影响各项事业的发展。因此,预算编制科学性对预算收支测算的要求是很高的。

## 一、政府收入预算测算的基本方法

收入预测一般要求区别对待每一收入来源。大部分国家的预算收入主要都是由税收构成的,因此收入预测要求区别税种来进行。基本步骤是:首先依据相关的统计数据估计或测算每一税种的税基,然后再以相关税率乘以所估算的税基得出每一税种的数额。预测不过是凭借良好数据和良好判断的一种复杂的猜测方式,通常随着经验的增加而不断变得更精确。预算工具既有相对简单的定性分析方法,也有复杂的统计分析方法和计量经济学方法,在进行预测时应根据实际情况挑选合适的运用,但它们追求的目标都是一样的,即预测的精确性。在实际情况中,为防止高估收入而给预算的执行带来困难,预测收入时一般都坚持低估收入的保守主义原则。

政府收入预算测算的基本方法主要有定性分析法、时间序列法和因果分析法。下面对这三种方法进行详细的分析。

### (一) 定性分析法

定性分析法是主要建立在人的判断基础上的分析方法,但并不完全排斥数学在分析中的应用。当着手测算一个新的科目时,由于没有历史数据可供定量预测,通常采用定性分析方法。如果以前一直处于稳定状态的某一情况发生突然和急剧的变化,使得以前的数据对测算工作已无意义时,也可应用定性分析方法。定性分析中典型的方法是判断预测法,其优点是可以将那些对预测有影响但又难以数量化的重要因素引入,从而可以把科技或政治的预期发展作为预算中考虑的因素。它的缺点是,对这类预测不能像对数量预测一样进行严格的考察。

### (二) 时间序列法

时间序列法是定量分析法之一。充足的数据资料和过去趋势将继续保持的假定是使用定量分析方法的两个前提条件。时间序列法建立在可以按年代顺序排列的多年数据的基础之上。在运用时间序列法进行分析时,所采用工具的复杂性程度是有很大差别的。最简单的是将上一个完整的年度作为收入预计的基年(在法国,这个方法被称为"倒数第二年规则"),在假定存在经济增长和相应收入来源的基础上运用这种方法。稍微复杂一点的方法则是平均数法,它是对过去3到5年内的数据进行平均,这种方法假定税收来源有一个增长的趋势,而非下降的趋势或不稳定的状态。更复杂一点的方法是移动平均法,这种方法将更大的权重归于较近年份的收入产出。

在时间序列分析中最复杂的方法就是博克斯-詹金斯法,即自回归滑动平均(Autoregressive Moving Average Model,ARMA)模型法。这一模型预测时所依据的时间序列必须是平稳的,如果不是平稳的,则必须通过一阶差分变成平稳的时间序列后才能进行预测。这一模型预测的基本步骤如下。

(1) 首先检验序列的平稳性。可通过自相关函数(autocorrelation function,ACF)和偏自相关函数(partial autocorrelation function,PACF)的计算或者正式的单位根分析进行平稳性检验。

（2）如果时间序列不是平稳的，将它差分一次或多次，以获得平稳性。

（3）计算此平稳时间序列的 ACF 和 PACF，以判断序列是纯自回归的还是移动平均类型的，抑或是这两者的一种混合体。一般只能根据概略性指引决定有待拟合的 ARMA 过程中的 P 和 q 值。在此阶段中所选的 ARMA(P,q)模型是尝试性的。

（4）分析尝试性模型的残差，看这些残差是否为白噪声。如果是，则此尝试性模型有可能是所依据的随机过程的一个良好的迫近。如果不是，则整个程序要从头做起。因此，博克斯-詹金斯方法是一个反复的过程。

（5）最后选定的模型便可用于预测，即将过去年度的数据套入选定的模型计算出预测数。

应注意的是，时间序列分析法毕竟是一种趋势分析，当过去的趋势不能持续或某种意外经济情况变动对过去趋势造成冲击时，它不可避免地就会产生误差。因此，时间序列分析法应被用于预测变动幅度不大，只占预算的一小部分，而且不依赖经济或者政治因素的项目。

（三）因果分析法

因果分析法是指利用一个或多个指标变量来直接或间接地预测未来的税基，然后再根据税收与税基的因果关系，预测未来的税收收入总量。例如，在预测个人所得税时，可以首先进行回归分析确定个人收入与主要经济指标（如 GDP）之间的关系，然后根据这种关系测算个人收入水平。最后，个人收入乘以相应的平均税率就可得出个人所得税数额。在预测流转税时，可先预测某地的销售额，然后根据销售额水平预测流转税额。

因果分析法的成功运用取决于选择正确的预测变量，正确地界定它们与税收收入之间的关系，以及收集准确的数据。在预测税基时，可以通过把相关的经济指标纳入自变量的方式充分地考虑它们对税基的影响，甚至虚拟变量也可以考虑。因此，因果分析法的一个主要优势就是有助于决策者考虑各种有关税收和其他政策的"如果……就会……"问题，更好地确定其政策选择的含义。这是上述的时间序列预测法所达不到的。但因果分析法的缺点在于需要收集广泛的准确数据，对所建立模型的准确性要求很高，以及需要高昂的计算机成本。

## 二、我国目前收入预算的测算

我国目前的收入预算也是分类进行的，所采取的方法主要还是定性分析法和简单的时间序列预测法。虽然在测算每一项预算收入时都有多种具体方法，但这些方法本质上都属于定性分析和简单时间序列分析。下面对各项预算收入的测算进行介绍。

（一）增值税收入的测算

在实际工作中，财政部门在测算增值税收入时，通常根据计划年度国民经济和社会发展计划的相关指标和国民经济发展趋势，以及税收统计资料等，采用下列方法进行测算。

1. 产量定额法

产量定额法即通过确定计划年度的产量和单位税额测算计划年度的增值税收入总

量。对于经济计划中列有产量指标的主要产品,可划分产品品种,按计划课税数量和上年单位税额直接计算。计算公式如下:

计划年度增值税收入＝计划年度课税数量×上年单位税额
计划年度课税数量＝计划年度产量×上年实际课税率
上年实际课税率＝上年实际课税数量/上年实际产量×100%
上年实际单位税额＝上年实际税额/上年实际课税数量

[例1] 某工业部门上年度产量为1 000万吨,计划年度计划产量为1 500万吨。根据相关的统计资料得知,该部门上年度的课税数量为800万吨,税额为1 600万元。试测算该部门计划年度的增值税额。

上年实际单位税额＝1 600/800＝2(元/吨)
上年实际课税率＝800/1 000＝80%
计划年度课税数量＝1 500×80%＝1 200(万吨)
计划年度增值税收入＝1 200×2＝2 400(万元)

2. 产值定率法

计划年度相关的统计资料中没有产量指标但有产值指标的产品,其增值税的测算可按照产值定率法进行,计算公式为:

计划年度增值税收入＝计划年度产值×上年实际产值增值税税率
上年实际产值增值税税率＝上年实际增值税税额/上年实际产值×100%

[例2] 某部门计划年度的产值是3 000万元,上年实际征收的增值税税额为375万元,上年实际产值为2 500万元,试计算该部门计划年度的增值税数额。

上年实际产值增值税税率＝375/2 500＝15%
计划年度增值税收入＝3 000×15%＝450(万元)

3. 增长率法

增长率法比起产值定率法和产量定额法更为简单,它直接以上年实际增值税收入为基数,考虑近几年增值税收入的增长趋势,据以测算计划年度的增值税收入。计算公式为:

计划年度增值税收入＝上年实际增值税收入×(1＋增长率)

(二) 企业所得税收入的测算

我国财政部门在预测企业所得税收入时采取按计划年度销售额计算方法。计算公式为:

计划年度企业所得税收入＝计划年度销售额×平均纯益率×平均税率
平均纯益率＝上年实际应纳税所得额/上年实际销售额×100%
平均税率＝上年实际所得税额/上年实际应纳税所得额×100%

[例3] 某地区轻工业部门上年度的销售额为4 000万元,计划年度的销售额为

4 500 万元。上年度该部门应纳税所得额为 800 万元,实际征收企业所得税 224 万元。试计算该部门计划年度的企业所得税数额。

$$平均税率 = 224/800 \times 100\% = 28\%$$
$$平均纯益率 = 800/4\,000 \times 100\% = 20\%$$
$$计划年度企业所得税收入 = 4\,500 \times 20\% \times 28\% = 252(万元)$$

为保证预算收入的时间均衡性,我国《企业所得税暂行条例》对纳税期限的规定为:纳税人缴纳企业所得税时,"应按年计算,分月或分季预缴。月份或季度终了后 15 日内预缴,年度终了后 4 个月内汇算清缴,多退少补"。因此财政部门在预测企业所得税收入时,除了测算计划年度全年的收入外,还要按规定测算计划年度入库的企业所得税数额。它是上年年终后的汇算清缴数和今年 1—3 季度预缴数之和。计算公式为:

$$\begin{aligned}计划年度企业\\所得税入库数\end{aligned} = (上年销售额 \times 平均纯益率 \times 平均税率$$
$$- 上年 1—3 季度预缴税额) + (计划年度 1—3 季度销售额$$
$$\times 平均纯益率 \times 平均税率)$$

[例 4] 某地区上年度销售收入为 35 000 万元,1—3 季度预缴企业所得税 1 320 万元。计划年度的销售收入为 40 000 万元,其中第四季度的销售额为 15 000 万元。假定该地区平均纯益率、平均税率的值在上年度和计划年度相同,分别为 20% 和 30%。试计算该地区计划年度的企业所得税入库数。

$$计划年度企业所得税入库数 = (35\,000 \times 20\% \times 30\% - 1\,320) + [(40\,000 - 15\,000)$$
$$\times 20\% \times 30\%] = 780 + 1\,500 = 2\,280(万元)$$

(三) 农业税收入的测算

为减轻农民负担,促进农村经济发展,中央政府决定从 2004 年起 5 年内逐步取消农业税。因此在预测农业税收入时,与其他收入项目预测不同,需假定一个下降的趋势。在实际工作中,对农业税收入的测算有两种方法。

1. 直接计算法

它是指根据应税耕地面积和常年产量首先计算出应税粮食或经济作物的产量,再按照一定的比例折合成当地的主粮,按照当地主粮的平均税率计算农业税数额,然后再减去规定的减免数就得出了计划年度的农业税实物数。最后按主粮单价计算得出农业税预算数额。按照政策规定,减免数是逐年递增的,因此,农业税预算数也应是逐年递减的。具体计算公式为:

$$\begin{aligned}计划年度\\农业税收入\end{aligned} = (应税耕地亩数 \times 每亩常年产量 \times 平均税率 - 减免数额) \times 主粮单价$$

2. 基数法

基数法主要是考虑到在上述计算农业税的公式中,除减免数额与主粮单价之外,应税耕地亩数、每亩常年产量和平均税率基本确定,因此在测算计划年度的农业税收入时,可在上年基数的基础上考虑减免数额与主粮单价的影响。基数法的计算公式为:

$$\text{计划年度农业税收入} = (\text{上年度计征农业税数额} - \text{计划年度减免数额}) \times \text{主粮单价}$$

注:上式中的"上年度计征农业税数额"是指上年度农业税的实物数。

### (四) 国有资产经营收益的测算

国有企业经营收益是指各部门和各单位占有、使用和依法处分国有资产产生的收益,按照国家有关规定应当上缴预算的部分。主要包括的内容有:

(1) 国有企业上缴的税后利润;

(2) 国有资产转让收入;

(3) 有限责任公司、股份有限公司、联营公司、外商投资企业(包括港澳台商投资)国有资产经营收益及其他国有资产经营收益。

在上述三项中,国有企业上缴的税后利润是最主要的组成部分。但应注意的是,近几年来随着我国市场经济改革的深化,国有经济逐步从一般竞争性领域退出,其他非国有经济发展迅猛,因此,国有企业上缴的税后利润表现出一种下降的趋势。

我国财政部门在实际工作中测算国有企业上缴利润时所采取的具体方法因部门不同而有所差异,下面对具体测算方法进行介绍。

1. 国有工业部门上缴利润的测算

(1) 定额法。它是指先以计划年度的计划产量和上年度的单位利润额为依据计算计划年度国有企业利润额,然后根据一定的利润上缴比例计算得出计划年度国有工业部门上缴的利润额。其中,在估计计划年度的利润额时,还必须综合考虑其他影响利润的因素,如价格、税率、成本、市场行情、宏观经济情况等。这种方法主要适用于产品品种比较单一、产品种类不多,或虽然产品种类较多,但有代表性的主要产品的部门,如冶金、煤炭、石油等部门。具体计算公式为:

$$\text{计划年度某产品上缴利润额} = \text{计划年度某产品利润额} \times \text{利润上缴比例}$$

$$\text{计划年度某产品利润额} = (\text{计划产量} \times \text{上年度单位产品利润额}) + \text{计划年度成本降低额} \pm \text{计划年度其他因素变化对利润额的影响}$$

$$\text{上年度单位成本利润额} = \text{上年度实际利润额} / \text{上年度实际产量}$$

$$\text{计划年度成本降低额} = \text{计划产量} \times \text{上年度单位成本} \times \text{计划年度成本降低率}$$

(2) 系数法。它是指依据计划年度的工业总产值与上年度的产值利润率这一系数来计算计划年度的利润额,然后再乘以相关的上缴的比例,计算得出某一工业部门上缴的利润额。其中,在计算计划年度的利润额时,也必须综合考虑成本、价格、税率、产品结构等因素的影响。系数法适用于产品种类繁多、难以确定有代表性的主要产品的工业部门,如化工、机械、轻工等。计算公式如下:

计划年度工业部门上缴利润额＝计划年度利润总额×上缴比例

计划年度利润额＝(计划年度可比产品产值×上年实际产值利润率)
　　　　　　　　＋计划年度可比产品成本降低额
　　　　　　　　±计划年度其他因素变化对利润额的影响
　　　　　　　　＋计划年度不可比产品利润额

上年实际产值利润率＝上年实际利润总额/上年实际总产值×100％

计划年度可比产品成本降低额＝计划年度可比产品产值
　　　　　　　　　　　　　　×上年实际总成本占产值的比例
　　　　　　　　　　　　　　×计划年度可比产品成本降低率

**2. 国有商业部门上缴利润的测算**

商业部门与工业部门最大的不同就是它不从事实际的生产活动,而通过商品的购销差价赚取利润。但在商品流通的过程中,也会发生一定的库存费用、财务费用、管理费用、运输费用等成本,购销差价减去这些成本就是商业部门的实际利润额。在实际工作中,财政部门测算国有商业部门上缴利润额时的具体计算公式如下:

计划年度上缴利润额＝计划年度利润额×上缴比例

计划年度利润额＝(计划年度商品流转额×上年实际销售利润率)
　　　　　　　　＋计划年度流通费用降低额
　　　　　　　　±计划年度其他因素变化对利润的影响

上年实际销售利润率＝上年实际利润总额/上年实际商品流转额×100％

计划年度流通费用降低额＝计划年度商品流转额×上年实际流通费用率
　　　　　　　　　　　　×计划年度流通费用降低率

上年实际流通费用率＝上年实际流通费用/上年实际商品流转额×100％

**3. 国有交通部门上缴利润的测算**

财政部门在测算国有交通部门上缴利润额时一般采用定额法,具体计算公式为:

计划年度上缴利润额＝计划年度利润额×上缴比例

计划年度利润额＝(计划年度运输周转量×上年度单位周转量利润额)
　　　　　　　　＋(计划年度运输周转量×上年度单位周转量成本
　　　　　　　　×计划年度成本降低率)±其他因素变化对利润的影响

### (五) 债务收入的测算

1998—2000年,中央政府为刺激国内需求促进经济发展,发行了大量的国债,而到了2003年,投资过热,资源短缺,以致在2004年初为抑制经济过热,国家对宏观经济进行了紧缩性的调控。因此,财政部门对债务收入的测算主要依据国家有关主管部门对经济形势的估计与预期,不同时期国债发行和举借外债的情况具有很大的差异,这种差异主要由国务院有关部门在对客观经济形势进行准确判断的基础上制定的方针政策决定。一般来讲,财政部门测算计划年度内的债务收入时考虑的因素有:

(1) 年度预算对债务收入的需求量,即正常的预算收入小于预算支出的差额;

(2) 国家年度发行债务的计划;
(3) 居民承受债务的能力;
(4) 发行债券的条件,如:利率、期限、发行方式等;
(5) 当年还本付息额。

## 三、我国政府支出预算的测算

实行部门预算改革后,在编制财政总预算时,不同部门相同性质的支出还必须汇总整理或调整,然后形成总预算中不同性质科目的支出数额。因此,总预算中的各科目支出数额可以在具体的部门预算中得到反映,预算编制透明度得到大大提高。这里应注意的是,总预算中的各科目支出数额并不是简单地汇总各部门相同性质支出数,而是在财政部门对整体收入进行测算的基础上,对性质不同的支出科目进行测算,然后在测算数字的基础上对汇总数字再进行调整确定。在这一过程中,财政部门对总预算中各科目支出数额的测算发挥着重要的作用。

支出预算的测算方法同收入预算测算的方法基本一致,即定性分析法、时间序列分析法和因果分析法。

### (一) 事业发展支出的测算

事业发展支出主要是指政府安排的用于发展或补助教育、科学、文化、卫生、体育等事业的预算支出。

在对事业发展支出测算进行介绍前,应先了解我国目前对事业单位的预算管理办法(见表5-1)。

表5-1 事业单位预算管理办法

| 方法名称 | 内 容 |
|---|---|
| 核定收支 | 事业单位将全部收入(包括财政补助收入和各项非财政补助收入)与各项支出统一编列预算,报经主管部门和财政部门核定;主管部门和财政部门根据事业特点、事业发展计划、事业单位财务收支状况以及国家财政政策和财力可能,核定事业单位年度预算收支规模,其中包括财政补助具体数额 |
| 定额或定项补助 | 这种方法是对非财政补助收入不能满足支出的事业单位实行的。定额补助就是根据事业单位收支情况,在对历年的数据进行分析后,科学地测算出相应标准,然后确定一个总的补助数额。如:对文艺团体实行人均定额补助、对高校实行生均定额补助等。定项补助则是对事业单位的某些支出项目进行补助,如对某些事业单位工资支出项目进行补助,或是补助大型修缮和设备购置等,当然不同事业单位的定项补助是不同的。在这种方法中,定额或定项标准的确定对各事业单位获得财政补助影响很大。因此,定额或定项标准确定的科学性就显得非常关键 |
| 超支不补,节余留用 | 它是指事业单位预算在经主管部门和财政部门核定以后,自求平衡 |

从表5-1可看出,事业单位预算管理办法中,从核定收支到定额或定项补助,再到超支不补、节余留用,其对应的事业单位提供产品的公共属性依次减弱,即对公共属性

比较强的单位,财政补助介入较深,而对公共属性比较弱的单位,财政则尽量不介入,由其自求平衡。

我国文教事业单位目前实行定额或定项补助的预算管理办法,以下以教育支出的测算为例介绍事业发展支出的测算方法。

1. 基数法

它是指以上年教育支出的预计执行数为基数,考虑计划年度影响教育支出的各种因素,据以测算计划年度的教育支出。影响经费支出增减的因素可从两个方面分析:一是人员经费,如人员的增减、工资调整、职工福利费标准的变化等;二是公用经费,如预算定额、开支标准、物价变动等。基数法的计算公式为:

$$计划年度教育支出 = 上年度预计执行数 \pm 计划年度各种因素的影响$$

2. 综合定额加专项补助

这种方法着眼于把文教事业单位的经费分为两部分:正常经费和专项经费。其中正常经费包括人员经费和公用经费。综合定额和专项补助分别用于测算事业单位的正常经费和专用经费。其中专项补助主要包括专项设备补助费、专项修缮补助费、长期外籍专家经费、世界银行贷款国内配套经费、重点学科建设费和其他特殊项目补助费等。它是由经费使用单位在编制部门预算时按项目支出列报。应注意的是,专项补助金必须专款专用,并实行追踪反馈责任制的管理办法。我国目前对文教事业单位经费的测算主要采用这种方法。

按照综合定额加专项补助办法核定高等院校经费测算,是根据学校的不同种类和不同层次学生的需要,结合国家财力的可能进行核定。综合定额由财政部门或上级主管部门根据各种具体因素、预算定额核定,专项补助资金则根据实际情况核定。具体计算公式为:

$$计划年度教育支出 = \sum(各类学校学生人数 \times 综合定额) + 专项补助$$

注:公式中学校学生人数可以取年度平均在校学生人数。

国家对高校的财政拨款除了综合定额和专项补助外,还包括学校必要的基本建设等支出。财政拨款加上部门预算单位的事业收入、事业经营收入等,共同构成学校的经费来源。扣除支出后不足部分由上级部门调剂补助解决。

应注意的是,在这种方法中,综合定额和学校教师数、学校人数等基本数字对高校经费的测算起着非常关键的作用,因此,基本数字的准确性和综合定额确定的科学性是很重要的。

(二)国家管理费用支出的测算

国家管理费用支出是指各级政府预算安排的用于国家行政机关、党派、团体、外交事务等方面的支出,主要内容有:行政管理费支出、外交外事支出、武装警察部队支出和公检法司支出。在我国目前的实践中,行政管理费支出的测算方法与其他三种支出的测算类似,所以下面以行政管理费支出的测算为例,介绍国家管理费用支出的测算方法。

行政管理机关业务相对单一,所提供的服务具有公共品属性,对这些单位预算主要根据定员定额标准测算。

1. 单项定额法

行政管理费用按用途分为人员经费和公用经费。人员经费按照国家核定的行政编制人数和平均工资定额、补助工资标准、职工福利费提取标准,以及离退休人员费用定额进行测算;公用经费按照行政单位的机构规模以及各项费用开支定额进行测算。具体计算公式为:

$$计划年度某项支出 = 基本数字 \times 预算定额$$

2. 综合定额加专项补助法

这正是上文中介绍的我国目前对高校预算支出的测算方法,它也适用于对行政管理费的测算。综合定额和专项补助分别对应行政单位的正常经费与专用经费。具体计算公式为:

$$计划年度行政管理费 = (基本数字 \times 综合定额) + 专项补助$$

3. 增长率法

计算公式为:

$$计划年度行政管理费 = 上年度预计执行数 \times (1 + 计划年度增长率)$$

从以上分析可以看出,我国目前预算收支的测算方法中,无论是定额法、系数法、增值率法、还是其他的方法,都还没有脱离传统的定性分析和简单时间序列分析的框架。这些方法虽然应用起来比较简单,但由于没有把更多、更久远年份的数据考虑进来,并且对计划年度数据的预测不是在上年度的基础上进行对增长幅度的主观预测,就是以上年相关数据之间的关联关系来预测本年度的数据,这样,就难免降低了预测的科学性和准确性。要进一步提高我国预算收支测算的准确性,就必须更加重视和积极应用复杂的时间序列分析和因果分析(计量经济模型不过是复杂的因果分析法)。但由于我国改革前和改革后数据之间的差异过大、数据所跨年度较短、数据质量不高及计量模型本身误差的存在等客观原因,在应用更复杂的时间序列分析和因果分析的统计分析方法时要格外小心。最好的选择就是把传统的预测方法与现代的统计方法结合起来使用,随着我国统计制度的完善及数据收集的丰富,逐步扩大计量经济模型在预测中的范围。

## 第五节 部门预算编制

### 一、现行部门预算的基本框架

根据现行的预算分类方法,部门预算的基本框架大致可分为四个层次(见图 5-5)。

第一层次：部门预算由部门一般预算和部门基金预算构成。

第二层次：部门一般预算又分为部门收入预算和部门支出预算。

第三层次：部门收入预算包括财政拨款收入预算、非税收入预算及其他收入预算；部门支出预算包括基本支出预算和项目支出预算。而部门基金预算则包括基金收入预算和基金支出预算。

第四层次：非税收入预算可分为行政性收费收入、主管部门集中收入和其他预算外收入；其他收入预算包括事业收入预算、附属单位上缴收入预算、事业单位经营收入预算和其他收入预算；基本支出预算包括人员经费预算和日常公用经费预算；项目支出预算涵盖基本建设支出项目预算、行政事业性项目支出预算和其他项目支出预算；基金收入预算包括政府性基金收入预算；基金支出预算包括政府性基金支出预算。

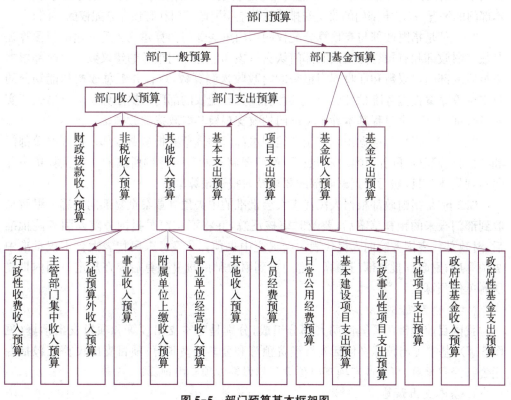

图 5-5 部门预算基本框架图

## 二、部门预算的编制

### （一）编制程序[①]

部门预算编制程序（见图 5-6）包括从基层单位编制、编报预算开始到财政部门

---

① 郑建新.中国政府预算制度改革研究.中国财政经济出版社，2003：58—59.

将经本级人大批准的预算批复到部门的整个过程。我国政府部门预算实施"两上两下"的编制程序。

图 5-6 部门预算编制程序

"一上"是指部门编制预算建议数上报财政部和有预算分配权的部门。部门根据国务院关于编制预算的指示和财政部下达的编制预算要求,根据国家社会经济发展情况,结合本部门的情况,提出本部门的收支安排建议数上报财政部门和有预算分配权的部门。

"一下"是指财政部与有预算分配权的部门审核部门预算建议数后下达部门预算控制数。财政部和有预算分配权的部门认真审核和汇总部门报送的建议数。财政部根据审核后的部门建议数和征收部门报来的财政收入测算数,审核并汇总成按功能划分的收支预算草案报国务院批准。财政部和有预算分配权的部门根据国务院的批准数落实到各个部门。这个过程基本确定了部门的收支规模和财政拨款数额。

"二上"是指部门根据预算控制数编制本部门预算草案报送财政部。接到财政部门和有预算分配权部门的预算控制数后,部门要将控制数下达到所属的二级预算单位并落实到具体项目,然后根据财政部的要求及时报送预算草案。

"二下"是指财政部根据人民代表大会批准的中央预算草案批复部门预算。财政部收到部门报来的预算草案后,要及时审核汇总,并将汇总情况报国务院。国务院批准后,财政部代表国务院向人民代表大会提交中央预算草案。人民代表大会审议批准中央预算后,财政部批复部门预算。部门接到财政部的批复预算后要在规定时间内批复所属单位预算。

(二)科目划分

我国目前的部门预算由两大部分组成,分别是基本支出预算和项目支出预算(见图 5-7)。基本支出预算又包括人员经费预算和公共经费预算;项目支出预算则包括专用公共经费预算、事业性专项支出预算和建设性专项支出预算。

1. 基本支出预算

基本支出预算是部门支出预算的组成部分,是行政事业单位为保障其机构正常运转、完成日常工作任务而编制的年度基本支出计划,包括人员经费、日常公用经费两部分(见表 5-2)。

人员经费包括人员支出及对个人和家庭的补助支出两大科目,具体定额项目包括基本工资、津贴及奖金、社会保障缴费、离退休费、助学金、医疗费、住房补助和其他人员经费8个。

日常公用经费包括公用支出费和专用支出费两部分。具体定额项目包括办公及印刷费、水电费、邮电费、取暖费、交通费、差旅费、会议费、福利费、物业管理费、日常维修费、专用材料及一般购置费和其他费用12个。

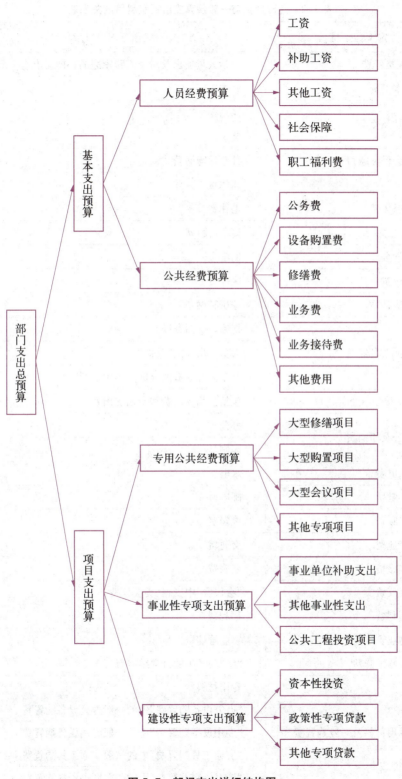

图 5-7 部门支出详细结构图

表 5-2　定额项目与一般预算支出目级科目的关系表

| 定 额 项 目 | 一般预算支出目级科目 |
| --- | --- |
| 一、人员经费 | 包括人员支出及对个人和家庭的补助支出 |
| 1. 基本工资 | 基本工资 |
| 2. 津贴及奖金 | 津贴 |
| | 奖金 |
| 3. 社会保障缴费 | 社会保障缴费 |
| 4. 离退休费 | 离休费 |
| | 退休费 |
| | 离职(役)费 |
| 5. 助学金 | 助学金 |
| 6. 医疗费 | 医疗费 |
| 7. 住房补贴 | 住房补贴 |
| 8. 其他人员经费 | 抚恤和生活补助 |
| | 人员支出中的"其他" |
| | 对个人和家庭的补助支出中的"其他" |
| 二、日常公用经费 | 包括公用支出费和专用支出费 |
| 9. 办公及印刷费 | 办公 |
| | 印刷 |
| 10. 水电费 | 水电费 |
| 11. 邮电费 | 邮电费 |
| 12. 取暖费 | 取暖费 |
| 13. 交通费 | 交通费 |
| 14. 差旅费 | 差旅费 |
| 15. 会议费 | "会议费"中二、三类会议费 |
| 16. 福利费 | 福利费 |
| 17. 物业管理费 | 物业管理费 |
| 18. 日常维修费 | "维修费"中的日常维修费 |
| 19. 专用材料及一般购置费 | 专用材料费 |
| | "办公设备购置费"中的一般办公设备购置费 |
| | "专用设备购置费"中的一般专用设备购置费 |
| | "交通工具购置费"中的一般交通工具购置费 |
| | "图书资料购置费"中的一般图书资料购置费 |

续　表

| 定　额　项　目 | 一般预算支出目级科目 |
|---|---|
| 20. 其他费用 | "培训费"中的日常培训经费 |
| | 招待费 |
| | 劳务费 |
| | 就业补助费 |
| | 公用支出中的"其他" |

资料来源：《中央部门预算编制指南 2003 年》

2. 项目支出预算

项目支出预算是部门支出预算的组成部分，是行政事业单位为完成其特定的行政工作任务或事业发展目标，在基本支出预算之外编制的年度项目支出计划。

项目支出预算按其性质分为基本建设类项目、行政事业类项目和专项资金类项目具体如表 5-3 所示。

表 5-3　项目支出预算科目及其内涵

| 分　类 | 内　涵 | 主　要　项　目 |
|---|---|---|
| 基本建设类项目 | 按照国家关于基本建设管理的规定，用基本建设资金安排并纳入部门预算管理的项目 | — |
| 行政事业类项目 | 市级行政事业单位由行政事业费开支的项目 | 主要包括大型修缮、大型购置、大型会议、大型活动、社会保障补助和其他项目 |
| 专项资金类项目 | 除基本建设类项目和行政事业类项目之外发生的支出项目 | 主要包括经济结构调整资金、科技三项费用、农业综合开发、政策性补贴等 |

资料来源：北京市财政局.北京市市级项目支出预算管理办法：京财预〔2002〕1831 号[A].2002-08-21.

对于项目支出的预算管理我国目前已经形成了一套严格有序的程序，具体环节如图 5-8 所示。

图 5-8　项目支出预算管理流程

> 专栏 5-2

### 江西省关于2018年省级部门预算及部门2018—2020年三年滚动规划的编制要求介绍[①]

一、2018年部门预算

（一）收入预算编制

对财政拨款收入预算，按省财政厅核定的财政拨款控制数及预算科目编制；对其他各项收入预算，要参照历年收入情况和年度收入增减变动因素，按不同的收入来源分别测算编制；对部门横向取得的收入、非省级财政拨款收入要准确预计，全部编入年初部门预算。

（二）基本支出预算编制

对人员经费，根据编制内在职人数、基本工资和津贴补贴标准、绩效工资发放水平以及社会保障缴费比例等进行编制。对定额管理的公用经费，根据预算定额标准和人员编制及有关资源占用情况进行编制；对非定额管理的公用经费，由单位根据实际需要和财力可能进行编制。

（三）项目支出预算的编制

根据《江西省省级部门预算项目库管理办法（暂行）》（赣财预〔2017〕25号）等有关规定，部门要尽快组织所属单位开展预算项目编报工作，按要求启动项目研究论证、编制立项、审核评审等各项工作。

1. 做好项目编报

从今年起，部门预算中的项目均需从财政项目库中提取，各单位要尽快开展二级项目编报工作，二级项目要能清晰反映项目内容、具体活动和支出需求，并按绩效局要求设置绩效目标。对于每年都需安排的项目，设置为经常性项目，一次编报，多年使用；对于起止时间跨年度、需分年安排的项目，设置为阶段性项目，编报时分年编制预算；对于起止时间均为当年的临时性项目，设置为一次性项目，来年不再安排。

2. 加强项目评审

各部门对所属单位申报的二级项目加强评审。对需进入项目库的二级项目，要从立项依据、优先度、实施条件、预期绩效等方面进行评审，核实项目是否确需安排，优先度是否符合。对经常性、一次性、阶段性项目的时间属性进行审核，核实实施时间是否契合。

3. 科学统筹申报

各部门根据轻重缓急，对单位申报项目进行排序，择优选择进入部门项目库，并在部门项目库中择优向财政项目库申报项目。拟新增安排的项目支出，除特殊事项

---

① 资料来源：江西省财政厅.江西省财政厅关于编制2018年省级部门预算及部门2018—2020年三年滚动规划的通知：赣财预〔2017〕29号[A/OL].(2017-08-15)[2019-07-30].http://www.jxf.gov.cn/jxfshowviews_pid_2c9097035dabf46f015de48db5a3013a.shtml.

外,原则上,在年度控制数内通过调整支出结构解决。

4. 控制待定支出

项目支出预算原则上都要落实到具体项目,待定项目要按照《省级部门待定支出预算管理办法》(赣财预〔2016〕56号)要求,预算规模控制在本部门和单位年初预算中安排的支出预算总额20%以内(包括基本支出和项目支出),具体比例由部门和单位根据实际需要和财力等情况统筹安排。待定项目不占用二级项目个数。

(四)政府购买服务和政府采购预算编制

各部门要根据政府购买服务的相关规定及年度工作实际需要,提出具体购买项目,测算所需支出,填列《政府购买服务预算表》和《政府购买服务支出表》。要根据省级政府采购目录及标准的有关要求,结合人均资产配置情况和年度工作任务,合理预计政府采购事项,准确编制政府采购预算,严禁超标准配置和随意更改政府采购方式。要按照《政府采购促进中小企业发展暂行办法》(财库〔2011〕181号)要求,制定面向中小企业(含监狱企业)采购的具体方案,在满足机构自身运转和提供公共服务基本需求的前提下,应当预留本部门年度政府采购项目预算总额的30%以上,专门面向中小企业采购,其中,预留给小型和微型企业的比例不低于60%。

二、部门2018—2020年三年滚动规划编制

编制部门预算的省级部门,均应在全面梳理各类综合规划和专业规划的基础上,结合全省社会发展总体规划和部门职能,据此编制部门2018—2020年三年滚动规划。

(一)收入计划的编制

承担组织征收非税收入的省直部门,要结合以前年度收入征收情况,区分行政事业性收费、专项收入、国有资产资源有偿使用收入、罚没收入、政府性基金等,逐项分析收入增减变化因素,分年度分项目预计征收情况,并将预计非税收入结果编入部门2018—2020年三年滚动规划。省直各部门要严格按照省财政下达的财政拨款控制指标预计数编制2018年收入预算,2019—2020年收入计划暂以2018年的下达控制数为准,待编制预算年度部门预算时,再据实调整。

(二)基本支出计划的编制

省直各部门人员、公用等基本支出三年滚动预算依据省级现行预算标准及人员信息等情况据实编制,其中2018年基本支出计划要与部门预算中的基本支出预算一致。2019—2020年基本支出规划,在没有重大政策性增支的情况下,原则上与2018年保持一致,其增长统一预留在省级财政总预算,待编制相应年份年度预算时再调整至部门预算。如因编制或机构变化需作调整的,应及时单独反映。

(三)项目支出计划的编制

部门编制的2018年支出规划中的项目应与2018年部门预算中的项目相同,金额一致。2019—2020年项目支出规划应在项目库中选择2019—2020年实施的项目,分年金额控制在财政下达的2018年控制数规模之内。对于因新组建机构、重大政策调整、重大改革等确需增加支出规划的,由部门申请并附政策依据等相关材料,由省财政统筹考虑。

### (四)专项资金安排计划的编制

对未纳入部门预算、实行专项资金管理的支出规划,省直各部门要围绕本部门、本行业预期发展目标和重点工作任务,在全面梳理总结分析现行各类规划实施情况包括已累计完成投入情况、主要任务完成情况、预期绩效目标已实现情况、预计需再投入情况等的基础上,结合财政支出保障范围,以专项资金为抓手,测算提出2018—2020年财政资金需求建议;根据财政分级保障要求,测算2018—2020年省级财政资金需求;在统筹整合现有专项资金的基础上,根据项目实施进度研究提出分年度资金安排建议。

## 第六节 财政总预算的编制和审查

《预算法》规定:国务院在全国人大举行会议时,向大会作关于中央和地方预算草案的报告;地方各级政府在本级人大举行时,向大会作关于本级总预算草案的报告。中央预算由全国人大审查批准,地方各级政府预算由本级人大审查批准。

各级人大审查批准预算分为初审阶段和审查批准阶段。初审阶段是指每级政府财政部门在本级人大召开前一个月,将本级预算草案的主要内容提交本级人大有关的专门委员会或本级人大常委会有关的工作委员会进行初步审查。审查批准阶段是指在各级人大召开期间,人民代表有权就有关预算草案的问题提出质疑,各级财政部门和政府必须做出明确答复。经讨论审查后,批准本级预算。

各级预算经各级人大批准后,财政部门应及时办理批复预算手续,以保证各级预算的执行。财政部应自人大批准中央预算之日起30日内向中央各部门批复预算;中央各部门应在财政部批复本部门预算之日起15天内,向所属单位批复预算;地方各级财政部门应自本级人大批准本级政府预算之日起30日内批复本级各部门预算;地方各部门应当在本级财政部门批复本部门预算之日起15日内,向所属各单位批复预算。

应注意的是,我国目前的《预算法》并没有对人大代表与政府预算草案之间可能出现的争议规定具体详细的解决方法,预算公告制度尚未建立,审查预算的人大代表的专业化水平有待提高,人大与政府之间在预算形成中的权力制衡原则还没有充分体现,可以说,离实现我国预算审查程序的科学化和透明化目标还有很长的路要走。

### 一、预算编制的规范化程度由预算管理体制决定

完善的预算管理体制意味着四点。

(1)各级政府间的事权划分是非常清晰的,而且每一级政府的事权和财权是对应的和平衡的。

(2)各级政府间的财力划分是相对稳定的,即每一级政府在一定时期内的收入是可预期的,整个国家的财力通过一套规范的制度在各级政府间进行分配,当然这种分配

应当体现国家在特定时期的政策意图。但这种分配必须依靠规范化的程序实现。

(3) 中央政府拥有相当的财力以对国家宏观经济进行调控,而且具有制度化的手段对地区间财力的不平衡状况进行适当的调节,即一套规范的转移支付制度是完善的预算管理体制的内在要求。

(4) 预算的编制、批准和执行应当体现权力制衡的原则,即由财政部门负责组织编制部门预算和汇总财政总决算,而各级政府的部门预算与总预算必须经过各级人大的批准,并且各级人大具有修改和补充预算草案的权力,预算执行受到相关部门的监督。

显然,从目前实际情况看,我国的预算管理体制还远不能称为完善,它决定了我国预算编制的规范化还有很长的路要走。

(1) 我国各级政府间的事权划分还不清晰,事权与财权不统一,它决定了各级政府的预算编制不能够做到全面和透明。改革开放以来地方政府大量预算外收入和制度外收入的存在就说明了这一点。地方各级政府承担的事权相对较大,但没有相应的财权予以保证。这种不一致必然导致大量预算外收入和制度外收入的出现。预算外收入和制度外收入本身的不规范性决定了地方政府的预算编制很难做到全面和透明。

(2) 由于我国目前的分税制还不完善,它仅限于在中央政府和省级政府间进行财力分配,而且这种分配形式还是以1993年为基数的过渡性分配,对于省级以下地方政府间如何分配财力则没有一套规范的制度规定存在,市、县级政府对本级财政收入不会有科学的预期,在这样的基础上编制的预算是谈不上规范化的。

(3) 转移支付制度的不规范加剧了各级政府编制预算的不确定性。规范的转移支付制度是预算管理体制的重要组成部分。特别是在我国,转移支付中的中央专项补贴和税收返还在各省所占比例都较高,在许多省占财政收支的40%,甚至50%左右[1]。但目前我国中央政府以因素法计算公式为基础的转移支付数额在整个转移支付体系中所占的比重还太小,它导致了各级政府在编制预算时不能全面合理地预测本级财政收入,影响了地方预算编制规范化目标的实现。由于转移支付数额不确定,它一方面鼓励了地方政府跑"部"进钱的积极性,降低了整个预算管理体制的规范化程度,另一方面无形中促使地方政府在编制预算时多报支出,并在实际所得数大于需要时作为地方预备费,由行政长官决定具体用途。

(4) 我国的预算管理体制没有充分体现权力制衡的原则。虽然预算法规定预算草案必须经过各级人大批准,实际生活中各级人大修改或否决预算草案的现象几乎没有发生过。由于预算草案科目过粗,人民代表无从查知资金运用的具体项目和用途,而只能对预算编制的方法和手段提出改进意见,实际上,人大代表对预算草案的批准还是"形式"大于"内容"。

从以上分析中可以看出,我国预算编制与审查程序规范化程度的提高有赖于整个预算管理体制的完善,仅仅由预算编制部门做出努力是远远不够的。

---

[1] 马蔡琛.如何解读政府预算报告[M].中国财政经济出版社,2002.

## 二、我国预算编制的努力方向

我国目前的预算编制方法还存在相当多的问题,与我国所要建立的市场经济体制和公共财政体系不相适应。从预算编制和审查的角度看,需要实现的目标可以概括为:透明化、科学化和程序化。

### (一) 预算编制的透明化

透明化是指政府不仅要向纳税人和公民提供传统的"收入按类别、支出按功能分类"的功能预算,而且要向公民提供反映财政资金具体来源和详细使用项目的部门预算。它要求所有行政和事业单位的所有收入和支出,包括预算内资金收支、预算外资金收支及经营收支都应该在预算中得以体现。即,部门预算的编制是预算透明化的内在要求。

1. 部门预算的优点

传统的功能预算编制方法采取的是收入按类别、支出按功能的原则,其特点是在编制预算时,不以预算部门作为划分标准,而是根据政府的职能和经费性质对开支加以分类进行编制。部门预算则是按部门分类编制预算,预算在部门下又根据部门行使的职能不同安排不同功能支出。由于在部门预算中也要求在部门内部按经费性质的不同进行功能分类,将不同部门的相同功能支出汇总就成为财政总预算,所以部门预算继承了功能预算便于财政收支结构分析和政府宏观调控的优点,同时还具备了功能预算所没有的下列长处。

(1) 反映内容更细化。预算由基层单位层层汇总,不仅反映部门收支总数,而且可以反映部门内部的单位构成,在单位分类下还由功能分类构成。

(2) 反映内容更全面。部门预算反映部门所有的收入和支出,功能预算下没有列入预算的预算外资金和制度外收入是没有藏身之地的。

(3) 反映内容更完整。一个部门行使各项职能所需要的经费在部门总预算中一目了然,改变了功能预算下部门仅仅按不同功能分类编制预算的状况。

2. 部门预算的问题

部门预算的编制必将对我国预算编制的透明化做出巨大的贡献。但由于我国目前不具备各种条件,现今编制的部门预算还没有发挥其巨大的潜力,主要存在以下问题。

(1) 不同部门的定员定额标准体系难以确定。部门预算编制既要努力改变不同部门间的人员经费苦乐不均的状况,打破旧有利益格局,又要体现不同部门业务支出的不同资金需求,科学的定员定额标准体系难以建立。这需要有关部门在进行大量的实际测算和论证后协调解决。

(2) 预算编制时间过于紧迫。从国务院下达预算控制数到各部门预算汇总数上报的时间间隔过短,预算编制的准确性受到极大的限制。因此,要使部门预算真正落到实处,必须给予相关部门足够的预算准备和编制时间。可以考虑大大提前我国预算编制的开始周期,从目前的9月份提前到3月份或1月份。

### (二) 预算编制的科学化

从我国目前的实际出发,预算编制的科学化一方面要求预算的收支测算更加科学准确,另一方面也要求转移支付制度的科学化设计。

1. 预算收支科学化

预算收支的科学化可从以下两点考虑。

(1) 预算收入和支出的测算应尽量运用"标准收入测算方法"和"标准支出测算方法",即根据资料分析测算各项收入和各项支出与相关经济变量之间的相关比例,作为测算各项收入和支出的参考标准,充分考虑 GDP、税基、人口数、人均收入、人均消费等因素对收支的影响程度,根据这些因素综合考虑以往的比例关系和预算年度的特殊政策影响进行科学预测。

(2) 应充分重视中长期财政计划的编制。虽然我国现在也编制中长期财政计划,但过于粗略,只是个框架,而且依据不充分,编制年度预算时的参考价值不大。建议编制财政中长期计划时,根据国民经济发展计划及国家政策和发展目标,细化预算编制,同时每年根据财政经济发展的变化情况,编制滚动发展的中长期计划,从而充分发挥财政预算对经济的反作用。

2. 转移支付制度科学化

我国目前的转移支付制度缺乏科学性的表现有两个方面。

(1) 沿袭了旧有的财政利益格局,并没有对日益拉大的地区间发展差距起到应有的调节作用。虽然我国目前的转移支付方式是多种多样的,既有税收返还、体制补助、结算补助等无条件拨款,又有对地方经济和事业发展的项目补助、对特殊情况的补助、保留性专项拨款等有条件拨款,但在这其中税收返还占有很大的比重。而税收返还数额还是基于1993年的数字依照基数法确定,维持了旧有的财政格局,不适应日益发展的客观经济条件的变化,也无益于政府调节地区发展差距的财政政策的实施。虽然现今的转移支付中有些项目是按照因素法计算的,但其所占比例还很小。

(2) 转移支付数额中很大一部分项目的确定严重缺乏规范化制度的管理。每个地方得到多少转移支付数额很大程度上依赖相关部门的"公关能力"和"谈判能力"。更为严重的是,中央有关部委为使自己在谈判中处于有利地位和维护部门利益,任意预留转移支付数额[1]。这种状况的存在大大降低了预算管理体制的规范化和科学化程度,也使地方政府在编制预算时由于不知道能得到多少转移支付数额而无所适从。地方预算编制部门对预算收入没有合理的预期,必然导致预算编制的非科学化。

从以上分析可知,对我国目前的转移支付制度进行科学化的设计和完善已成为当务之急。一方面,应加快扩大因素法运用范围的脚步,打破旧有财政格局,在一定程度上实现平衡地区财力的均等化目标;另一方面,应尽快修订《预算法》,增加有关转移支

---

[1] 2003年,中央给地方的转移支付数额是8 000多亿,占中央支出的52.7%,占地方财政支出的50%左右。其中税收返还3 000多亿,其余中央财政调控的资金5 000亿。但其中有2 300多亿在财政部提交人大的预算报告中没有开列具体项目。

2004年的审计报告显示,2003年国家发改委安排中央预算内基本建设投资304.49亿元,年初审批下达228.36亿元,预留76.13亿元,占年度预算的25%。在年初审批下达的228.36亿元中,含有科研报告尚未批复和"打捆"项目投资54.96亿元,实际落实到项目的只有173.4亿元,仅占年度预算的57%。

资料来源:汪生科,至淇.2 300亿元谜团待解,全国人大常委质疑预决算机制[N].21世纪经济报道,2004-06-30.

付的条款,对转移支付的政策目标、资金来源、核算标准、分配程序等做出具体的规定,确保转移支付有法可依,实现转移支付的制度化管理。

> **专栏 5-3**
>
> ### 德国的财政转移支付概况①
>
> 德国财政转移支付制度主要包含两部分,一个是财政纵向协调,另一个则是财政的横向平衡。前者主要是指纵向的财政转移支付,也就是上下级政府间的财政转移支付,是在联邦、州和地方三级政府之间进行的,内容主要涵盖联邦政府对于经济发展稍显滞后的州进行财政资金转移支付,以及各州对于各自管辖范围内财政情况比较困难的地方政府进行转移支付。后者横向平衡即横向财政转移支付制度,它是指地区间(包括州与州或者地方与地方之间)的平行线式的财政转移支付制度。
>
> 一、财政纵向协调
>
> (一)德国联邦对州进行转移支付
>
> 这一类型的财政转移支付一般有以下几种方式:财政补充转移支付、调节联邦和州政府共享税的比重、完成共同任务转移支付等。其中,财政补充转移支付属于一种无条件的财政拨款,是基于特定目的和需求向特定地区进行的财政资金转移,它主要的作用在于适时地补充州与州之间的横向财政转移支付制度以及联邦州的增值税共享。就联邦德国而言,联邦政府和各州的主要收入均取自共享税,根据资料显示,各州政府的共享税比重大概占整个收入的85%,而联邦政府的共享税比例也占了75%。在这种情况下,合理地调配共享税的比重就成为调节联邦政府和州政府财力平衡的一大有力杠杆。
>
> (二)州对所管辖地方进行转移支付
>
> 这一层面的财政转移支付主要包括一般财政转移支付和专项转移支付,主要是为了保证州所辖区域内的各层级地方政府财力水平基本保持一致。州对所辖范围内地方政府的财政转移支付资金主要来自州与联邦共享税,尤其是由州政府负责征收的税金和州政府的固定税收。在一般情况下,州对地方政府进行的财政转移支付,给予了地方很高的自主支配权,并不会对资金的使用范围及用度做出硬性的规定。
>
> 二、横向财政平衡
>
> 政府间横向的财政平衡是德国财政体系当中颇具特色的制度,在全球也颇负盛誉。它旨在将经济富裕的州和地方的部分财政收入转移给较为贫困的州和市(县)。德国的法律就明确界定了富裕州与贫困州的区别:人均财政收入达到全国平均值102%和不足全国平均值95%的各州分别为富裕州以及贫困州。前者有责任也有义务拿出自己财政中超出平均值的部分来扶持后者,使得贫困州的人均财政收入达到平均值的95%,从而在一定程度上促进全社会福利水平和收入水平的提高。

---

① 夏露露.德国财政转移支付制度及对我国的启示[J].湖北文理学院学报,2013,34(04):43—46.

> 横向财政转移支付的资金来源主要有两种：一种是在除去了本该属于各州的消费税的25%基础上,把剩余的财政资金按照各州的人头数直接拨付给各州。另一种则是比较简单的财力平衡,即经济富裕的各州将自己的部分财力直接拨付给经济稍贫困的各州。横向财政转移支付的具体实施分为"三步走",第一步是测定各州的居民人口数量,第二步是测算"全国居民平均税收额"以及"本州居民平均税收额",最后一步则是财政的横向转移支付。

### (三) 预算编制和审议的程序化

预算编制的程序化是指为最大限度地体现公众利益,预算草案的形成与审议批准应分属不同的机构,一般由政府机关编制预算草案而由立法机关审议批准。立法机关有充分的权利对预算草案提出见解,或者通过、或者否决、或者修改,充分体现权力制衡的原则。预算草案经过立法机关通过以后即成为预算法律,在通常情况下,应不加限制地公之于众。

我国目前预算编制的程序化程度还很低,提高预算编制的程序化程度是我国预算管理一项重要而艰巨的任务。我们主要从以下两点考虑这个问题。

1. 立法机关的预算案修正权及其权限

预算案修正权是指立法机关对本级政府提交的进入审议程序的预算草案要求进行修改的权力。世界各国对立法机关享有预算案修正权的规定不尽相同。有的国家法律规定立法机关只能通过或否决预算草案,但不能修改。大多数国家赋予立法机关对预算草案进行修改的权力,但是修改权力的大小又有所不同[①]。我国目前的《预算法》还没有相关的规定。

建立完善的市场经济是我国近期经济体制改革的目标。市场经济下的政府预算本质上是法律,是纳税人和市场通过代议制机构对政府权力的约束和限制,是政府必须接受的立法机关对其做出的授权和委托。赋予立法机关预算案修正权是充分体现权力制衡原则的必要条件。若不赋予立法机关修正权,只允许其通过或否决,若通过则皆大欢喜,而若否决则必须发回行政机关修改再由立法机关审议,就会大大降低预算效率。因此应该肯定,我国的立法机关及各级人大应享有预算案修正权。

虽然应该赋予人大预算案修正权,但预算编制毕竟是属于政府的职权,人大是不能包办代替的。因此我国人大所享有的预算案修正权应受到一定程度的限制,如人大修改预算案必须坚持收支平衡的原则,不能任意增减收支。对于一般性支出,应限制人大过多干预；而对于专项支出、经济建设支出,则应充分发挥人大的监督和限制作用。

2. 预算报告的公开化

我国目前的《预算法》还没有关于预算报告公开的时间、内容等的规定。预算一经人民代表大会批准通过即成为国家法律,广大民众有权知悉预算报告的内容,也只有这

---

① 如美国国会可以修改、批准或不批准总统的预算案,可以变更预算额,减少项目,或增加总统没有提出的一些项目；而英国的立法机关虽然可以废除和削减预算支出的项目和金额,但不能提案增加预算支出的项目和金额。

样才能更大程度地调动人民监督政府执行预算的积极性。借鉴发达国家的经验,我国应逐步实现预算定期、定例公布。在人大审议时,公布预算总指导原则、功能预算及部门预算,以便代表充分讨论和修改。在预算草案通过后,应向民众公布预算报告,而且应公布相关的历史数据和对比以及面向纳税人的预算解释性文件。所有这些文件应免费提供,也可在互联网上查询。预算公开在中央一级目前还难以细化到具体支出科目,但市、县、乡财政预算公布细化至"目"级科目是完全可能也是应该的。

## 本 章 小 结

政府预算编制是预算管理的首要环节,预算的编制过程也是政府进行财政决策的过程。预算编制的原则包括及时性、平衡性、真实性和合理性。预算编制的依据有:① 国家法律、法规;② 国民经济和社会发展以及有关的财政经济政策;③ 本级政府的预算管理职权和财政管理体制确定的预算收支范围;④ 上一年度预算执行情况和本年度预算收支变化因素;⑤ 上级政府对编制本年度预算草案的指示和要求。

在我国目前的预算编制程序中,编制前需要进行以下四项准备工作:修订预算科目和预算表格、对本年度预算执行情况进行预计和分析、拟定计划年度预算收支指标和颁发编制预算草案的批示和具体规定。

目前我国的预算实行"两上两下"的编报程序。政府收入和支出预算测算的基本方法主要有定性分析法、时间序列法和因果分析法。

部门预算指政府各部门依据国家有关政策规定及其行使职能的需要,由基层预算单位编制,逐级上报、审核、汇总,经财政部门审核后提交立法机关依法批准的,涵盖部门各项收支的综合财政收支计划。依据现行的预算分类方法,部门预算的基本框架大致可以分为四个层次。

目前我国的预算编制方法还存在相当多的问题,需要从透明化、科学化和程序化的角度进一步完善它。

## 复 习 思 考

1. 解释以下关键术语:预算编制、定性分析法、时间序列法、因果分析法、定量定额法、产值定率法、部门预算。
2. 简述预算编制的原则及依据。
3. 简述预算编制前的准备工作。
4. 简述"两上两下"预算编制程序过程。
5. 简述政府收入测算的基本方法有哪些。
6. 简述我国教育支出和国家管理费用支出的测算方法。
7. 简述部门预算的基本框架。
8. 简述我国预算编制存在的问题。
9. 简述应如何完善我国的预算编制。

# 第六章　政府预算的执行与控制

## 【本章导读】

政府预算执行是指经法定程序批准的预算进入具体实施阶段。政府预算执行是各级财政部门实现收入、支出、平衡和监督的过程的总称。政府预算执行按照预算级次可分为中央预算执行和地方预算执行；按照预算内容可分为预算收入的执行、预算支出的执行及预算平衡的监督等。

负责政府预算执行的主要机构是国库，即专门办理国家各项预算资金的收纳、划分、留解和库款支拨，以及组织政府债券的发行和兑付的组织机构。国库通过国库集中收付制度履行预算执行职能，即所有财政性资金全部纳入国库单一账户体系管理，收入直接缴入国库，支出通过国库单一账户体系直接支付给商品和劳务供应者或用款单位。

在预算执行过程中，组织预算平衡是预算管理的一项重要内容，而预算调整又是实现预算平衡的重要手段，是通过改变预算收支规模或改变收入来源和支出用途，组织预算新平衡的重要方法。预算调整和预算执行情况检查分析共同构成了预算执行控制的重要内容。

非税资金属于国家财政性资金，不是部门和单位的自由资金。根据国家预算完整性原则和市场经济体制的要求，凡是依据国家的行政权力或资产所有权，由国家机关、事业单位和社会团体向社会征收或从社会获取的各种收入都应作为财政性资金，均应纳入预算管理，实行"收支两条线"管理。

## 第一节　政府预算执行概述

当预算资金被用来实施在预算中确立的政策时，预算即进入执行阶段。预算执行是实现政府预算安排与计划的必经步骤，是政府预算管理的中心环节。预算执行是一个比预算准备更加紧要的问题，它在更高程度上决定了预算的最终结果与质量。

### 一、政府预算执行的基本任务

我国政府预算执行的基本任务主要包括收入执行、支出执行、预算平衡和预算监督四大方面。

### (一)收入执行

收入执行指的是积极组织预算收入。根据财经制度法规,把各地区、各部门、各单位应缴的收入,及时足额地收缴入库,这是预算执行的首要任务。发展生产和提高经济效益是预算收入的源泉,要充分发挥预算管理的作用,检查监督行政、事业单位的财务收支活动。在组织预算收入工作中,要加强各项税收的征管工作,严格执法,做到应收尽收。

### (二)支出执行

支出执行即合理拨付预算资金。按照政府制定的支出预算,及时合理地拨付预算资金,保证政府运转的资金供给,是预算执行的又一重要任务。在预算执行中,要按照政府预算核定的预算支出指标以及规定的支出用途和进度适时拨付资金,同时,要帮助和促进预算单位认真贯彻勤俭节约的方针,管好用好预算资金,充分发挥预算资金的使用效果,做到"少花钱、多办事、事办好"。

### (三)预算平衡

预算平衡即组织预算收支平衡。由于在预算执行过程中,宏观经济环境的变化、政府政策的调整、自然灾害及季节性因素的影响都会引起预算收支的变化,会出现预算收入超收或短收、预算支出增加或减少等情况。这就要求政府根据社会经济形势的发展变化,及时掌握预算收支动态,针对存在的问题,采取有力措施,不断地组织新的预算收支平衡,保证预算目标的顺利实现。

### (四)预算监督

预算监督即加强对预算执行的监督。在预算执行中,要按照有关政策、规章制度进行检查监督,对预算资金集中、分配、使用过程中的各种活动加以控制,防止预算执行中的各种偏差。要把事前监督、日常监督和事后监督三者很好地结合起来,监督检查各地区、各部门是否正确地贯彻执行各项财政、财务、税收法令和制度。同时,正确处理预算监督与服务的关系、专业监督同群众监督的关系,使监督成为预算执行的有效措施,维护财经纪律的严肃性。

## 二、政府预算执行机构

政府预算执行的组织机构,是实现政府预算的组织保证。政府预算的执行涉及各地区、各部门、各单位,由政府行政领导机关、职能部门及各类专门机构组成,按国家政权级次、行政区划和行政管理体制实行"统一领导、分级管理、分工负责"。

### (一)组织领导机构

我国《预算法》规定,各级预算由本级政府组织执行。国务院全面负责中央预算的组织执行,地方各级人民政府负责本地区预算的执行。

国务院在领导政府预算执行时的职责为:执行政府预算的法律法规,制定预算管理方针政策;组织中央和地方预算的执行;编制中央预算调整方案;监督中央各部门和地方政府的预算执行;决定中央预算预备费的动用;颁布全国性的、重要的财政预算规章制度;向全国人大、全国人大常委会报告中央和地方预算的执行情况。

各级地方政府领导地方预算执行时的职责为:颁布本级预算执行的规定、法令;组织本级总预算的执行;决定本级预算预备费的动用;按规定执行预算调剂权,按规定安排使用本级预算结余;向本级人民代表大会、本级人民代表大会常务委员会报告本级总预算的执行情况。

（二）管理机构

《预算法》规定,各级预算执行的具体工作由本级政府财政部门负责。在预算的实际执行过程中,各级财政部门在本级政府的领导下,负责预算的具体执行工作:财政部对国务院负责,具体执行中央预算并指导地方预算的执行;地方各级财政部门对地方本级政府负责,具体组织本地区预算的执行,并监督指导下级地方预算的执行。

各级财政部门的主要任务是:研究落实财务税收政策的措施,支持经济和社会的健康发展;制定组织预算收入和管理预算支出的制度和办法;督促各预算收入征收部门、各预算缴款单位完成预算收入任务;根据年度支出预算和季度用款计划,合理调度、拨付预算资金,监督检查各部门、各单位管好用好预算资金,节减开支,提高效率;指导和监督各部门、各单位建立健全财务制度和会计核算体系,按照规定使用预算资金;编报、汇总分期的预算收支执行数字,分析预算收支执行情况,定期向本级政府和上一级政府财政部门报告预算执行情况;协调预算收入征收部门、国库和其他相关部门的业务工作;负责行政规费收入、罚没收入和杂项收入、国有企业缴纳的预算收入等;凡财政部门监督缴款的,以财政部门为收入征收主管机构。

（三）专门机构

各级政府财政部门统一负责组织预算的执行,并根据预算收支执行不同的管理办法,政府设立或指定了专门的管理机构,负责参与组织政府预算的执行工作。组织预算收入执行的机关主要有税务机关和海关;参与组织预算支出执行的机关主要有政策性银行,如国家开发银行、中国农业发展银行,相关国有商业银行和国家金库,承担着政府预算执行的重要职能,具体负责办理预算收入的收纳、划分和留解,以及预算资金的拨付。

税务机关主要负责征收和管理各项工商税收。1994年分税制改革后,税务机关分设为国家税务局和地方税务局,国家税务局主要负责征收中央固定税和中央与地方共享税,地方税务局负责征收地方税。海关主要负责对进出口的货物和各种物品、旅客行李等依法征收关税和规费,为税务机关代征进出口产品的增值税、消费税。

政策性银行按专业进行分工,分别管理基本建设投资的拨贷管理与结算业务,工商企业流动资金、支农资金的拨贷管理与结算业务等。其中:国家开发银行办理政策性国家重点建设(包括基本建设和技术改造)拨贷款及贴息业务;中国建设银行办理国家固定资产投资项目的确定、企业挖潜改造资金和地质勘探费的拨付业务;中国农业发展银行主要负责国家粮棉油储备和农副产品合同收购、农业开发等业务中的政策性贷款,代理财政支农资金的拨付及监督使用;中国农业银行负责办理财政农业资金的拨款、贷款和结算业务。

国家金库(国库)是国家预算资金的出纳机构,负责办理预算资金的收纳、保管和拨出。中央国库业务由中国人民银行经理。地方国库业务有中国人民银行分支机构经理。未设中国人民银行分支机构的地区,由上级中国人民银行分支机构商有关的地方政府财政部门后,委托有关银行办理。《国家金库条例》规定,国库的基本职责是:办理国家预算收入的收纳、划分和留解;办理国家预算支出的拨付;向上级国库和同级财政机关反映预算收支执行情况;协助财政、税务机关督促企业和其他有经济收入的单位及时向国家缴纳应缴款项,对于屡催不缴的,应依照税法协助扣收入库;组织管理和检查指导下级国库的工作;办理国家交办的同国库有关的其他工作。

#### (四)执行主体

各有关部门、单位是部门预算和单位预算的执行主体。各有关部门、单位在预算执行中的职能是:正确执行部门单位预算,按支出预算和财政、财务制度规定,办理各项支出;加强对本部门的预算收入和支出的管理,不得截留或动用应当上缴的预算收入,也不得将不应当在预算内支出的款项转为预算内支出;对部门的各项经济业务进行会计核算,编制会计报表,并按照本级政府财政部门规定的期限,向本级政府财政部门报送本单位有关预算收支、企业缴款完成情况等报表和文字说明材料;依照有关法律、行政法规和国家有关规定,对所属单位的预算执行情况,进行监督检查。

上述各方面构成了一个有机整体,从组织体系上保证了预算的执行。但是,预算收入是由国民经济各部门和生产经营单位创造和缴纳的,预算支出是由各部门、各单位具体使用的。预算收支任务能否完成,与国民经济各部门的运转和各项事业计划的完成情况息息相关,与人民群众的物质文化生活水平的逐步改善密切相连。因此,必须在各级政府领导下,依靠各部门、各单位的共同努力,保证预算执行的各项任务顺利完成。

## 第二节 国 库

狭义的国库是国家金库的简称,是专门办理国家各项预算资金的收纳、划分、留解和库款支拨,以及组织政府债券的发行和兑付的组织机构。按照国际货币基金组织(IMF)的定义,现代意义上的国库不仅指国家金库,而且应是代表政府控制预算的执行、管理政府资产和负债等一系列公共财政管理职能的集合。具体而言,即国家在预算编制和执行的过程中,在单一账户制度基础上,对财政资金收支及政府相关财务行为进行管理和控制的一系列经济活动的总称。

国库是政府预算执行的出纳机构。国家的全部预算收入必须按规定期限全部缴入国库,国家的一切预算支出必须按规定通过国库拨付。

### 一、国库制度

国库制度是对国家预算资金的保管、出纳及相关事项的组织管理与业务安排等一系列事项和有关规定的统称。一般,国家根据其财政预算管理体制和金融体制确立相应的国库制度。从世界各国对国家财政预算收支的管理以及业务实施的情况看,国库制度可以分为独立国库制和委托国库制两种基本类型。

#### (一)独立国库制

独立国库制指的是国家特设经管国家财政预算的职能机构,专门办理预算资金的收纳和支拨工作。该职能机构与财政部门、中央银行等宏观调控部门地位等同。

独立国库制的优点是：通过单独设立国库机构，可以严格执行财务管理上的分权制衡原则，高度集中国家财力，并严格控制和监督各项预算收支，有效防范预算资金的分散浪费和不同机构的多头制约，避免财政资金收付过程中出现营私舞弊现象。

独立国库制的缺点是：不借助银行系统已有的成熟的网络和清算核算系统，设立和组织管理独立国库机构的成本很高，这将会严重加大国家财政支出的负担。另外，财政资金的收付由独立的国库部门单独管理，切断了国库与财政部门、中央银行的联系，必然会影响财政部门、中央银行等宏观调控部门综合考虑国库资金的运行，从而影响其宏观调控职能的发挥。

目前，实行独立国库制的国家较少，如芬兰。芬兰的国库隶属财政部预算司，是管理中央政府资金和账目的机构，负责中央政府资金集中支付、政府举债、退休金支付等工作。值得注意的是，即使某国（如芬兰）实行的是独立国库制，其国库职能在一定程度上仍需要财政部门、中央银行和商业银行共同配合完成。

（二）委托国库制

委托国库制是指不单独设立国库机构，而由国家依法授权某银行（通常是中央银行），负责办理国家预算资金的收纳和支拨工作，而财政资金的支出审核则由财政管理部门执行。

委托国库制的优点是：由国家授权中央银行经理国库，既可以充分利用银行分布广泛的网点、业务熟练的工作人员和相关的清算核算系统，节约人力、物力、财力，又可以充分利用财政管理部门的权威和专业优势，有效地监督和管理财政资金的收支工作。

委托国库制的缺点是：国库职能分散到相关的多个机构共同执行，管理难度大、效率低。

目前，世界上大多数国家，尤其是实行中央银行制度的国家，都采用委托国库制。例如：美国的国库是由行政、立法机构组成的国库体系，其中联邦储备体系负责办理美国政府资金的收付业务；英国的皇家国库部是隶属财政部的国库管理机构，而英格兰银行负责管理皇家国库的单一账户，所有的税收收入和发债收入都直接纳入开在英格兰银行的财政部账户上；法国的国库局是隶属财政部的国库业务执行机构，而法兰西银行负责管理法国的国库单一账户，办理各项预算资金的实际支付；意大利银行总行设立国库关系司，代表政府持有国库存款，管理中央及地方政府和其他公共机构的账户，汇集政府收入和根据预算执行支付。

（三）我国国库制度的发展

我国国库萌芽至今，其发展大致可以概括为实物库和中央银行经理国库两个阶段。

在伏羲、神农时代，没有剩余产品，不存在统治阶级，也就是没有国家，自然就没有维持国家机器正常运转的财政，也就没有国库。西周设天官、地官、春官、夏官、秋官、冬官。其中，天官、地官兼管财务，天官中的大府、玉府、内府、外府专司府库中各种财物的出纳，这便是国库的雏形。秦汉至清末，历代封建王朝管理国家财政的专职机构的名称、权限、库藏物品等都有所变迁，但始终实行的是实物库制。

1908年7月，户部银行改称大清银行，并确定为国家银行，被授权经理国库事务、代理政府公债及各种有价证券的发行，从而使国家银行经理国库取代了沿袭几千年的实物库制。新中国成立以后，中国人民银行行使中央银行职能，并一直经理国库。

1950年3月，政务院第22次政务会议颁布了《中央金库条例及实施细则》，决定设立中央金库,由中国人民银行代理。1985年7月27日,国务院颁布《中华人民共和国国家金库条例》,规定由中国人民银行具体经理国库,负责办理国家预算资金的收入和支出。国库机构按照国家预算管理体制设立,原则上一级财政设立一级国库。中央设总库,省、自治区、直辖市设分库,省辖市、设区的市和自治州设中心支库,县和不设区的市、市辖区设支库,支库以下设国库经收处,由人民银行委托当地专业银行办理,受支库领导。从此,我国国库在中国人民银行的垂直领导下服务于政府预算管理与国家经济建设。1994年3月22日颁布的《预算法》、1995年3月颁布的《中国人民银行法》首次以立法形式明确了"经理国库是中国人民银行的职责之一"。1995年11月2日颁布的《预算法实施条例》、2003年12月27日修订的《中国人民银行法》都对中央银行具体经理国库的职责和权限做了明确规定。

2001年3月16日,国务院批准了财政部和中国人民银行提出的《财政国库管理制度改革试点方案》,确定财政部、水利部等6个中央部门进行国库集中支付试点,提出"逐步建立和完善以国库单一账户体系为基础、资金缴拨以国库集中收付为主要形式的财政国库管理制度,所有财政性资金都纳入国库单一账户体系管理,收入直接缴入国库或财政专户,支出通过国库单一账户体系支付到商品和劳务供应者或用款单位"的改革目标。目前,我国国库管理体系已具备了完善的组织体系,国库的会计核算职能、信息服务和监督职能都不断强化,已成为密切联系财政、税收、银行等部门的重要纽带。

## 二、我国的国库机构体系

我国目前有中央、省级、地级、县级和乡镇级五级政府,对应设立五级财政,一级财政设立一级国库,共五级国库,分别是总库、分库、中心支库、支库和乡镇国库。国库组织机构体系图如图6-1所示。

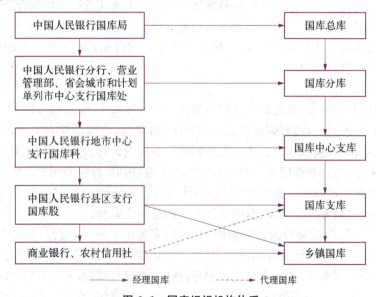

图6-1 国库组织机构体系

## 专栏 6-1

### 清朝国家财政库藏及结构

国库
- 中央库
  - 户部
    - 银库：国家库藏
    - 缎匹库：各省上交的布帛缎匹
    - 颜料库：各省上交的金属、蜡、桐油、木材等
  - 内务府（皇室财务）：广储司、会计司
- 地方库
  - 省库
    - 布政司库：省赋税总库，各州县税赋除留用部分，全入本库
    - 按察司库：贮赃罚银钱，岁输刑部公用
    - 督粮道库：贮漕赋银，掌稽出纳，岁具册申户部察核
    - 驿道库：储驿站夫马工料，掌稽出纳 岁具册申户兵工三部察核
    - 河道库：贮河饷兵备
    - 盐法道库：贮盐课，岁输户部核收
  - 州县卫库：贮本色、正杂赋银，除存留坐支外，输布政司库

## 三、国库的功能

### （一）预算执行

预算执行是国库的基本职能，国库的预算执行职能主要依赖于国库会计。国库会计负责办理国家预算资金收付等业务工作，处于国家预算执行的第一线，是国家预算执行部门之一。国库会计作为国库业务管理的重要工具，除了同一般会计一样具有反映和监督职能外，还发挥着执行、促进和决策支持作用，其中最重要的就是执行作用。

国库会计的执行作用是它在办理国库预算收支业务过程中实现的，即通过建立健全的会计制度，严密的核算手续，运用政府预算科目和银行会计科目、凭证、账簿、报表等会计方法，及时准确地办理预算收入的收纳、划分、留解、入库和库款支拨、退付等业务。

### （二）现金管理

国库现金管理是在确保国库现金支付需要的前提下，以实现国库闲置现金余额最小化、投资收益最大化、公共利益最大化为目标的一系列财政管理活动的总称。国库现金管理的对象是国库现金，包括库存现金、活期存款和与现金等价的短期流动资产。国库现金管理从纳税人以现金缴税（或缴费）开始，到现金资源流出公共组织进入商品与服务供应者账户为止，大体包括了预测现金流、加强现金流管理、国库现金余额的投资和余缺的调剂以及与货币政策协调一致等四个方面的内容。

### （三）国债管理

国债即中央政府发行的债券。所谓国债管理，是指在既定目标（控制国债规模和国债风险，以保持币值稳定，促进经济增长和收入公平分配）的指导下，通过合理安排国债发行、流通和兑付，长期以最小的成本安全地筹集资金，满足财政需要和实施宏观调控

的一系列过程。国库国债管理的内容包括发行管理、流通管理和兑付管理,具体表现为国债种类的设计、国债发行、国债应债资金来源的选择、国债还本付息、国债二级市场管理,以及与国债有关的具体制度的制定等。

国债管理不仅是弥补财政赤字的手段,还是现代国库管理制度负债管理职能的重要体现,与国库现金管理密切配合,可以大大提高资产负债管理的效率和效益。如今,国债管理已成为连接宏观经济与微观主体、反映财政政策和货币政策调控目标的重要方式和措施。

### (四) 监督管理

国库监督管理是指各级国库部门依照有关法律法规对本库或下级国库业务、对商业银行、信用社以及财政、税收、海关等部门的与国库紧密相关的业务所进行的监督管理行为。国库监督管理的目的是通过对国库业务的监督管理,提高国库工作质量,确保国库资金安全完整,防范和化解国库资金风险,保障国家预算收支计划的顺利实施。

国库监督管理包括内部监督管理和外部监督管理两部分。国库内部监督管理主要包括国库内部管理控制和国库内部监督检查。国库外部监督管理主要包括对国库经收处、代理国库单一账户资金清算的代理银行和承办国债发行兑付的商业银行,以及对财政、税务、海关等部门与国库紧密相关业务的监督管理。

### (五) 信息反映

国库的信息反映职能主要依赖于国库统计业务,以及基于国库统计结果的分析和预测业务。国库统计是对财政部门预算资金的收入和支出的流量和存量进行统计。国库统计既是一个国家政府财政体系的重要组成部分,又是一个国家货币与金融统计的重要延伸,是政府对国民经济进行宏观管理,特别是制定协调的财政政策和货币政策的基本依据。

国库统计分析所提供的宏观经济运行信息主要包括:国民收入再分配结构方面的信息、各地区各行业资金需求及资金缺口信息、宏观经济运行态势、国库资金收支流量的变化等。国库统计预测是以国库统计数据资料为依据,采用定性分析和定量计算的方法,对国库现象的发展趋势进行预测,从而为预算资金管理政策的制定提供可靠依据。

### (六) 协调促进

国库的协调促进职能在国库协助财政、税务等机关组织预算收入和实施库款支拨及收入退还等业务的过程中均有体现,但最为重要的是其对国家财政政策和货币政策的协调促进作用。

实际上,国库资金可以看作金融体系中的货币化存款的一部分,财政政策的运行和作用发挥以国库资金的流动为载体,财政政策调控的最终结果也以货币的流动体现出来。国库资金的运行既体现了财政政策的要求,同时通过对货币供应量的影响,也体现了现代社会货币政策的要求。因此,国库是财政政策和货币政策的联结纽带。

专栏 6-2

### 纽约世界金库探秘

纽约向来号称"世界金融之都",寸土寸金的华尔街更是世界级金融公司云集之地。在距华尔街数步之遥的曼哈顿金融区,坐落着美国联邦储备系统(美联储)12个地区分行之一的纽约联邦储备银行,那是一座具有典型文艺复兴时期宫殿风格的酷似城堡的花岗岩意式建筑。它的地下 5 层(约海平面下 15 米)被认为是目前世界最大的黄金储藏地,1924 年 9 月正式投入使用,每年有来自世界各地的 2 万名游客参观。金库存放着价值 700 亿美元以上的黄金,约占全球黄金储备的 1/4,每块金块纯度均在 99.9% 以上,厚 18 英寸,重约 12 公斤。这里共有 122 个储藏间,最大的可以存放 11 万块金砖,堆起来有 3 米高、3 米宽、5 米长。实际上,这里的黄金只有约 5% 为美国政府所有,其余分属于 80 多个国家和国际机构,每个国家或国际机构使用一个储藏间,但门上并无标记,黄金的归属和交易都是绝密。美联储不向外国收取储存黄金的费用,但转移黄金则要支付每块 1.5 美元的搬运费。黄金交易只需从一个储藏间移到另一个储藏间,计算交易量使用的是精确到千分之一盎司(一盎司约为 28.35 克)的完全手动天平。为保证工作人员的脚不会被金块所伤,鞋子全部是轻便但极为坚固的镁铝合金保护鞋,每双价值高达 500 美元。

金库里的安全系统世界顶尖,门框是重达 140 吨的钢筋混凝土构件,门是两个重 90 吨长 3 米的半圆形钢质圆柱,由人工操作旋转开合。金库有三个出入口,为游客开放的只是一条宽 10 英尺高 9 英尺的狭长通道。游客进入地下金库时,除必备的衣着外,其余全部外存不得携带(包括相机、纸笔)。金库内监控设备无处不在,只要你是双脚落地走路,你走的每一步都会通过"脚掌自动摄像机"被准确定位和记录。一旦有风吹草动,金库可以自动在 28 秒内立即封闭通道,里面的空气最多可供一人呼吸 72 小时。

那么,为什么纽约金库会存有如此多的世界黄金呢?其实,在 200 多年前,英国的英格兰银行享有"世界银行之母"的美誉,存放着当时世界上最多的黄金。但在 20 世纪初,随着大英帝国的没落,黄金不断售出,而迅速崛起的美国则成为当时的最大买家。二战后,美国黄金储备已占全球 2/3 以上,世界部分国家和国际货币组织向美国购买黄金时考虑到安全问题和交易的方便,就直接将黄金储藏在纽约联邦储备银行,也就是纽约金库。但实际上,美国自己的黄金并没有都放在纽约金库,而是分散在美国境内几处。其中,位于肯塔基州路易维尔几十英里外的全美最安全的诺克斯美军基地被认为存放着一半的美国黄金。

## 四、国库管理模式

按照财政资金拨付方式,国库的管理模式可以划分为两大类:一是国库分散收付制度管理模式,二是国库集中收付制度管理模式。

(一)国库分散收付制度

2000年以前,我国财政国库管理制度是以设立多重账户为基础的分散收付制度,财政收入由征收部门通过设立过渡账户收缴,财政支出通过财政部门和用款单位分别开设账户层层拨付。以政府采购为例,具体的国库资金支付过程如图6-2。

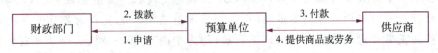

**图6-2 国库分散收付制度下的政府采购流程**

随着社会主义市场经济体制下公共财政的建立和发展,这种与传统体制相适应的预算管理方式日渐暴露出许多问题。

1. 账户管理方面

传统的财政及预算单位账户管理混乱。各级财政、税务机关、海关以及其他一些政府收费部门都自行设立收入过渡账户收缴收入,各支出单位也自行在各类银行开设各类账户接受财政拨款,并组织财政开支。账户设置的重复和分散,导致财政收支高度分散,财政资金活动透明度不高,不利于实施有效管理和全面监督。

2. 资金收付方面

在收入收缴程序上,除一些单位按规定将收入就近就地缴入国库外,大多数通过过渡账户收缴资金,还有的先按行政隶属关系层层汇总到主管部门账户,再由主管部门缴入国库,而一些主管部门不能及时将资金缴入国库或财政专户。在资金拨付程序上,年度预算批复后,财政部门按月、按季或按进度向预算单位账户层层拨付资金。分散的收付过程,使得大量的财政资金尤其是非税收入沉淀在部门账户上,游离于政府预算管理之外,政府实际可控的现金流量大为减少,也为非法截留、挤占、挪用财政资金甚至诱发腐败等提供了便利条件。

3. 信息反馈方面

由于财政收支分散管理,相当规模的财政资金脱离了预算管理,沉淀在预算单位,造成财政收支信息失真。收付程序的多环节、复杂化,使得财政收支信息反馈迟缓,难以及时为政府预算编制、执行、分析和宏观调控提供可靠依据,削弱了政府的宏观调控能力。

因此,这种以多部门多头设置银行账户为基础、分散进行的资金缴拨方式,已经不适应新形势下加强预算管理和国库管理的需求,必须从根本上进行改革,建立国库集中收付制度。

(二)国库集中收付制度

2001年2月28日,国务院第95次总理办公会议通过了《财政国库管理制度改革试点方案》,确立了我国财政国库管理制度改革的目标、指导思想、原则、内容、配套措施及实施步骤,明确了我国国库集中收付制度的总体框架。

国库集中收付制度改革的主要内容包括三个方面:建立国库单一账户体系,将所有财政性资金纳入国库单一账户体系管理;规范收入收缴程序,所有财政收入直接缴入财政国库或财政专户;规范支出支付程序,财政资金统一通过国库单一账户体系支付到商品和劳务供应者或用款单位。

1. 国库集中收付制度概述

国库集中收付制度是指财政在经办国库业务的银行开设国库单一账户,所有财政性收入全部缴入国库单一账户,所有财政性支出均由国库单一账户直接支付给商品和劳务提供者的一种财政资金管理模式。以政府采购为例,具体的国库资金支付过程如图6-3所示。

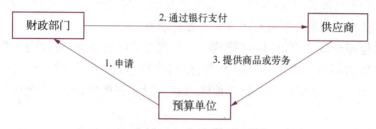

图6-3 国库集中收付制度下的政府采购流程

国库集中收付是公共财政预算执行的重要环节,包括三个方面的内容:一是集中收入管理,即一切财政性收入全部纳入国库或财政部门指定的代理商业银行的单一账户;二是集中支出管理,即一切财政性支出均应在实际支付行为发生时才能从单一账户支付;三是集中账户管理,即设置与国库单一账户配套的国库分类账户,集中反映各预算单位的预算执行情况。

实行国库集中收付制度,将改变以往的分散性财政资金收支方式,取消财政性资金收支过渡账户,减少财政性资金的周转环节和在流动过程中的沉淀,充分发挥国库的资金调度功能和国库资本运作功能,提高财政性资金的使用效益,更好地发挥财政在宏观调控中的作用。

2. 国库单一账户体系

国库单一账户体系由下列银行账户构成(图示见图6-4)。

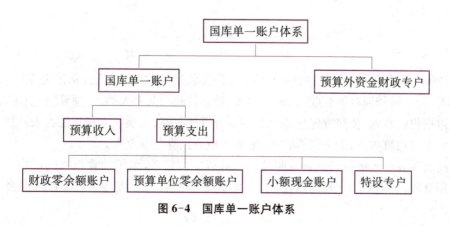

图6-4 国库单一账户体系

政府预算管理

(1) 国库单一账户。财政部门在中国人民银行开设国库单一账户，按收入和支出设置分类账。收入按预算科目进行明细核算，支出按资金使用性质设立分账册。国库单一账户为国库存款账户，用于记录、核算和反映预算资金和纳入预算管理的政府性基金的收入和支出，并用于与财政部门在代理银行开设的零余额账户进行清算。

(2) 零余额账户。财政部门按资金使用性质在代理银行开设零余额账户，并在代理银行为预算单位开设零余额账户。财政部门的零余额账户用于财政直接支付，该账户每日发生的支付，于当日营业终了前，由代理银行与国库单一账户清算。预算单位的零余额账户用于财政授权支付，该账户每日发生的支付，于当日营业终了前，由代理银行在财政部批准的用款额度内与国库单一账户清算。

预算单位零余额账户可以办理转账、提取现金等结算业务，可以向本单位按账户管理规定保留的相应账户划拨工会经费、住房公积金及提租补贴。经财政部批准的特殊款项，不得违反规定向本单位其他账户和上级主管单位、所属下级单位账户划拨资金。

(3) 非税资金财政专户。财政部门在商业银行开设非税资金财政专户，用于核算非税资金的收支活动。非税资金财政专户的收入按预算单位或资金性质设置分类账户，并按预算科目进行明细核算，支出按预算单位设置分类账户，用于记录、核算、反映非税资金的支出活动。财政部门负责管理非税资金财政专户，代理银行根据财政部的要求和支付指令，办理非税资金财政专户的收付业务。

(4) 小额现金账户。财政部门在商业银行为预算单位开设小额现金账户，用于记录、核算和反映预算单位的零星支出活动，并与国库单一账户清算。

(5) 特设专户。经国务院和省级人民政府批准或授权财政部门批准，在代理银行开设的特殊过渡性专户(简称特设专户)，用于记录、核算和反映经国务院和省级人民政府批准或授权财政部门批准的特殊专项支出，与国库单一账户清算。预算单位不得将特设专户资金与本单位其他银行账户资金相互划转。代理银行按照财政部门要求和账户管理等规定，具体办理特设专户支付业务。

## 第三节 政府预算收入的执行

《2007年政府收支分类科目》中的收入分类包括税收收入、社会保险基金收入、非税收入、贷款转贷回收本金收入、债务收入、转移性收入共六大类。《预算法》规定，预算收入包括税收收入、依照规定应该上缴的国有资产收益、专项收入和其他收入。预算收入分为中央预算收入、地方预算收入、中央和地方预算共享收入。

政府预算收入的执行就是按照政府预算确定的任务，组织预算收入的过程。我国政府预算收入的执行一般包括征收、入库和账务统计三个基本环节，有时也会进行退库。

## 一、征收

我国预算收入征管一般由财政、税务、海关和其他政府部门负责执行。各级财政、税务、海关等征收管理部门应做到应收尽收,不得违反法律、行政法规规定擅自减征、免征或者缓征应征的预算收入,不得截留、挤占或者挪用预算收入。有预算收入上缴任务的部门和单位,必须依照法律、行政法规和国务院财政部门的规定,将应当上缴的预算资金及时、足额地上缴国家金库,不得截留、挤占、挪用或者拖欠。

(一) 税收收入的征收

税收收入的主要征收机关是税务机关,税务机关负责征收和管理各项工商税收。这里的税务机关是指各级税务局、税务分局、税务所和按照国务院规定设立并向社会公告的税务机构。1994年分税制改革后,税务机关分设为国家税务局和地方税务局,国务院税务主管部门主管全国税收征收管理工作,各地国家税务局主要负责征收中央固定税和中央与地方共享税,地方税务局主要负责征收地方税。

具体的征税程序分为纳税申报、税款征收和税务检查三个步骤。

1. 纳税申报

纳税人必须依照法律、行政法规规定,或者税务机关依照法律、行政法规的规定确定的申报期限、申报内容,如实办理纳税申报,报送纳税申报表、财务会计报表以及税务机关根据实际需要要求纳税人报送的其他纳税资料。扣缴义务人必须依照法律、行政法规规定或者税务机关依照法律、行政法规的规定确定的申报期限、申报内容,如实报送代扣代缴、代收代缴税款报告表以及税务机关根据实际需要要求扣缴义务人报送的其他有关资料。

2. 税款征收

税务机关依照法律、行政法规的规定征收税款,不得违反法律、行政法规的规定开征、停征、多征、少征、提前征收、延缓征收或者摊派税款。

3. 税务检查

税务机关有权对纳税人的纳税情况进行税务检查,纳税人、扣缴义务人必须接受税务机关依法进行的税务检查,如实反映情况,提供有关资料,不得拒绝、隐瞒。

海关主要负责对进出口的货物和各种物品、旅客行李等依法征收关税和规费,为税务机关代征进出口产品的增值税、消费税。凡财政部门监督缴款的,以财政部门为收入征收主管机构。

(二) 非税收入的征收

2004年7月颁发的《财政部关于加强政府非税收入管理的通知》明确指出,非税收入是指除税收以外,由各级政府、国家机关、事业单位、代行政府职能的社会团体及其他组织依法利用政府权力、政府信誉、国有资源、国有资产或提供特定公共服务、准公共服务取得并用于满足社会公共需要或准公共需要的财政资金,是政府收入的重要组成部分,是政府参与国民收入分配和再分配的一种形式。非税收入主要包括:行政事业性收费、政府性基金、国有资源(资产)有偿使用收入、国有资本经营收益、彩票公益金、罚没收入、以政府名义接受的捐赠收入、主管部门集中收入以及政府财政资金产生的利息收入等。该通知同时要求将非税收入分步纳入财政预算，通过编制综合财政预算，与政府税收统筹安排。

非税收入与预算外资金相比，既有区别又有联系。非税收入是按照收入形式对政府收入进行的分类；预算外资金则是对政府收入按照资金管理方式进行的分类。非税收入概念的提出和管理范围的确定，表明随着预算管理制度改革（部门预算和综合预算的实施）和政府收入机制的规范，将逐渐淡化预算外资金的概念，为规范管理各项收费和统一预算编制奠定了基础。

非税收入可由财政部门直接征收或委托其他单位代收。法律、法规、规章规定了执收单位的，由法定执收单位征收或者收取；没有规定执收单位的，由非税收入管理机构直接征收或者收取。执收单位若不具备征收条件或为了降低征收成本、方便征收管理，可依据法律、法规、规章的授权，委托其他有关单位征收或收取非税收入，但不得委托中介服务机构，受委托单位不得转委托。

非税收入通常实行收缴分离制度，按照"单位开票、银行代收、财政统管"的模式进行规范管理。执收单位按有关规定申请领购非税收入票据，并依据规定的非税收入收费项目收费，向缴款人开具《非税收入一般缴款书》，作为缴款依据。根据"收支两条线管理"的原则，非税收入管理局每月按规定分收入级次、科目类别或执收单位、收入项目，定期划缴国库单一账户或财政专户。财政部门对执收单位实行综合预算，根据单位工作和事业需要安排相关经费。非税收入管理局每年度向政府提出资金统筹的方案，经批准后将统筹资金转为财政预算收入。

## 二、入库

国家和地方税务局按国家规定的税收征收管理范围和税款入库预算级次，将征收的税款缴入国库。非税收入管理局按规定分收入级次、科目类别或执收单位、收入项目，定期将非税收入缴入国库。国家的一切预算收入应按照规定全部缴入国库，任何单位不得截留、坐支或自行保管。

### （一）收缴方式

适应财政国库管理制度的改革要求，将财政收入的收缴分为直接缴库和集中汇缴两种。

直接缴库是由缴款单位或缴款人按有关法律、法规规定，直接将应缴收入缴入国库单一账户或预算外资金财政专户。

集中汇缴是由征收机关（有关法定单位）按有关法律、法规规定，将所收的应缴收入汇总缴入国库单一账户或预算外资金财政专户。

### （二）收缴程序

1. 直接缴库

直接缴库的税收收入，由纳税人或税务代理人提出纳税申报，经征收机关审核无误后，由纳税人通过开户银行将税款直接缴入国库单一账户。直接缴库的其他收入，比照上述程序缴入国库单一账户或预算外资金财政专户。具体流程如图 6-5、图 6-6 所示。

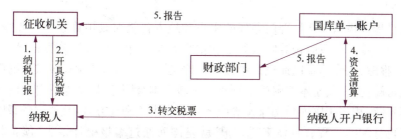

图 6-5 税收收入直接收缴程序

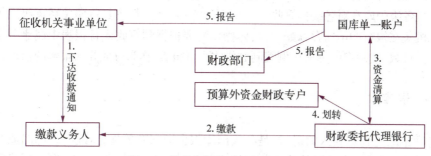

图 6-6 其他各项收入直接收缴程序

2. 集中汇缴

小额零散税收和法律另有规定的应缴收入,由征收机关于收缴收入的当日汇总缴入国库单一账户。非税收入中的现金缴款,比照本程序缴入国库单一账户或预算外资金财政专户。具体流程如图 6-7 所示。

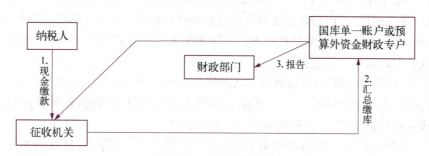

图 6-7 集中汇缴程序

## 三、账务统计

国库预算执行的账务统计工作主要依赖于国库会计。通过建立健全的会计制度,严密的核算手续,运用政府预算科目和银行会计科目、凭证、账簿、报表等会计方法,及时准确地办理预算收入的收纳、划分、留解、入库等业务,并为各级财政、银行、税务等有关部门在征收管理、预算支拨管理方面提供合法、合理和准确的信息资料。一方面,确

**政府预算管理**

保国家预算收支数字准确完整,全面反映预算执行的情况和结果,掌握财政拨款进度;另一方面,利用国库会计报表及有关资料进行综合分析,反映一定时期的国民经济活动情况。

收纳是指各级国库会计部门办理的中央和地方各级财政预算收入的收缴,即对缴入国库的预算收入按政府预算收入科目和银行有关会计科目进行分类核算、汇总的过程。划分、报解、入库是指国库根据中央、省、地、县、乡等不同的预算级次和财政体制确定的收入留解比例,属于本级财政的预算收入转入本级国库,属于上级财政的预算收入及时汇划报解,相当于国库对国家预算收入款项在中央和地方,以及地方各级财政部门之间进行再分配的过程。具体来说,"报"就是国库通过编报统计报表(预算收入日报表)向各级财政机关报告预算收入的情况,以便各级财政机关掌握预算收入进度和情况;"解"就是各级国库在对各级预算收入进行划分之后,将库款按其所属关系逐级上解到所属财政机关在银行的国库存款账户,具体操作时要根据预算收入日报表中属于分成收入项目的会计数,按确定的分成比例编制分成收入日报表,作为分成收入报解的依据。

### 四、退库

退库指的是预算收入的退付,是各级国库根据国家有关规定,经财政部门或其授权的机构批准,将已入库的预算收入款项退还给申请单位或申请人的行为。预算收入的退付,必须在国家统一规定的退库范围内办理,必须从收入中退库的,应严格按照财政管理体制的规定,从该级预算收入的有关项目中退付。

(一)预算收入退付的原则

预算收入退付须遵循以下五个原则。

(1)各级预算收入退库的审批权属于本级政府财政部门。中央预算收入、中央和地方共享收入的退库,由财政部或财政部授权的机构批准。地方预算收入的退库,由地方政府财政部门或其授权的机构批准。不属于国家明文规定的收入退库范围的退库事项,必须报财政部审查批准。

(2)预算收入的退付,应按预算收入的级次办理。中央预算收入退库,从中央级库款中退付;地方各级预算固定收入的退库,从地方各级库款中退付;各种分成收入的退库,按规定的分成比例,分别从相应级次库款中退付。

(3)办理预算收入退库,必须由申请退库的单位或个人向财政、征收机关提出书面申请,经财政或征收机关审查批准后填开收入退还书,并将相关文件依据提供给国库,国库以此为依据,将预算收入直接退给申请单位或个人。任何部门、单位和个人不得截留、挪用退库款项。

(4)各级预算收入的退库,原则上通过转账办理。如需退付现金,原收款国库凭财政、征收机关开具的加盖"退付现金"戳记的收入退还书办理退库手续,收款人持书面通知、原完税凭证复印件和有效身份证件到指定银行办理领取现金手续。

(5)对本级预算收入的退库,如当日退库数大于收入数,要检查核实本级地方财政库款账户余额是否足以退付,如存款余额不足,不能办理退付。

## （二）预算收入退付的范围

预算收入退付的范围包括以下五个方面。

（1）由于工作疏忽，发生技术性差错，多缴、错缴，或应集中缴库却就地缴库而需要退库的。

（2）企业单位隶属关系改变，交接双方办理财务结算需要退库的。

（3）企业按计划上缴税利、超过应缴数额需要退库的；地方财政从已入库的税款中提取税收附加和从工商各税中提取代征手续费，需要退库的。

（4）根据批准的企业亏损计划，应当弥补国有企业的计划亏损补贴，需要退库的。

（5）财政部明文规定或专项批准的其他退库项目。

## （三）预算收入退付的核算

预算收入退付的核算程序如下。

（1）各级国库办理预算收入退库时，使用收纳各级预算收入时的会计科目进行核算。国库对收到的财政或征收机关发来的预算收入退还电子信息、纸质凭证和相关审批文件资料进行匹配、核对和审核，审核无误后，办理退库手续，并打印已退库电子信息清单作为记账凭证或附件。

（2）需要通过同城票据交换划转退库款项的，国库将签发机关制作的一式五联纸质收入退还书中的收款凭证联和收账通知联，随同划款凭证提交收款人开户行。

（3）需要退付现金的，签发机关在收入退还书电子信息或纸质凭证上注明退付现金标识，收款人凭签发机关签署的领取现金通知、原完税凭证和有效身份证件到指定银行领取现金。

（4）国库制作预算收入日报表时，应根据预算收入登记簿本科目当日红、蓝字发生额的差额填列，收入数大于退付数用蓝字反映，退付数大于收入数用红字反映。

（5）下级国库退付上级预算收入，当日收入不足退付时应向上级国库办理划付。

# 第四节　政府预算支出的执行

预算支出执行即按计划分配和使用预算资金、提供公共产品和公共服务、满足公共需要的过程。预算支出的执行直接决定了政府提供公共服务的质量，是政府预算管理的重要环节。

## 一、政府预算拨款的原则

《预算法实施条例》规定，政府财政部门应当加强对预算拨款的管理，并遵循下列原则。

### （一）按照预算计划拨款

政府预算拨款要按照批准核定的年度支出预算和季度分月用款计划进行，不得办理无预算、无用款计划、超预算、超计划的拨款，不得擅自改变支出用途。如有特殊情况需要超过预算，必须办理追加支出预算的手续后，才能拨款。

### (二)按照规定的预算级次和程序拨款

政府预算拨款应根据用款单位的申请,按照国家规定的预算级次和审定的用款计划,按期逐级核拨预算款项,不得越级办理预算拨款。财政部门只对一级主管部门办理拨款,各主管部门一般不能向没有经费领拨关系的单位拨款,同级主管部门之间也不能发生横向的拨款关系。

### (三)按照进度拨款

政府预算拨款应根据各用款单位的事业进度、上期用款单位的资金结存情况和国库库款情况合理拨付资金。既要保证资金需要,又要防止资金分散积压;既要考虑本期资金需要,又要考虑上期资金的使用和结余情况,以保证政府预算资金的统一安排、灵活调度。

## 二、预算支出的支付方式

财政支出总体上分为购买性支出和转移性支出。根据支付管理需要,具体分为:工资支出,即预算单位的工资性支出;购买支出,即预算单位除工资支出、零星支出之外的购买服务、货物、工程项目等支出;零星支出,即预算单位购买支出中的日常小额部分,除《政府采购品目分类表》所列品目以外的支出,或列入《政府采购品目分类表》所列品目,但未达到规定数额的支出;转移支出,即拨付给预算单位或下级财政部门,未指明具体用途的支出,包括拨付企业补贴和未指明具体用途的资金、中央对地方的一般性转移支付等。

按照不同的支付主体,对不同类型的支出,分别实行财政直接支付和财政授权支付。

### (一)财政直接支付

财政部门开具支付令,由国库单一账户体系,直接将财政资金支付到收款人或用款单位账户。

实行财政直接支付的支出包括工资支出、购买支出以及中央对地方的专项转移支付、拨付企业大型工程项目或大型设备采购的资金等,直接支付到收款人。转移支出(中央对地方专项转移支出除外),包括中央对地方的一般性转移支付中的税收返还、原体制补助、过渡期转移支付结算补助等支出,以及对企业的补贴和未指明购买内容的某种专项支出等,支付到用款单位。

2012年实行财政直接支付的资金范围包括:公共财政预算支出和政府性基金预算支出中,年度财政投资超过1 000万元(含1 000万元)的工程采购支出(包括建筑安装工程、设备采购、工程监理、设计服务、移民征地拆迁和工程质量保证金等支出,不包括建设单位管理费等零星支出);中央基层预算单位(不包括所在地财政专员办不具备网上审核条件的中央三级及三级以下基层预算单位)项目支出中,纳入政府采购预算且金额超过200万元(含200万元)的物品和服务采购支出;基本支出中纳入财政统发范围的工资、离退休费;能够直接支付到收款人或用款单位的转移性支出,包括拨付有关企业的补贴等;国有资本经营预算支出(财政部另有规定的除外)。

## （二）财政授权支付

预算单位根据财政授权，自行开具支付令，通过国库单一账户体系将资金支付到收款人账户。

实行财政授权支付的支出，包括未实行财政直接支付的购买支出和零星支出。

2012年实行财政授权支付的资金范围包括：公共财政预算支出和政府性基金预算支出中，未纳入财政直接支付的工程、物品、服务等购买支出和零星支出；特别紧急支出；财政部规定的其他支出。

## 三、预算支出的支付程序

### （一）财政直接支付程序

预算单位按照批复的部门预算和资金使用计划，向财政部门的国库管理机构提出支付申请，财政部门的国库管理机构根据批复的部门预算和资金使用计划及相关要求对支付申请审核无误后，向代理银行发出支付令，并通知央行国库机构部门，通过代理银行进入全国银行清算系统实时清算，财政资金从国库单一账户划拨到用款单位或收款人的银行账户。

财政直接支付主要通过转账方式进行，也可以采取"国库支票"支付。财政国库支付执行机构根据预算单位的要求签发支票，并将签发给收款人的支票交给预算单位，由预算单位转交给收款人。收款人持支票到其开户银行入账，收款开户银行再与代理银行进行清算。每日终了前由国库单一账户与代理银行进行清算。具体流程如图6-8所示。

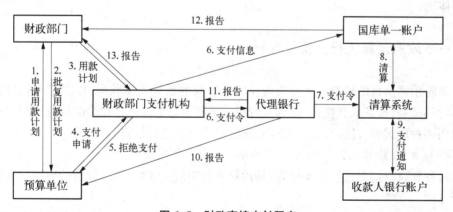

图6-8　财政直接支付程序

### （二）财政授权支付程序

预算单位按照批复的部门预算和资金使用计划，向财政国库支付执行机构申请授权支付的月度用款限额，财政国库支付执行机构将批准后的限额通知代理银行和预算单位，并通知中国人民银行国库部门。预算单位在月度用款限额内，自行开具支付令，通知财政国库支付执行机构，并由代理银行向收款人付款，并与国库单一账户进行清算。具体流程如图6-9所示。

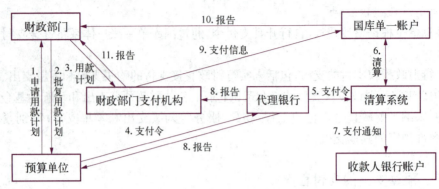

图 6-9 财政授权支付程序

## 第五节 政府预算执行的控制

在预算执行过程中,加强支出控制、组织预算平衡是预算管理的重要内容,而预算执行情况检查分析又是预算执行控制过程的重要手段。由于经济情况不断发展变化,预算确定以后,往往受到主客观条件的影响和制约,原来预料不到的一些特殊情况也会经常出现,导致预算收支由原来的平衡变成不平衡,当原来平衡的预算出现了不平衡或者原来举借国内外债务的规模被突破时,就需要进行预算调整。预算调整是政府增加预算透明度需要解决的问题之一,是政府预算管理的重要内容,是政府预算执行控制的重要体现。

### 一、政府预算执行的检查分析

政府预算执行的检查分析是指为及时掌握政府预算收支状况,以改进和指导预算工作,保证政府预算顺利执行,预算执行机关或其他有关部门在预算的执行过程中或之后采用多种形式和方法,对政府预算收支活动全过程进行检查分析。

(一) 政府预算执行检查分析的内容

对预算执行情况进行分析检查,是预算执行中的经常性工作,分析的内容主要包括四个方面。

(1) 对预算收入、支出完成情况进行分析。分析预算总收入、总支出及各主要收支项目完成情况及其进度,比上年同期增减情况,是否符合预算收支的一般规律。分析中要结合计划、历史资料对比分析,结合国民经济发展综合分析,从而对预算收支的完成情况有一个基本的估计。

(2) 分析在预算的执行过程中,贯彻国家方针、政策、重大经济措施情况及其对预算收支的影响。还要对一些影响预算收支项目的某些特殊因素进行分析,如自然灾害对农业的影响,抗灾救灾对财政支出的影响。

（3）分析国民经济和社会发展计划主要经济指标完成情况对预算执行的影响。分析指标有：工业、农业生产及社会商品零售额增减情况，物价指数，信贷计划完成情况，国有工商企业等的主要财务指标情况等。

（4）分析预算调整、政府采购、国库集中收付及其他一些预算执行政策及实施情况，等等。

（二）政府预算执行中的报告分析制度

由于政府预算的执行不仅反映了政府的方针政策和重大经济政策的贯彻情况，也反映了部门、单位的经济活动情况，涉及面广，政策性强，政府为了及时掌握经济发展的变化和预算执行中的各种有利因素和不利因素，明确规定了预算执行的有关职能部门的报告制度。政府财政部门应当每月向本级政府报告预算执行情况，具体报告内容和方式由本级政府规定。

《预算法实施条例》规定，省、自治区、直辖市政府财政部门应当按照下列期限和方式向财政部门报告本行政区域预算执行情况：预算收支旬报，按照财政部规定的内容编制，于每旬终了后 3 日报送财政部；预算收支月报，按照财政部规定的内容编制，于每月终了后 5 日报送财政部；每月预算收支执行情况文字说明材料，于每月终了后 10 日内报送财政部；每季预算收支执行情况的全面分析材料，于季度终了后 15 日内报送财政部；年报即年度决算的编报事项，依照预算法和本条例的有关规定执行。

设区的市、自治州政府和县级政府的财政部门和乡、民族乡、镇政府向上一级政府财政部门编报预算收支执行情况的内容和报送期限，由上一级政府财政部门规定。各级财政、税务、海关等预算收入征收部门应当每月按照财政部门规定的期限和要求，向财政部门和上级主管部门报送有关预算收入计划执行情况，并附说明材料。

中央国库与地方国库应当按照有关规定向财政部门编报预算收入入库、解库及库款拨付情况的日报、旬报、月报和年报。政府财政部门、预算收入征收部门和国库应当建立健全相互之间的预算收入对账制度，在预算执行中按月、按年核对预算收入的收纳及库款拨付情况，保证预算收入的征收入库和库存金额准确无误。

（三）政府预算执行情况分析的方法

政府预算执行情况分析不仅要从本质上认识预算资金的运动，进行定性分析，还应进行定量分析。因此，需要运用一系列科学方法对收集的各种信息资料进行归纳整理，并进而分析政府预算执行情况。目前，常用的政府预算执行分析方法有比较法和因素法，另外，逻辑推理法和动态分析法也因其独有的优势日益引起人们重视。

1. 比较法

比较法的作用在于对各项指标进行一般评论，通常是将预算指标和决算指标对比，将本期实际完成指标和前期实际完成指标对比，将地区、部门、企事业之间实际完成指标对比等。

（1）实际完成指标和预算指标的对比。这种对比可以说明预算完成情况，揭示预算指标与实际完成指标之间的差异，为进一步深入剖析指引方向。分析时除了确定绝对差异，还要确定相对差异，以扩大分析效果。

（2）本期实际指标和前期实际指标对比。这可以从动态上了解预算收支和经济活动的变化规律或发展趋势,便于分析研究收支和经济活动的变化规律或发展趋势,从而分析研究收支增减变化的各种因素。在操作时,要注意时间、变化因素的可比性。

(3)地区、部门和企事业单位之间对比。通过这种对比,可以发现薄弱环节,揭示先进与后进的差距,以便调动一切积极因素,充分挖掘潜力,更好地完成预算任务。

比较法只有运用于同质指标间数量的对比分析时才有效。但它却无法分析各种变化因素对预算和实际差异的影响程度,从而限制了检查分析的广度和深度。

2. 因素法

因素法,也称连环代替法。采用前述比较法进行检查分析,确定了各种差异之后,还应当分析引起差异的诸因素,并将诸因素排列归类,区分正面和反面因素、积极和消极因素、主要和次要因素、主观和客观因素、经常性和偶发性因素等。还应确定诸因素对差异的影响程度:如果某项差异只受一个因素影响,则通过指标对比分析,就可以确定该因素对差异的影响程度;如果某项差异是受许多因素交叉作用影响的结果,则需要用因素法确定各个因素对差异的影响程度。

因素法是对某一事物分析其内在诸矛盾交叉作用影响程度的一种方法,其基本特点在于,通过对组成某一经济指标的诸因素的顺序分析,用数值来测定诸因素变动对差异的影响程度。因素法的基本原理可以概括为"依次替换,顺序分析,得出结论"具体如下。

预算　　$A \times B \times C = D$

一次替换　$A' \times B \times C = D'$　　比较 $D'$ 与 $D$,找出因 A 因素变动的影响。

二次替换　$A' \times B' \times C = D''$　　比较 $D''$ 与 $D'$,找出因 B 因素变动的影响。

三次替换　$A' \times B' \times C' = D'''$　　比较 $D'''$ 与 $D''$,找出因 C 因素变动的影响。

在实际操作时,事先应严格规定诸因素排列顺序,并在不同时期均按既定排列顺序分析,才有可比性,得到正确的组合结果;否则,因素失真,得到的是错误的组合结果。

另外,逻辑推理法是指通过对有关财经信息资料的分析研究,根据以往的经验,分析预测预算收支发展变化趋势及其规律性的分析方法。动态分析法是指分析研究预算收支在时间上的变化及其规律的分析方法。

(四)政府预算执行情况分析的形式

1. 定期检查分析和不定期检查分析

定期检查分析,即"定期全面综合分析",是预算执行一个阶段后(如月、季或半年),在规定的期限内对预算执行情况进行的检查分析。目的是系统了解预算执行全过程,并指导下一阶段工作。而不定期检查分析往往是针对工作中的重点、热点和难点,或针对某一事件而进行的分析。

2. 定性检查分析和定量检查分析

在目前各种经济分析中,定性检查分析较多,而较少有深入全面的定量分析,造成不少决策失误。财政部门拥有大量系统全面的数据资料,从而为定量分析提供了十分便利的条件。因此,对预算执行的检查分析,应较多地采用定量分析方法,从而为上级部门提供可靠的决策依据。

3. 综合检查分析、简要检查分析、专题检查分析和典型检查分析

综合检查分析是对各项指标进行综合、全面、系统的研究分析。综合检查分析一般

定期进行,它对全面检查考核预算计划的完成情况、进一步加强预算管理、总结工作经验起到重要作用。

简要检查分析是根据月度报表中的一些主要经济指标及日常接触的情况和问题进行简明扼要的分析,检查时间比较灵活,可及时局部地处理问题,同时为全面检查分析提供丰富的素材。

专题检查分析,是对预算执行中所反映出来的突出矛盾,和将严重影响或已经严重影响预算执行的问题进行的检查分析。它是预算执行检查分析的辅助形式。

典型调查分析是对某些地方、部门或单位预算执行中发生的一些典型事例进行的分析,运用解剖"麻雀"的方法,起到以点带面的推动作用。它是一种补充形式。

### (五) 预算执行检查分析的步骤

**1. 明确目的**

在进行预算执行情况分析时,第一步是要根据各时期经济、财政工作的中心任务和工作重点、热点、难点问题,确定分析的目的——通过分析,要揭示和解决什么问题,达到什么目的。

**2. 搜集和整理有关信息资料**

须搜集和整理的资料包括:① 报表:各级预算收入旬报、月报和年度决算报表;② 征收机关、国库等提供的资料:税收计划、退库计划、亏损计划等;③ 有关预算执行的文件和各种规章制度等;④ 国民经济主要指标:工农业总产值、社会商品零售总额、物价指数、固定资产投资计划、贷款指标等。

**3. 进行必要的调查研究**

为使分析更深入、更透彻、更能说明问题,在占有大量数据资料的基础上,还必须进行一些调查研究,掌握一些实际资料和实际工作中存在的问题,从而更好地为预算执行分析服务。

**4. 撰写检查分析报告**

采用选定的预算分析形式和方法,对预算执行情况进行具体检查分析,得出检查分析结果,写出检查分析报告,并报有关部门,供决策参考。预算分析报告的结构一般如下。

(1) 标题:必须醒目,有吸引力,主题明确,简单明了,切忌冗长。

(2) 开头:应简明扼要地介绍所分析的问题的基本情况,提出问题,说明进行分析的目的。

(3) 正文:主要从分析的目的和要求出发,根据分析报告的种类安排正文内容。

(4) 结尾:应从实际出发,有针对性地提出进一步改进工作的建议和措施,指导实际工作。

## 二、政府预算执行的调整

政府预算在执行过程中,由于难以预测客观情况的变化,常常会使预算某些部分的收支与客观要求不一致。为了使年度预算符合客观实际,保证政府预算在执行过程中的平衡,需要对预算进行调整,以避免收支脱节。

（一）预算调整的界定

预算调整是指经全国人大批准的中央预算和经地方各级人大批准的本级预算,在执行中因特殊情况需要增加或者减少预算总支出、需要调入预算稳定调节基金、需要调减预算安排的重点支出数额,或者需要增加举借债务数额的,经法定程序对原定预算收支规模或收支项目所做的变动,是预算执行过程中保持收支平衡的基本手段。

因此,预算执行过程中,凡是涉及各项预算总收入和总支出变化,使总支出超过总收入,属于预算调整。同时,由于收入、支出政策发生较大变化,造成实际收入、支出与原来批准的预算发生较大差异的,也属于预算调整,需要审查批准,而不论是否影响收支平衡。在预算执行中,因上级政府返还或者给予补助而引起的预算收支变化,不属于预算调整。接受返还或补助款项的县级以上地方各级政府应当向本级人大常委会报告有关情况;接受返还或补助款项的乡、民族乡、镇政府应当向本级人大报告有关情况。

（二）预算调整的方法

政府预算调整实际上是通过改变预算收支规模或改变收入来源和支出用途,组织预算新平衡的重要方法。在预算执行过程中,预算调整按调整幅度不同分为全面调整和局部调整。

1. 全面调整

政府预算执行过程中,遇到特大自然灾害、战争、国民经济发展过分高涨或过分低落等情形的,以及对原定国民经济和社会发展计划进行较大调整时,就有必要对政府预算进行全面调整。

全面调整实际上等于重新编制一次政府预算,在预算执行过程中应慎重考虑。如要进行全面调整,应首先由财政部提出全面调整计划,经国务院审核,报全国人大常委会批准后,下达各地区、各部门。各级财政部门根据国民经济和社会发展计划的变动情况、国家人力、物力、财力的可能、国家各项生产建设的要求,以及人民物质文化生活的需要,测算政府预算各项收入和支出的增减数额。各主管部门也要根据各自的具体情况进行某些收支项目的调整。财政部门和主管部门,经过上下协商、反复平衡,最后确定政府预算收支的新规模,以适应经济发展的需要。

政府预算的全面调整,一般都是在第三季度或第四季度初进行的。全面调整政府预算时,首先由国务院提出调整顿算计划,上报全国人民代表大会审查批准,然后下达各地区、各部门执行。

2. 局部调整

局部调整是对政府预算做的局部变动。在预算执行中,为了适应客观情况的变化,重新组织预算收支平衡,是经常发生的。预算的局部调整措施主要有四种。

（1）动用预备费。预备费是政府为了应对预算执行过程中出现急需或难以预料的重大开支的情形而设置的备用资金。如遇到没有列入预算而临时急需解决的特殊性开支,就可动用预备资金。预备费一般在上半年不宜使用,动用预备费应经过一定的批准程序。中央预算预备费的动用方案,由财政部提出,报经国务院批准;地方预算预备费的动用方案由本级财政部门提出,经本级人民政府批准。

(2) 追加追减预算。在预算执行过程中,中央预算对于地方预算,各级地方总预算对部门单位预算都可能发生预算的追加追减。在原核定各地区、各部门预算总额以外增加支出数额的叫追加预算;在原核算总额之内减少收入数额的叫追减预算。在预算执行过程中,当遇到特殊情况需追加或追减预算时,各级政府或各部门必须提出申请,编制预算调整方案,经各级人民代表大会常务委员会批准,办理追加或追减预算手续。

(3) 经费流用。经费流用,亦称"科目流用",是指在不突破原定预算支出总额的前提下,对不同的支出科目具体支出数额进行调整,以改变资金使用用途,达到预算资金以多补少、以余补缺而形成的预算资金再分配。经费流用的原则包括:① 调剂不能突破预算总规模和收支平衡;② 调剂要有利于提高资金使用效益,不影响各项建设事业;③ 遵循流用范围,区分资金的性质,有别使用资金,基建资金不与流动资金流用,人员经费不与公用经费流用,专款一般不与经费流用;④ 严格控制不同科目间的预算资金调剂使用,审批上必须按照国务院财政部门的规定报经批准。

(4) 预算划转。预算划转,是预算隶属关系划转的简称。它是指由于行政区划或企业、事业单位隶属关系的改变,必须同时改变其预算的隶属关系,将其全年预算指标划归新的行政区域或新的部门单位。年度预算确定后,企业、事业单位改变隶属关系,引起预算级次和关系变化的,应当在改变财务关系的同时,相应办理预算划转。

### (三) 预算调整的权限

各国关于预算调整权限的规定,大致有两种情况。

1. 预算调整权集中在议会

政府如果需要追加预算或增加临时拨款,必须提出预算调整方案,经议会审议批准,法国、英国、日本、印度、泰国等国家采用此种方式。法国的法律规定,政府追加预算或申请补助,要以调整财政案的方式提交议会审议批准。英国的法律规定,政府如要追加预算开支或临时拨款,必须向议会提交议案,由议会审议批准。日本的法律规定,政府需对预算进行调整并追加支出时,要由大藏大臣向国会提出报告,提交国家财政状况的书面说明和追加支出的理由;内阁在法律规定的情况下,可以按制定预算的程序编制补充预算,由国会审批后实施。

2. 政府拥有部分预算调整权

除了议会有预算调整权外,政府也有部分预算调整权。美国、德国、西班牙等国家采用此种方式。德国的法律规定,一般情况下追加支出,必须经议会批准,但在出现对联邦政府有重大威胁或者重大危害的突发性事件时,联邦政府可按《促进经济稳定和增长法》的规定追加预算。西班牙的法律规定,政府如果需要增拨临时款项,财政大臣应建议政府讨论通过并向议会提交一份法律草案,由议会批准。法案中应说明扩大公共支出的财力来源。政府根据财政大臣的建议,可以特殊例外地批准拨付不可拖延的支出,但每年度最高限额为国家预算款额的1%。

我国的预算调整权限集中在人民代表大会,政府也有部分预算调整权。《预算法》

规定,各级政府对于必须进行的预算调整,应当编制预算调整方案。中央预算的调整方案必须提请全国人大常委会审查和批准。县级以上地方各级政府预算的调整方案必须提请本级人大常委会审查和批准;乡、民族乡、镇政府预算的调整方案必须提请本级人大审查和批准。未经批准,不得调整预算。另外,政府拥有动用预备费和经费流用的批准权。

### (四) 预算调整的程序

根据《预算法》《预算法实施条例》的规定,预算调整方案由政府部门负责具体编制。预算调整方案应当列明调整的原因、项目、数额、措施及有关说明,经本级政府审定后,提请本级人大常委会审查和批准。未经批准,各级政府不得作出任何使原批准的收支平衡的预算的总支出超过总收入或使原批准的预算中举借债务的数额增加的决定。对违反上述规定作出的决定,本级人大、本级人大常委会或者上级政府应当责令其改变或者撤销。

接收上级返回或者补助的地方政府,应按照上级政府部门规定的用途使用款项,不得擅自改变用途。政府有关部门以本级预算安排的资金拨付给下级政府有关部门的专款,必须经本级政府财政部门同意并办理预算划转手续。各部门、单位预算支出,必须按本级政府财政部门批复的预算科目和数额执行,不得挪用;确需做出调整的,必须经本级政府财政部门同意。年度预算确定后,企业、事业单位改变隶属关系,引起预算级次和关系变化,应当在改变财务关系的同时,相应办理预算划转。而地方各级政府预算的调整方案经批准后,要由本级政府报上一级政府备案。

各部门、各单位的预算支出应当按照预算科目执行。不同预算科目间的预算资金需要调剂使用的,必须按照国务院财政部门的规定报经批准。

## 第六节 "收支两条线"制度

预算外资金是根据国家有关规定不纳入国家预算的财政性资金。同预算内资金相比较,预算外资金具有专用性、分散性、灵活性的特点。改革开放以来,随着国民经济的迅速增长和放权让利的改革,我国的预算外资金也迅速增长,并发挥了重要作用。与此同时,针对预算外资金规模失控、规范不足、问题较多的情况,各级财政积极探索预算外资金管理办法。

### 一、预算外资金的概念

1996年7月颁布实施的《国务院关于加强预算外资金管理的决定》,重新界定了预算外资金的范围,明确规定:预算外资金是指国家机关、事业单位和社会团体为履行或代行政府职能,依据国家法律、法规和具有法律效力的规章而收取、提取和安排使用的未纳入国家财政预算管理的各项财政性资金。主要包括:法律、法规规定的行政事业性收费、基金和附加收入等;国务院或省级人民政府及其财政、计划(物价)部门审批的行政事业性收费；国务院以及财政部审批建立的基金、附加收入等；主管部门从所属单位集中的上缴资金；用于乡镇政府开支的乡自筹和乡统筹资金；其他未纳入预算管理的财政性资金、社会保障基金等。

2001年国务院办公厅转发《财政部关于深化收支两条线改革，进一步加强财政管理意见的通知》，正式提出，随着政府收支分类改革和部门预算改革的推进，预算外资金概念逐渐淡出。2004年7月，财政部下发《关于加强政府非税收入管理的通知》，指出政府非税收入是指除税收和政府债务收入以外的财政收入，是由政府部门和单位依法利用政府权力、政府信誉、国家资源、国有资产或提供公共服务、准公共服务所取得的财政性资金。主要包括：行政事业性收费、政府性基金、国有资源有偿使用收入、国有资产有偿使用收入、国有资本经营收益、彩票公益金、罚没收入、以政府名义接受的捐赠收入、主管部门集中收入以及政府财政资金产生的利息收入等。

根据《财政部关于将按预算外资金管理的收入纳入预算管理的通知》（财预〔2010〕88号）有关要求，从2011年起，除教育收费纳入财政专户管理外，其他预算外资金全部纳入预算管理。此举意味着从2011年开始，预算外资金成为了历史，财政管理进入了全面综合预算管理的新阶段。

## 二、"收支两条线"制度

"收支两条线"是指国家机关、事业单位、社会团体以及政府授权的其他经济组织，按照国家有关规定依法取得政府非税收入，收入全额缴入国库或者财政专户，支出通过编制预算由财政部门统筹安排，并通过国库或财政专户拨付资金。

1993年中共中央先后转发了财政部《关于治理乱收费的规定》和《关于对行政性收费、罚没收入实行预算管理的规定》，确定了收费资金实行"收支两条线"的管理模式。2001年底，国务院办公厅转发了财政部《关于深化收支两条线改革，进一步加强财政管理意见的通知》，以综合预算编制为出发点，以预算外资金管理为重点，以强调收支脱钩为中心，以国库管理体制改革为保障，明确提出进一步深化"收支两条线"改革的步骤与相关措施。2003年5月，财政部、国家发展改革委员会、监察部、审计署发布《关于加强中央部门和单位行政事业性收费等收入"收支两条线"管理的通知》，各地也发布了许多相关文件，从收支分离的角度对预算外资金管理提出了要求，为我国预算外资金管理提供了基本的法律依据。

### （一）"收支两条线"管理制度概述

"收支两条线"制度是我国专门针对行政事业性收费和罚没收入而设计的一种支出制度。所谓"行政事业性收费"，是指下列两种属于财政性资金的收入。① 依据法律、行政法规、国务院有关规定、国务院财政部门与计划部门共同发布的规章或者规定以及省、自治区、直辖市的地方性法规、政府规章或者规定和省、自治区、直辖市人民政府财政部门与计划（物价）部门共同发布的规定所收取的各项收费。② 法律、行政法规和国务院规定的以及国务院财政部门按照国家有关规定批准的政府性基金、附加。事业单位因提供服务收取的经营服务性收费不属于行政事业性收费。所谓"罚没收入"，是指法律、行政法规授权的执行处罚的部门依法实施处罚取得的罚没款和没收物品的折价收入。

1. "收支两条线"管理的主要内容

根据财政部、国家发展改革委员会、监察部、审计署发布《关于加强中央部门和单位行政事业性收费等收入"收支两条线"管理的通知》(财综〔2003〕29号)的规定,"收支两条线"管理的主要内容是,中央部门和单位按照国家有关规定收取或取得的行政事业性收费、政府性基金、罚款和罚没收入、彩票公益金和发行费、国有资产经营收益、以政府名义接受的捐赠收入、主管部门集中收入等属于政府的非税收入,必须严格按照国务院或财政部规定全部上缴国库或财政专户,不得隐瞒、截留、挤占、坐支和挪用。实行中央与地方分成的政府非税收入,应当按照国务院或者财政部规定的分成比例上缴中央和地方国库或财政专户。具体要求如下。

(1) 收入必须依法取得。

① 收入来源必须合法。其中,行政事业性收费项目必须经过国务院或省、自治区、直辖市人民政府及其所属财政主管部门、计划(物价)部门批准;行政事业性收费标准必须由国务院或省、自治区、直辖市人民政府及其所属财政主管部门、计划(物价)部门核定。政府性基金必须具有法律、法规依据,并按照规定程序报经财政部或国务院批准。

② 取得收入必须出具相应凭证。如实施行政事业性收费必须持有《收费许可证》,取得罚没收入必须持有《罚没许可证》。收取行政事业性收费、政府性基金必须按照财政隶属关系分别使用中央和省两级财政部门统一印制的票据。罚没收入必须按规定使用中央和省级财政部门统一印制的票据。政府非税收入来源中按照国家规定依法纳税的,应按税务部门规定使用税务发票。

(2) 收入必须全额上缴国库或财政专户。

① 按国家规定依法取得的政府非税收入属于财政资金,必须全额上缴国库或财政专户,任何部门和单位不得截留、挤占、挪用和坐支。具体而言,即取消各执收单位开设的各类非税资金账户,改由财政部门按执收单位分别开设预算资金财政汇缴专户,该账户只能用于非税收入收缴,不得用于执收单位的支出。

② 实行收缴分离,执收执罚单位原则上不得直接收取非税资金。缴费单位或个人根据执收单位发出的缴款通知,直接将收入缴入指定的非税资金财政汇缴专户。暂时难以直接缴入财政汇缴专户的少量零星收入和当场执收的收入,可先由缴款单位或个人直接缴给执收单位,再由执收单位及时将收入缴入非税资金财政汇缴专户。除法律、法规规定可以当场收缴罚款外,其他罚款由当事人持行政处罚决定书到财政部门指定的银行缴纳罚款。

③ 全面推行政府非税收入收缴管理制度改革。由缴款人按财政部门规定的程序,持《非税收入一般缴款书》将政府非税收入直接缴入国库或财政专户。政府非税收入来源中按照国家规定依法纳税的,按照财政部门规定将缴纳税款后的政府非税收入全额上缴国库或财政专户。

④ 非税资金财政汇缴专户的收缴清算业务,由财政部门按规定程序委托代理银行

办理。每日由代理银行通过资金汇划清算系统,将缴入非税资金财政汇缴专户的资金全部划转到非税资金财政专户,实行零余额管理。

(3) 单位账户开设必须符合国家规定。

① 单位开设账户须经同级财政部门批准,必须取得中国人民银行核发的开户许可证。

② 中央预算单位只能在国有、国家控股银行或者经批准的商业代理银行开设银行账户。

③ 财政部对中央预算单位开设的银行账户实施动态监控,建立账户管理档案,并实施年检。

(4) 部门和单位财务收支由财务部门统一归口管理。

涉及行政事业性收费、政府性基金、罚没收入等有关事务,包括申请立项、调整收费标准、领购票据、账户开设、收入收缴、支出拨付、预决算编制,以及与之相关的其他财务收支活动,统一由部门和单位的财务部门归口管理。

(5) 部门和单位支出由财政部门统筹安排。

① 部门和单位不再对非税资金提出使用计划,部门和单位支出与其依法取得的收入脱钩。

② 部门和单位的支出由财政部门核定,按照财政部门批复的预算和规定用途安排使用。

③ 财政部门按照批复的部门预算及时核拨部门和单位所需要的资金。

2. "收支两条线"管理改革的意义

(1) 有利于从源头上防治行政腐败。实行"收支两条线"管理,执收执罚单位取得行政事业性收费和罚没收入必须持有相关许可证,必须按照财政隶属关系分别使用中央和省两级财政部门统一印制的票据,收入按照财政部门规定全额上缴国库或财政专户,有利于从源头上预防和治理腐败,促进依法行政和公正执法。

(2) 有利于规范政府收入分配秩序。实行"收支两条线"管理,取消各执收单位的各类非税资金账户,改由财政部门按执收单位分别开设非税资金财政汇缴专户,解决了大量财政性资金体外循环的问题,解决了执收执罚单位收支挂钩带来的分配不公问题,规范了政府收入分配行为,理顺了政府收入分配秩序。

(3) 有利于提高财政资金使用效率。实行"收支两条线"管理,行政事业性收费和罚没收入及时、足额上缴国库或非税资金财政专户,进一步规范了执收单位银行账户设置,杜绝了征收环节上的截留、挪用等行为,保证了财政资金安全。各执收执罚部门正常的经费开支,统一由财政部门按照预算内外资金结合使用的原则审核拨付,有利于加强财务收支管理,规范财政分配秩序,进一步提高资金的使用效率。

(4) 有利于促进公共财政体系建设。实行"收支两条线"管理,由财政专户管理非税资金,推行部门预算制度,以综合预算为主要内容,统一编制、统一管理、统筹安排各部门和单位预算内、外资金和其他收支,可以全面客观地反映财政资金收支情况,为提高部门预算执行水平、推进国库集中收付制度改革、推进政府采购管理制度改革创造了有利条件,有利于促进公共财政体系建设。

### (二) 违反"收支两条线"管理的行政责任

根据国务院 2000 年 2 月 12 日发布的《违反行政事业性收费和罚没收入"收支两条线"管理规定行政处分暂行规定》,涉及"收支两条线"管理的行政责任主要有以下九项。

(1) 违反罚款决定与罚款收缴分离的规定收缴罚款的,对直接负责的主管人员和其他直接责任人员给予记大过或者降级处分。

(2) 不按照规定将行政事业性收费纳入单位财务统一核算、管理的,对直接负责的主管人员和其他直接责任人员给予记过处分;情节严重的,给予记大过或降级处分。

(3) 不按照规定将行政事业性收费缴入国库或预算外资金财政专户的,对直接负责的主管人员和其他直接责任人员给予记大过处分;情节严重的,给予降级或者撤职处分。不按照规定将罚没收入上缴国库的,依照前款规定给予处分。

(4) 违反规定,擅自开设银行账户的,对直接负责的主管人员和其他直接责任人员给予降级处分;情节严重的,给予撤职或者开除处分。

(5) 截留、挪用、坐收坐支行政事业性收费、罚没收入的,对直接负责的主管人员和其他直接责任人员给予降级处分;情节严重的,给予撤职或者开除处分。

(6) 违反规定,将行政事业性收费、罚没收入用于提高福利补贴标准或者扩大福利补贴范围、滥发奖金实物、挥霍浪费或者有其他超标准支出行为的,对直接负责的主管人员和其他直接责任人员给予记大过处分;情节严重的,给予降级或者撤职处分。

(7) 不按照规定编制预算外资金收支计划、单位财务收支计划和收支决算的,对直接负责的主管人员和其他直接责任人员给予记过处分;情节严重的,给予记大过或者降级处分。

(8) 不按照预算和批准的收支计划核拨财政资金,贻误核拨对象正常工作的,对直接负责的主管人员和其他直接责任人员给予记过处分;情节严重的,给予记大过或者降级处分。

(9) 违反收支分离管理规定,构成犯罪的,依法追究刑事责任。

## 本 章 小 结

预算经过编制和审批之后,就进入预算执行阶段。预算执行管理是实现政府预算安排与计划的必经步骤,是政府预算管理工作的重要组成部分。

国库是政府预算执行的主要机构。实行国库集中收付制度,有利于财政收入及时、足额入库,有利于实现对财政资金的全面监督,提高财政资金使用效率,加强财政宏观调控能力。

政府预算在执行过程中,为了使年度预算符合客观实际,保证政府预算在执行过程中的平衡,需要对预算进行调整,以避免收支脱节。对政府预算执行情况进行分析,能够及时反映政府预算执行的情况,反映国民经济运行的状况,并发现预算执行中存在的问题,根据具体情况提出切实有效的解决思路和对策措施,从而改进和指导下一步的预算执行工作。

"收支两条线"制度是我国专门针对行政事业性收费和罚没收入而设计的支出制度,该制度以综合预算编制为出发点,以非税资金管理为重点,以强调收支脱钩为中心,以国库管理体制改革为保障,有利于从源头上防治行政腐败、规范政府收入分配秩序、提高财政资金使用效率。

## 复习思考

1. 解释以下关键术语:预算执行、国库、国库集中收付制度、直接缴库、集中汇缴、财政直接支付、财政授权支付、退库、预算调整、非税收入、收支两条线。
2. 简述政府预算执行的主要任务。
3. 简述国库管理制度的基本类型。
4. 简述国库集中收付制度的主要内容。
5. 简述预算执行情况分析的方法。
6. 简述预算执行调整的方法。
7. 简述非税收入与预算外资金的区别。
8. 简述"收支两条线"管理的主要内容。

# 第七章 政府决算与财务报告

【本章导读】

通常情况下,由于各种原因,政府预算执行的结果通常与预算难以完全一致,为了确定政府预算执行的结果,需要进行政府决算。政府决算是政府预算的执行结果,是政府一个财政年度预算管理的最终环节。通过政府决算,全面地反映政府在预算年度内的收支活动范围与方向,衡量政府财政资金的使用效益与评价政府的工作效率。各级政府、各部门、各单位须在每一预算年度终了后按照法定的时间和标准程序编制决算草案,并在规定的期限内报相关部门审查和批准。

为了满足信息使用者的需求以及实现对政府的监督,政府部门必须编制并对外提供以其财务信息为主要内容、以财务报表为主要形式,并能全面系统地反映政府财务受托责任的综合报告。这份综合财务报告是信息使用者进行经济和社会决策的依据,也是政府解释财务受托责任的有效凭证。

## 第一节 政府决算的编制

### 一、政府决算概述

(一)政府决算的含义

政府决算是政府预算管理过程中一个十分重要且必不可少的阶段。政府决算是指政府各部门按照法定程序编制的,用来反映政府一个预算年度内政府预算执行结果的会计报告。该报告集中反映了政府一个预算年度内的预算收入和预算支出,从财政角度集中体现政府的职能与经济活动。根据我国《预算法》的规定,每一个预算年度终了后,各级政府、各部门、各单位都应该及时、准确、完整地编制决算草案,并经过审核和汇总后提交相关部门,经过法定程序审查和批准后成为正式的决算。

(二)政府决算的意义

从政府决算的意义来看,政府决算作为政府预算管理的一个必不可少的阶段,具有重要的意义。具体表现在以下四方面。

1. 集中反映了政府预算的执行成果

由于各种原因,如发生重大事件、经济情况变化或者方针政策调整等,政府预算通常无法精准地预测一个预算年度内收入的规模、来源和构成以及支出的规模方向和结构,实际执行的结果通常与预测的数值存在较大的偏差,所以政府最初所预测的数据不能够用来准确地反映该预算年度内的政府财政信息与经济活动。政府决算处于整个预算管理的末端,它通过对预算年度内政府所有的预算收支活动进行记录、总结和审批,真实地反映了政府在预算年度内最终的、实际的执行成果,从而真实地反映出国家经济建设和社会事业发展的规模与速度以及所取得的成果。

2. 为政府进行经济决策提供参考资料

通过对决算报告的分析,可以从资金积累和资金分配的角度总结一个预算年度内政府的各项经济活动在贯彻和执行党和国家的方针、政策方面的情况,为国家领导机关研究国家的经济问题,制定经济政策提供参考资料。

3. 是政府系统整理和积累政府预算收支实际资料的主要来源

政府决算准确地反映了预算年度内预算执行的最实际的成果,通过对以往年度预算的编制、执行、管理,平衡预算收支,资金效果和财政监督等方面进行分析和总结经验教训,提出改进意见和措施,为提高下年度的预算管理工作水平提供良好的基础,并为制定下年度预算收支控制指标提供数字基础。

4. 是实现民主监督的重要途径

政府预算本身具有公开性和透明性的要求。政府通过编制反映实际预算执行成果的决算报告,并向外披露,使得人民可以通过决算报告了解政府的经济活动,真正地实现民主监督。

(三)政府决算的组成

按照不同的划分方法,政府决算的有不同的组成。

1. 按政府决算的级次划分

所有编制政府预算的地区、部门和单位都要编制政府决算,只有这样,这些地区、部门和单位的预算才是全面、真实和完整的。因此,政府决算体制和政府预算体制一样,通常按照一级政府一级决算的要求,按统一的政府决算体系逐级汇编,具体分为中央级决算和地方级决算。

(1)中央级决算,即中央政府决算。它是由中央各主管部门汇总所属的各行政、事业、企业单位财务决算和基建财务决算以及国库年报和税收年报等,再由中央财政部审核并汇总编制而成。其中,中央各主管部门分别编制本部门的决算草案,最后交由财政部汇编成中央级决算草案。

(2)地方级决算。地方级决算包括各省(自治区、直辖市)、市(地、州)、县(市、区、旗)、乡(镇)四级预算。地方各级政府总决算由各主管部门汇总相应的所属各级单位决算和所属下级政府总决算以及国库年报、税收年报等而成。

2. 按政府决算的内容划分

为了能够全面、准确、完整地反映预算执行的情况,政府决算通常按照一定的技术要求其内容。例如,我国政府决算划分为公共财政决算、国有资本经营决算、政府性基金决算和社会保险基金决算。

3. 按政府决算的报送单位划分

政府决算报送单位的规定是为了区分财政资金蛇皮单位和使用单位,有利于财政资金的纵向和横向管理。因此,政府决算按照报送单位分为总决算和单位决算。

(1) 总决算。总决算是总预算执行最终结果的报告文件,是由各级财政部门汇总本级及其下级财政部门的年度实际收支所编制的决算。它是各级总预算执行结果的纵向全面反映。总决算的内容包括:全年的收支预算书、决算书及其他相关的基本数字和决算说明书。我国总决算包括中央总决算和地方总决算;地方总决算又包括省(自治区、直辖市),市(地、州),县(市、区、旗),乡(镇)四级总决算。

(2) 单位决算。单位决算是构成各级总决算的横向基础,由执行单位预算的行政、事业单位编制。在每个预算年度终了后,要求各级单位在年度清理、结清账目的基础上,及时、准确、完整地编制单位决算草案,分别填列预算数和决算数,并附上决算说明书,按照预算支出的申报程序自下而上逐级审核汇总后,上报同级财政部,汇入总预算。

## 二、政府决算编制

每一个预算年度终了后,政府预算工作进入决算编制阶段。政府决算与预算的编制一样,必须按照统一的方法与程序进行编制,并经过法定的审查和批准程序才能成为正式的具有法律效力的决算。

### (一) 政府决算编制原则

根据我国《预算法》第 75 条规定,编制决算草案,必须符合法律、行政法规,做到收支真实、数额准确、内容完整、报送及时。

1. 合规性原则

单位在编制决算时,必须符合法律、行政法规,这是编制决算必须遵守的最根本的原则。全国各地区、各部门都必须严格按照法律、行政法规的要求编制决算草案,不符合法律、行政法规要求的,按照法律要求应予以撤销和重编。我国《预算法》规定,各级政府财政部门对本级各部门决算草案审核后发现有不符合法律、行政法规规定的,有权予以纠正。国务院和县级以上地方各级政府对下一级政府报送备案的决算,认为有同法律、行政法规相抵触或者有其他不适当之处,需要撤销批准该项决算的决议的,应当提请本级人民代表大会常务委员会审议决定;经审议决定撤销的,该下级人民代表大会常务委员会应当责成本级政府依照《预算法》规定重新编制决算草案,提请本级人民代表大会常务委员会审查和批准。

2. 准确性原则

政府决算作为政府预算执行结果的总结,是政府经济活动在财政上的集中体现,政府决算的编制必须坚持实事求是、如实反映情况。各级单位的各种决算、年报都要坚持自下而上、逐级汇总的原则,不能以领代报、以估代编。只有坚持决算的准确性才能保证决算的质量;只有准确的决算报告,才能真正地做到向人民如实报账,才能对一年来的国民经济和社会发展,以及预算的执行和管理工作做出正确的评价和总结。

3. 完整性原则

政府决算报告要求完整体现政府的所有实际收支结果,因此,各级政府必须严格地按照国家和上级决算编制要求和布置的决算表格,全面落实、认真填报,不能自行取舍和遗漏。一份完整的决算报告除了决算报表外,还包括根据决算报表完成的分析和总结。

4. 及时性原则

决算编制对于以后年度的预算编制具有重要的参考价值,因此对其有很强的时间要求。为了发挥决算应有的作用,要求及时编制、及时报送。各地区、各部门必须严格按照规定的时间,把握好编制决算草案工作中各项具体工作的进度,在保证决算质量的前提下,力争缩短编制决算草案的时间。

(二) 政府决算编制的准备工作

1. 拟定和下达政府决算编制和审批办法

为了使全国各地区、各部门决算数字口径一致,提高决算的质量,必须制定和颁布统一的决算编审办法。在每个预算年度终了前(一般在第四季度),财政部在总结上年度决算编制工作经验的基础上,结合本年度财政经济政策、政府预算管理制度以及当年预算执行中的问题,提出本年度编制决算的基本要求和具体办法,具体包括编制决算草案的原则、要求、方法和报送期限,以通知的形式,分别下达给中央各主管部门和省(自治区、直辖市)。中央各主管部门和各省(自治区、直辖市)根据财政部的部署和下达的决算编审办法的原则和要求,结合本地区、本部门的实际情况,做出必要的补充,并逐级补充,作为编制年终决算的指导性文件。该决算编审指导办法一般包括下列内容。

(1) 提出完成全年预算任务的主要措施。要求根据国家的财政方针、政策及当年的财政、经济形势,针对当年预算收支的特点和执行中遇到的问题,提出有关增加收入、节约支出、完成预算任务和平衡预算的主要措施。

(2) 组织年终收支清理工作的基本要求。要求各级政府认真组织年终清理,财政、税务和金库密切配合,做好对账工作。

(3) 指明决算编审的重点和原则。根据不同的情况,每年决算编审办法提出的重点和原则各有侧重。主要包括中央和地方之间的收入分成、上解、补助以及借垫款项等的结算办法,地方预算年终结余处理,允许结转下年继续使用的支出项目,以及其他需要明确规定的具体问题等。

(4) 明确决算编报方法和有关问题的处理原则。编审办法除对上述经常性或常规性的相关问题,提出有关处理意见外,还要根据各年预算执行的不同情况,做出具体规定。

(5) 确定报送决算的期限。各省(自治区、直辖市)的总决算,一般要求在年度终了后的 3 个月内报送财政部;中央各主管部门的各单位决算汇总,一般要求在预算年度终了后 3 个月内报送财政部。各省(自治区、直辖市)本级的单位决算以及所属市(州)、县(市)总决算的报送期限和份数,在保证及时汇总上报的原则下,可自行规定。

财政部在拟定和颁布国家决算编审办法的同时,还要颁发国有企业财务决算和基本建设财务决算的具体编报方法,逐级下达,国库和税务总局也要分别颁发编制国库年报和税收年报的具体补充文件。

2. 制定和颁发决算表格

财政部在每年第四季度，制定决算编审办法的同时，还应制定各种决算的统一表格，以保证全国各地区、各部门决算的内容及格式的统一。

决算表格是编制决算的工具，是决算数字体系的表现形式。它把决算数字及有关资料和核算根据等，科学地安排在一定的表格中，以简单明了地反映政府决算的全貌。同时，决算表格是建立在上年决算的基础上，根据本年度预算管理体制及其他制度的变化情况，本着有利于总结全年预算收支执行情况、符合预算管理的要求制定的。具体来说，编制决算表格应遵循四大原则：兼顾本年决算和下年度预算设计的要求；主要表格形式应相对稳定；便于政府决算的整体汇编；表格应简洁明了，易于编制。

我国政府决算表格分为主表和附表。

(1) 主表部分。主表即主要用来反映预算收支实际上的执行成果和年终预算资金活动结果的会计报表。主要包括下列表格。

① 收入支出决算总表。这是政府决算的主要表格，反映预算单位本年度的总收支和年末结转结余情况，包括行政事业资金和基本建设类资金。通过它可以反映各级预算收入、预算支出以及执行结余的情况，是向同级人大报告决算的基本数字资料，是公共决算收支的对照表。

② 收入支出决算表。反映预算单位本年度收入、支出、结转和结余及结余分配等情况。

③ 收入决算表和支出结算表。反映预算单位本年度取得的全部收入和支出的情况，根据单位行政事业账和基本建设账的收入和支出总账、明细账的发生数填列。

④ 支出决算表明细表。反映预算单位本年度基本支出、项目支出的明细情况。还包括基本支出决算明细表和项目支出决算明细表。

⑤ 基本支出决算明细表。反映单位本年度基本支出的明细情况。

⑥ 项目收入支出决算表。含行政事业类项目收入支出决算表和基本建设类项目收入支出决算表，反映预算单位本年度项目支出的明细情况。项目收入支出决算表，反映单位本年度项目资金收入、支出、结转和结余情况。行政事业类项目收入支出决算表，反映单位本年度行政事业类项目收支余情况。基本建设类项目收入支出决算表，反映单位本年度用非偿还性资金安排基本建设类项目收支余情况。

⑦ 公共预算财政决算表。包括公共预算财政拨款收入支出决算表、公共预算财政拨款支出决算明细表，公共预算财政拨款基本支出决算明细表、公共预算财政拨款项目支出决算明细表。公共预算财政拨款收入支出决算表，反映单位本年度从本级财政部门取得公共预算财政拨款的收入、支出、结转和结余等情况。公共预算财政拨款支出决算明细表，反映单位从本级财政部门取得的公共预算财政拨款年度列支的基本支出和项目支出的明细情况。公共预算财政拨款项目支出决算明细表，反映单位从本级财政部门取得的公共预算财政拨款本年度列支的项目支出明细情况。

⑧ 政府性基金预算的决算报表。包括政府性基金预算财政拨款收入支出决算表、

政府性基金预算财政拨款支出决算明细表、政府性基金预算财政拨款基本支出决算明细表、政府性基金预算财政拨款项目支出决算明细表。政府性基金预算财政拨款收入支出决算表，反映单位本年度从本级财政部门取得纳入预算管理的政府性基金预算财政拨款的收入、支出、结转和结余等情况。政府性基金预算财政拨款支出决算明细表，反映单位从本级财政部门取得的政府性基金预算财政拨款本年度列支的基本支出和项目支出的明细情况。政府性基金预算财政拨款基本支出决算明细表，反映单位从本级财政部门取得的政府性基金预算财政拨款本年度列支的基本支出明细情况。政府性基金预算财政拨款项目支出决算明细表，反映单位从本级财政部门取得的政府性基金预算财政拨款本年度列支的项目支出明细情况。

⑨财政专户管理资金收入支出决算表。反映单位本年度从本级财政部门取得的财政专户管理的教育收费等资金的收入、支出、结转和结余等情况。

⑩资产负债表。反映单位年初、年末的资产负债等情况。

（2）附表部分。

①事业单位事业紧急增减变动情况表。反映事业单位本年度事业基金的增减变动情况，由事业单位填报。

②事业单位专用基金增减变动情况表。反映事业单位本年度专用基金的增减变动情况，由事业单位填报。

③资产情况表。反映单位各类资产价值、数量的增减变动、结存情况。

④国有资产收益情况表。反映单位国有资产有偿使用收入、国有资产处置收入的征缴情况，以及单位国有资产收益的收支情况。

⑤基本数字表。反映单位年末机构、人员情况。

⑥机构人员情况表。反映单位年末机构设置和人员编制及实有情况。

⑦学生学院统计表。反映教育机构中经国家批准按统一计划招收的各类全日制在校研究生、本专科学生、留学生、中等教育学生以及初等教育学生等人数，不包括干部进修和培训人数。

⑧非税收入征缴情况表，反映单位各类非税收入的征缴汇总情况。

⑨非税收入征缴情况明细表，反映单位非税收入的征缴明细情况。

> **专栏 7-1**
>
> **2013年部门决算报表**[①]
>
> 主表： 财决01表　　收入支出决算总表
> 　　　　财决02表　　收入支出决算表
> 　　　　财决03表　　收入决算表
> 　　　　财决04表　　支出决算表

---

① 资料来源：中国财政部.关于印发2013年度部门决算报表的通知：财库〔2013〕191号[A/OL].(2013-10-31)[2019-07-30].http://gks.mof.gov.cn/zhengfuxinxi/guizhangzhidu/201311/t20131122_1015168.html.

**政府预算管理**

| 财决 05 表 | 支出决算明细表(自动生成) |
|---|---|
| 财决 05-1 表 | 基本支出决算明细表 |
| 财决 05-2 表 | 项目支出决算明细表 |
| 财决 06 表 | 项目收入支出决算表(自动生成) |
| 财决 06-1 表 | 行政事业类项目收入支出决算表 |
| 财决 06-2 表 | 基本建设类项目收入支出决算表 |
| 财决 07 表 | 公共预算财政拨款收入支出决算表 |
| 财决 08 表 | 公共预算财政拨款支出决算明细表(自动生成) |
| 财决 08-1 表 | 公共预算财政拨款基本支出决算明细表 |
| 财决 08-2 表 | 公共预算财政拨款项目支出决算明细表 |
| 财决 09 表 | 政府性基金预算财政拨款收入支出决算表 |
| 财决 10 表 | 政府性基金预算财政拨款支出决算明细表(自动生成) |
| 财决 10-1 表 | 政府性基金预算财政拨款基本支出决算明细表 |
| 财决 10-2 表 | 政府性基金预算财政拨款项目支出决算明细表 |
| 财决 11 表 | 财政专户管理资金收入支出决算表 |
| 财决 12 表 | 资产负债简表 |

| 附表: | 财决附 01 表 | 事业单位基金增减变动情况表 |
|---|---|---|
| | 财决附 02 表 | 资产情况表 |
| | 财决附 03 表 | 国有资产收益情况表 |
| | 财决附 04 表 | 基本数字表 |
| | 财决附 05 表 | 机构人员情况表 |
| | 财决附 06 表 | 学生学员统计表 |
| | 财决附 07 表 | 非税收入征缴情况表(自动生成) |
| | 财决附 07-1 表 | 非税收入征缴情况明细表 |

3. 开展年终清理

为了保证决算数字准确、完整,全面地反映预算执行的结果,在年度终了时,各级财政部门和预算单位对全年的预算收支、会计账目、财产物资及其有关的财务活动进行全面的清查、结算和核对。年终清理工作包括下列内容。

(1)核实年度预算收支数字。年度终了前,各级预算执行单位在执行预算的过程中,由于追加、追减、科目调整、预备费动用、预算划转等,对年初预算数有较大的影响,因此需要在年度终了前,在各级总预算之间、财政总预算和部门预算之间、部门预算和所属单位之间进行全年预算数字的核对。为了便于进行年终清理工作,每个年度的12月份不再办理预算的追加、追减和预算划转手续,本年经费限额的下达在12月25日截止。

（2）清理预算应收应支款项。通过清理预算年度的应收应支款项,把各项应缴的预算收入在年终前及时足额地缴入国库,及时弥补各项亏损补贴,凡是本年度列支的支出要在年终前办理完毕,并且需剔除一切虚列的支出。应收回的各单位不需用资金要在年终前收回,各单位的库存现金要在年终前交回银行,恢复预算存款,减少银行支出数。

（3）结清预算拨借款。各级财政部门之间、财政部门和各主管部门之间、主管部门和所属部门之间的拨借款,应在每年 12 月 31 日前结算清楚。同时,各级财政部门之间的预算补助款或预算上解款也应按照预算管理体制的规定进行结算,实行多退少补。

（4）清理往来款项。各级财政部门和其他行政、事业、基建、企业等单位之间的暂收暂付、应收应付等往来款项,需要在年终前结算清楚,在编制预算时原则上不能再有往来款挂账,以消除预算收支数的虚假现象。

（5）清理财产物资。所有的预算执行单位必须在年终前对本单位的固定资产、库存材料等所有财产物资进行年终盘点清理,做到账实相符、账账相符,真实地反映各预算单位所有的财产物资数。

（6）核对决算收支数。对于决算收入,各级财政部门、国家金库、税务部门必须会同预算缴款单位进行年终对账,经核对相符后填制对账单办理签证,并分别按照预算管理系统要求上报。对于决算支出,各级财政部门要会同主管部门、用款单位和开户银行,对决算支出共同进行核对和签证,并按规定的程序逐级上报。

（7）核实预算外资金收支数。清理各级财政部门和各单位掌管的预算外资金的来源与运用情况,核查有无擅自提取范围和提高各项附加比例以及各项专用资金的提留比例,清理将预算内转为预算外、挤占预算内资金的现象。

4. 进行年终结算

年终结算即在年终清理的基础上,上下级财政部门之间结清预算调拨收支和往来款项。主要有下列年终结算事项。

（1）税收返还结算。我国从 1994 年实行分税制改革以来,中央对地方的税收返还主要包括消费税和增值税的税收返还、所得税基数返还、成品油税费和价格改革税收返还。

（2）体制结算。一是体制上解结算,指对按照原财政包干体制确定的有关地区应上解中央的那部分数额的计算;二是体制补助结算,指对按照原包干体制确定的中央补助有关地区的数额的结算。

（3）定额结算。即在一些特定的上解和补助项目相抵后,确定了一个数额,以后年度中央和地方之间按此定额结算的项目。例如,1994 年起,外贸出口退税专项上解、办案费用补助改列支出、地方经贸行政人员经费、港澳台和外商投资企业所得税、价格补贴由收入改列支出等 20 多个结算事项的上解数和补助数相抵,最后确定一个定额,由地方财政专项上解中央财政。

（4）单项结算。包括专项拨款和预算划转等。

政府决算的准备工作结束后,各级政府就可以按照统一的方法与程序,着手进行决算的正式编制工作。

### (三) 政府决算的编制程序

我国决算的编制程序是从执行预算的各级单位开始,自下而上编制、审核和汇总,最后由财政部将总决算汇编成政府决算。政府决算编制程序如下。

(1) 各级政府、各部门、各单位在每一预算年度终了后按照国务院规定的时间编制决算草案。决算草案是指各级政府、各部门、各单位编制的未经法定程序审查和批准的预算收支的年度执行结果。编制决算草案的具体事项,由国务院财政部门部署。编制决算草案,必须符合法律、行政法规,做到收支真实,数额准确,内容完整,报送及时。

(2) 各部门对所属各单位决算草案,应当审核并汇总编制本部门的决算草案,在规定的期限内报本级政府财政部门审核。各级政府财政部门对本级各部门决算草案审核后发现不符合法律、行政法规规定的,有权予以纠正。

(3) 从执行预算的基层单位开始,自下而上层层编制、审核、汇总,由各级财政部门汇编成本级政府的决算草案。① 财政部门在收到中央主管部门报送的汇总单位决算和各省(自治区、直辖市)报送的总决算草案后,首先进行全面的审核和检查,然后根据中央各主管部门报送的汇总单位决算,汇编为中央总决算草案,经国务院审计部门审计后,报国务院审定,由国务院提请审查和批准。② 根据各省(自治区、直辖市)报送的总决算,汇总为地方总决算草案;县级以上地方各级政府财政部门编制本级决算草案,经本级政府审计部门审计后,报本级政府审定,由本级政府提请本级人民代表大会常务委员会审查和批准。

(4) 根据中央总决算和地方总决算汇编成国家决算草案。

### (四) 政府决算的编制方法

**1. 单位决算的编制方法**

(1) 单位决算草案。单位决算是各级决算编制的基础,是指执行单位预算的行政事业单位编制的决算。单位决算的主要内容为单位决算报表数字,主要包括三类。

① 预算数字。按照年终清理核对无误后的年度预算书填列,是考核预算执行和事业计划完成情况的依据。

② 会计数字。根据预算单位年终结账后的会计账簿中有关科目的年终余额或全年累计数填列,它是反映全年预算执行结果的数字。

③ 基本数字。根据有关财务统计和业务统计资料的统计数字填列,反映行政事业单位的机构数、人员数以及事业发展计划的完成情况,用以考核事业规模和预算资金的使用效果。

(2) 决算说明书。单位决算草案编制完成后,还应根据决算收支数字、事业计划完成情况编制决算说明书。决算说明书应包括以下四方面内容。

① 单位预算执行的主要情况以及支出超支或节支、收入超收或短收的原因。

② 业务计划完成情况以及原因分析。

③ 各事业发展的成果和费用开支水平,定员定额的分析比较。

④ 预算管理、财务管理等方面采取的主要措施,取得的经验和存在的问题以及提出的改进意见等。

（3）编制流程。各基层单位决算草案编制完成后，连同单位决算说明书，经本单位负责人审阅盖章后正式报送上级单位。上级单位对所属单位决算进行审查后，汇入本单位决算报上级主管部门。主管部门在审核汇总所属各单位决算草案的基础上，连同本部门自身的决算收入和支出数字，汇编成本部门的决算草案并附决算草案详细说明书，经部门行政领导签章后，在规定期限内报本级政府财政部门审核，作为财政部门汇编财政总决算的依据。

2. 总决算的编制方法

总决算是各级总预算的执行结果的总结，分为地方各级总决算、中央总决算以及国家总决算。

（1）地方各级总决算的编制。地方各级政府决算由本级财政部门编制。地方总决算的汇编从乡（镇）级开始，自下而上逐级编制。各级财政部门在收到并审核本级各部门报送的决算草案的基础上，与本级总预算会计账簿上的有关会计数据进行汇总，编制本级决算草案，经本级政府审计部门审计后，报本级政府审定后，由本级政府提请本级人民代表大会常务委员会审查和批准。县级以上各级政府财政部门编制本级决算草案，经本级政府审计部门审计后，报本级政府审定，由本级政府提请本级人民代表大会常务委员会审查和批准。决算草案经人民代表大会常务委员会批准后，将本级政府决算及下一级政府上报备案的决算汇总，报上一级政府备案。

地方各级政府财政部门按照总决算报表要求的基本内容填写数字，地方各级财政总决算的报表数字也分为三类。

① 预算数字。预算数字分为"年初预算数"和"本级调整预算书"。"年初预算数"是根据年初各级人民代表大会审查批准通过的当年预算数。"本级调整预算数"为各级财政在当年年初预算数的基础上调整后的全年预算数，调整的内容包括上级专项调整数和预算指标的增减等。预算数字是考核本级总预算执行情况的依据。

② 决算数字。反映各级总预算执行结果，分为决算收入和决算支出两部分。决算收入和决算支出的数字依据总预算会计预算收、支明细账的全年累计数填列，总预算会计核算的收支数应当与各主管部门汇总的单位决算报表数字、建设银行编报决算的全年基本建设支出数字保持一致。

③ 基本数字。与单位决算编制中的基本数字一样，也是反映各地区、各部门的行政事业单位的机构、人员状况和事业计划完成情况及效果的数字。它根据所属各地方、各主管部门编报的基本数字汇总填列。

编制完决算草案后，各级财政部门还必须编制决算说明书，对本级年度预算全年执行情况和预算管理工作进行书面的文字总结。主要有以下内容。

① 本级财政收入决算情况说明。结合本年度预算安排及国民经济和社会发展计划的指标完成情况，按照政府收支分类科目，分析各项明细收入超收或短收的原因，分析税收政策的执行情况以及税源的变化情况。如《上海市2011年市本级公共财政决算情况说明书》中对增值税的分析说明如下：增值税调整后预算数为195亿元，决算数为189.8亿元，完成预算的97.3%，比上年增长8.7%。未完成预算的原因主要是受原材料和劳动力等要素成本上涨因素影响，使增值税增幅低于预期。增长的原因主要是本市

政府预算管理

经济平稳增长,商业批发业增值税稳定增长带动税收增长。

② 本级财政支出决算情况说明。结合年度预算安排和基本建设计划、各项事业计划、定员定额等,按照政府收支分类科目,分析各项支出结余或超支的主要原因,分析成本费用水平、资金运用和改善管理等情况,说明决算支出数字的编制基础和涉及的主要经济效果和存在的问题。

③ 本年度预算变动及结余情况说明。分析全年总预算结余的情况,分析形成的原因以及对国民经济产生的影响等。

④ 预算执行中的调整情况的分析说明。说明预算在执行过程总的预备费动用、上年结余动用情况、预算追加追减、预算划转和科目流用对预算变动的影响情况。

⑤ 预算管理工作的说明。总结预算年度对各项方针政策、管理制度、规章制度贯彻执行的情况和问题,总结经验和教训并提出今后加强预算管理和预算监督的建议。

⑥ 其他情况的分析说明。分析物价和工资调整、经济体制的变动、财政体制改革等因素对预算收支的影响。

(2) 中央总决算编制。国务院财政部在对中央各部门报来的中央各部门单位决算草案进行审查之后,汇总编制中央决算草案,经国务院审计部门审计后,报国务院审定,由国务院提请审查和批准。

(3) 国家总决算的编制。财政部根据中央各主管部门报来的汇总单位决算汇编为中央总决算,并根据各省报来的总决算编制成地方总决算,然后根据中央总决算和地方总决算汇编成国家总决算。

**专栏 7-2**

**关于上海市 2013 年市本级公共财政收支决算情况的说明①**

一、市本级公共财政收支决算总体情况

2013 年,市本级公共财政收入 1 977 亿元,为预算的 100.4%,比 2012 年同口径(下同)增长 7.9%。加上中央财政与本市结算净收入 421.4 亿元,中央财政专款上年结转收入 46.6 亿元、调入资金 3.1 亿元,以及经国家批准本市试点自行组织发行的地方政府债券收入 112 亿元,减去市对区县的税收返还和转移支付 736.7 亿元,调出资金 15.3 亿元,市本级公共财政收入总计 1 808.1 亿元。与向市十四届人大二次会议报告的预算执行数比较,市本级公共财政收入增加 8.7 亿元,主要是根据国家有关规定,中央与本市两级财政最终结算后,中央财政税收返还及补助收入增加、上解中央财政支出减少所致。市本级公共财政支出 1 590.5 亿元,为调整预算的 101.6%,增长 4.3%。加上地方政府债券还本 50 亿元、转贷区县地方政府债券支出 90 亿元、中央财政专款结转下年支出 43.4 亿元,安排预算稳定调节基金 28.7 亿元,市本级公共财

---

① 资料来源:上海市财政局.关于上海市 2013 年市本级公共财政收支决算情况的说明[R/OL].(2014-08-22)[2019-07-30].http://www.czj.sh.gov.cn/zys_8908/czsj_9054/zfyjs/jsb/201509/t20150910_151100.shtml.

政支出总计1 802.6亿元。与向市十四届人大二次会议报告的预算执行数比较,市本级公共财政支出增加3.2亿元,主要是根据国家有关规定,中央与本市两级财政最终结算后,中央专款结转下年支出数增加3.2亿元所致。市本级公共财政收支相抵,当年结余5.5亿元。

需要说明的是,2013年,我国继续实施积极的财政政策。经国务院批准,财政部核定本市自行组织发行2013年地方政府债券的总量为112亿元(其中:5年期债券56亿元,7年期债券56亿元)。根据市十四届人大常委会第五次会议批准的《上海市2013年市本级预算调整方案》,市财政局相应调整了2013年市本级预算。调整后,市本级公共财政支出总计由年初的1 594亿元调整为1 706亿元。为支持本市区县公益性项目建设,综合考虑区县政府资金需求和财力状况,2013年上海市政府债券资金112亿元中,除市本级安排使用22亿元(按照国家明确的地方政府债券资金使用方向,全部安排用于市政建设等重大公益性项目支出)外,将其余90亿元全部转贷有关区政府使用。

二、市本级公共财政收入决算情况

市本级公共财政收入主要由增值税、营业税、企业所得税等税收收入,以及非税收入、地方政府债券收入和转移性收入等构成。按照财政部统一制定的2013年政府收支分类科目,市本级公共财政收入各科目决算的具体情况如下。

(一)税收收入。预算数1 726.6亿元,决算数1 754.6亿元,为预算的101.6%。

1. 增值税预算数316亿元,决算数359.6亿元,为预算的113.8%。超过预算主要是在国家和本市扩大内需政策的带动下,商业增值税保持较快增长,以及"营改增"试点稳步推进,试点范围进一步扩大,改征增值税增长高于年初预期。

2. 营业税预算数480亿元,决算数466.1亿元,为预算的97.1%。未完成预算主要是预算执行中本市按照国家有关对人寿保险业务免征营业税的税收政策规定,对2011年以来符合条件的保险公司人寿保险业务已缴纳的营业税予以集中退税,营业税增长低于年初预期。

……

(二)非税收入。预算数242.4亿元,决算数222.4亿元,为预算的91.7%。

1. 国有资本经营收入预算数-2.2亿元,决算数-1.6亿元,为预算的72.7%。本科目主要为国有企业计划亏损补贴。目前,按照财政部的收入科目分类规定,国有资本经营收入中的国有企业计划亏损补贴作为公共财政预算收入的减项,并入公共财政预算收入反映。未完成预算主要是本市城市煤气生产企业于2013年5月底按市委、市政府关于节能减排工作要求关停人工煤气生产装置,原亏损补贴政策停止执行,国有企业计划亏损补贴额相应减少。

……

(三)转移性收入及地方政府债券收入

1. 中央财政税收返还及补助收入预算数520.8亿元,决算数615.3亿元,为预算的118.1%。超过预算主要是预算执行中新增中央财政专款较多。

政府预算管理

2. 本市上解中央财政支出预算数 207 亿元，决算数 193.9 亿元，为预算的 93.7%。未完成预算主要是本市外贸出口额低于年初预期，出口退税专项上解中央财政金额相应减少。

……

三、市本级公共财政支出决算情况

2013 年，市本级公共财政支出决算根据财政部统一制定的 2013 年政府收支分类科目，结合本市实际情况，按照支出功能分类，分为一般公共服务、公共安全、教育、科学技术、医疗卫生等大类。参照财政部的有关做法，对涉及"类"级、"款"级科目和部分"项"级科目，将 2013 年决算数与预算数进行同口径比较说明；对部分预算未细化的"款"级科目，仅说明决算数。

需要说明的是，对于不能划分到具体的"类""款""项"级科目的相关支出，按政府收支分类科目规定，反映在相应"类""款""项"级的其他支出科目中，并对资金使用情况做了说明。

各主要支出科目决算的具体情况如下。

1. 一般公共服务支出。预算数 65.9 亿元，决算数 62.5 亿元，为预算的 94.8%。未完成预算主要是各市级预算主管部门在预算执行中严格控制并进一步压缩部门一般性支出。

（1）人大事务，决算数 1.5 亿元，主要用于市人大人员经费及日常运行、人大立法、人大会议、人大监督、代表工作、人大信访等经费支出。

（2）政协事务，决算数 1.3 亿元，主要用于市政协人员经费及日常运行、政协会议、政协各专委会调研等经费支出。

……

23. 预备费。预算数 44.8 亿元，实际支出 44.8 亿元，主要用于预算执行中新增的 H7N9 禽流感疫情防控和应急处置、强台风"菲特"灾后农业生产救助、出口信用保险、警用装备配备，以及政府性债务偿债准备金等支出。上述支出，已经根据政府收支分类科目有关规定归入相应支出科目。

## 第二节　政府决算的审查批准

### 一、决算草案的审查分析

政府决算草案汇编完成后，进入法定审查和批准程序。为了保证政府决算数字准确无误，必须在各个环节上加强政府决算审查工作，做到逐级审查，层层负责。政府决算必须按照统一的方法和程序进行编制，并经过法定的审查与批准程序，才能成为正式的决算。通常决算的审核分析工作与决算的汇编工作交叉进行。

(一) 政府决算审查方法和形式

政府决算审查分析方法一般分为就地审查、书面审核和派人到上级机关汇报审核三种。其中,以书面审核为主要的审核方法,将就地审核和派人到上级机关汇报审核作为补充审核方法,有时也交叉使用。

政府决算审查形式包括自审、联审互查和上级部门审查三种。

1. 自审

自审是指预算单位组织力量对本单位的决算进行审查,一般是单位财会部门自审与职工群众进行审查的有机结合。这种审查形式,充分发挥了各单位和部门掌握其内部情况的优势,通过审查,预算单位在总结经验教训的基础上,可以更好地编制本部门、本单位的决算。

2. 联审互查

联审互查是指由财政部门和主管部门组织同类型的企业、行政事业单位,对本部门的单位决算或本地区的财政总决算进行审查。这种形式有利于促进不同的单位和部门之间经验的交流,形成互帮互学互审,提高决算质量,加快决算进度。

3. 上级部门审查

上级部门审查是指由上级财政部门或上级主管部门对所属地方决算单位或所属企业、行政事业单位的决算进行审查。这种审查一般是针对自审或联审互查中发现的问题和决算中的一些关键的数字进行重点审查。这种审查形式有利于提高监督的力度,保证下级决算的质量。

(二) 政府决算审查分析内容

决算审查分析的内容主要包括政策性审查和技术性审查两个方面。

1. 政策性审查

政策性审查是指对预算执行单位贯彻执行国家各项方针政策、财政制度、财经纪律等方面进行审查分析。

(1) 收入审查。收入审查的主要内容包括:① 审查属于本年的预算收入,是否按照国家政策、预算管理制度和有关缴款办法,及时、足额地缴入各级金库,并编入本年决算;② 各级总预算之间的收入分成和上解下补是否按照规定的比例准确划分,收入退库项目是否符合国家规定;③ 预算内收入和预算外收入资金的界限是否清楚;④ 决算收入数与12月份会计报表所列全年累计收入数是否一致,分析不一致的原因。

(2) 支出审查。支出审查的主要内容包括:① 决算中的预算支出数是否与上级核定的预算支出数相一致,列入本年决算的支出,是否按照年度收支期限划分,本年预付下年的经费有无列入本年决算报销的情况;② 预算支出是否符合正常规律,年终是否存在突击花钱的现象;③ 根据决算数和预算数的对比,审查结余和超支的主要原因,审查有无挤占挪用资金的情况;④ 审查国家决算支出与地方财政专户的预算外支出是否划分清楚,有无挤占预算内资金;⑤ 审查决算支出数与12月份预算会计报表所列全年累计支出数是否一致,分析不一致的原因。

(3) 结余审查。结余审查的主要内容包括:① 单位决算年终的预算拨款结余,除另有规定者外,是否已如数缴回财政总预算,有无将结余列入决算报销转作单位的其他存款的情况；② 总结算结余中，按规定结转下年继续使用的资金是否符合规定，结转项目是否超过规定的范围；③ 对总决算中金库存款开户情况，审查是否存在违纪现象，如私设小金库。

(4) 资金运用审查。资金运用审查的主要内容包括：① 审查单位决算银行支取未用数是否正常，库存备用金是否符合规定的额度；② 审查库存材料有无挤压毁损，固定资产是否都入账，查明固定资产和库存材料增减变化的原因；③ 审核各级财政总预算之间、总预算和单位预算之间的拨借款项是否结算清楚，审查借垫款项的原因；④ 审查暂付款是否清理完毕以及未清理的原因，审查是否存在暂付、暂存等，其他各项往来款项有无混淆。

2. 技术性审查

技术性审查主要是审查决算报表中的数字关系，主要审查内容如下。

(1) 数字关系审查。数字关系审查的主要内容包括：① 审查决算报表之间的有关数字是否保持一致，如总决算的决算总表同决算收支明细表之间、决算分级表同决算总表之间的有关数字是否一致等；② 审查上下级财政总决算之间，财政总决算与部门、单位决算之间有关上解、补助和拨借款的数字是否一致；③ 审查上下年度有关数字是否一致；④ 审查其他决算与财政总决算的有关数字是否一致；⑤ 审查业务部门的统计年报同财政总决算的有关数字是否一致。

(2) 决算完整性和及时性的审查。决算完整性和及时性审查的具体内容包括：① 审查规定的报表是否填报齐全，有无缺报、漏报；② 已报的决算各表的栏次、科目、事项填列是否正确完整；③ 各类数字填列的计算口径是否符合规定；④ 决算说明书的编写是否符合条例要求；⑤ 决算是否经过法定程序审核签章；⑥ 决算报送时间是否超过规定的期限等。

政策性审查和技术性审查各有重点，又互为补充，相辅相成，从技术性审查的数字关系中发现政策性问题，政策性问题的纠正涉及决算报表数字的纠正。在决算审查中发现问题，要严格按照政府决算制度和有关财经纪律、制度规定进行及时的处理。政策性的问题，如少报收入、多列支出，原则上应当据实缴或剔除；技术性的差错，应当查明更正。通过决算审查，保证政府决算草案的及时、准确和完整。

## 二、决算草案的审批程序

各级政府、各部门、各单位在每一预算年度终了后按照国务院规定的时间编制决算草案，决算草案编制的具体事由，由国务院财政部门部署。根据《预算法实施条例》的规定，各部门在审核汇总所属各单位决算草案的基础上，连同本部门自审的决算收入和支出数字，汇编成本部门决算草案并附送草案详细说明，经部门行政领导签章后，在规定期限内报本级政府财政部门审核。国务院财政部门编制中央决算草案，报国务院审定后，由国务院提请全国人民代表大会常务委员会审查和批准。县级以上地方各级政府财政部门编制本级决算草案，报本级政府审定后，由本级政府提请本级人民代表大会常务委员会审查和批准。乡、民族乡、镇政府编制本级决算草案，提请本级人民代表大会审查和批准。

各级政府决算经批准后,财政部门应当向本级各部门批复决算。地方各级政府应当将经批准的预算,报上一级政府备案。县级以上各级政府决算草案经本级人民代表大会常务委员会批准后,本级政府财政部门应当自批准之日起 20 日内向本级各部门批复决算。各部门应当自本级政府财政部门批复本部门决算之日起 15 日内向所属各单位批复决算。县级以上地方各级政府应当自本级人民代表大会常务委员会批准本级政府决算之日起 30 日内,将本级政府决算及下一级政府上报备案的决算汇总,报上一级政府备案。

国务院和县级以上地方各级政府对下一级政府依照《预算法》第 50 条规定报送备案的决算,认为有同法律、行政法规相抵触或者有其他不适当之处,需要撤销批准该项决算的决议的,应当提请本级人民代表大会常务委员会审议决定;经审议决定撤销的,该下级人民代表大会常务委员会应当责成本级政府依照本法规定重新编制决算草案,提请本级人民代表大会常务委员会审查和批准。

## 第三节 政府财务报告[①]

国际会计师联合会(International Federation of Accountants,IFAC)公共部门委员会(Public Sector Committee,PSC)1991 年 3 月公布的研究报告第 1 号《国家政府的财务报告》中,将政府财务报告描述为报告主体为外部信息使用者提供信息的重要载体与外部信息使用者获取财务信息的重要来源。政府财务报告以政府财务报表为核心,同时还应包括其他的政府业绩和政府预算的信息。换言之,政府财务报告是指为信息需求者编制的以财务信息为主要内容,以财务报表为主要形式,全面系统地反映政府财务受托责任的综合报告。

### 一、政府财务报告的目标

政府财务报告的目标与政府财务报告使用者的定位以及政府的管理需求直接相关,政府财务报告目标的选择,直接决定着政府财务报告披露的内容、形式,并决定政府会计准则中的会计主体、会计基础、会计政策等相关问题。

国际会计师联合会公共部门委员会在 1991 年 3 月公布的第 1 号研究报告《中央政府的财务报告》中提出,政府财务报告的目标是提供有助于广大使用者对资源分配做出决策以及评价主体财务状况、业绩和现金流量的信息,反映主体对受托资源的管理责任,提供有助于预测持续经营所需资源、持续经营所产生资源以及风险和不确定性的信息。具体而言,政府财务报告提供的内容包括:① 关于财务资源的来源、分配及其使用

---

[①] 财政部国库司. 2008 年政府会计国际专家咨询会研讨情况报告[R/OL]. http://gks.mof.gov.cn/redianzhuanti/zhengfukuaijigaige/200809/t20080925_78047.html.

的信息；② 关于主体如何为经营活动融资并满足其现金需求的信息；③ 有助于评价主体为经营活动融资以及完成债务承诺的能力的相关信息；④ 主体财务状况及其变化的信息；⑤ 有助于评价主体在服务成本、效率和成果等方面业绩的总体信息；⑥ 表明资源获得、使用是否与法定预算相一致的信息；⑦ 表明资源获得、使用是否与法律和合同要求相一致的信息。由此可见，国际会计师联合会公共部门确定了"受托责任"和"决策有用"两个政府财务报告目标。

美国联邦会计准则咨询委员会（Federal Accounting Standards Advisory Board，FASAB）在1987年5月发布的《政府会计准则委员会概念公告第1号——财务报告的目标》中指出，政府财务报告应当提供信息以帮助信息使用者：① 评价受托责任；② 做出经济的、社会的和政治的决策。可见"受托责任"和"决策有用"是政府会计和财务报告的两个基本目标，是联邦政府财务报告其他目标的基础。

加拿大联邦政府对财务报告目标有如下规定。① 提供信息以确定当年收入是否能够补偿当年服务支出；说明资源的获取和使用是否符合主体的法定预算以及其他与财务相关的法定要求；提供信息帮助使用者评估主体的服务、成本和业绩，从而让使用者能够了解政府的受托责任。② 提供财务资源的来源和使用情况、政府活动资金筹集和现金需求、年度运营财务状况的信息，帮助使用者评价政府主体当年的运营成果。③ 提供财务状况以及使用年限超过现有年限的实物资产和其他非金融资源信息，包括可用于评估这些资源服务潜能的信息，帮助使用者评估政府主体提供服务的水平和到期债务的偿还能力。

我国目前尚未构建完整的政府会计体系，而只是形成了预算会计，因此政府的财务报告即政府决算报告。不同层级的政府决算报告主体遵循不同的会计规范，包括《财政总预算会计制度》《行政单位会计制度》《事业单位会计准则》和《事业单位会计制度》，对政府财务报告的目标也还没有完整统一的阐述，而只是零星地存在于与预算会计相关的准则和制度中。借鉴"受托责任"和"决策有用"的国际经验，构建我国完善的政府财务报告目标体系，如表7-1所示。

表7-1 我国政府财务报告目标体系基本架构①

| 政府财务报告总体目标 | 总体财务报告目标（递进） | 具体财务报告目标（递进） |
| --- | --- | --- |
| 反映政府公共受托责任的履行状况，提供全面反映政府综合财务境况的财务信息 | 符合性目标（诚实与合法受托责任） | 反映预算实际收支情况 |
| | | 反映实际预算收支与法定预算收支对比情况 |
| | 反映政府一般财务状况目标（过程受托责任） | 反映政府（部门）财务资金的来源、分配和使用情况 |
| | | 反映政府（部门）在一定时点的资产负债状况 |

① 贾康.政府财务报告目标提升与重构——基于财政透明度原则的解析和开拓创新.财政监督，2009(14).

续 表

| 政府财务报告总体目标 | 总体财务报告目标(递进) | 具体财务报告目标(递进) |
|---|---|---|
| 反映政府公共受托责任的履行状况,提供全面反映政府综合财务境况的财务信息 | 反映政府整体运营状况(也包括运营绩效)目标(业绩受托责任和计划受托责任) | 反映政府(部门)运营成本和服务成本信息 |
| | | 提供有助于预测政府(部门)运营相关风险和不确定性的信息 |

## 二、政府财务报告使用者

政府财务报告信息使用者的情况影响着政府财务报告的内容和水平。政府财务报告使用者范围广泛,通常包括内部使用者和外部使用者。

（一）内部使用者

1. 政府组织内部和上级管理者、决策者

这类内部使用者包括相关的主管部门和内部管理者。这类信息使用者需要通过政府财务报告获取真实、完整、准确、及时的政府财务信息来加强公共管理。这通常也是上级管理部门控制和管理下级部门的必要途径。这类信息使用者通常需要非常细致、具体和专业的财务报告。

2. 权力机关

这类权力机关为专门代表公众利益对政府行使监督权的机构。在我国包括各级人民代表大会和政府审计机关。人民代表大会作为立法机构,代表人民对公共资源的使用进行监督,特别要对公共资源使用的合法性和管理业绩进行监督,因此要求政府财务报告提供政府财政状况的相关信息,特别是关于公共资源使用过程中是否守法及管理业绩方面的财务信息等。政府审计机关通过政府财务报告提供的财务信息对公共资源的筹集、管理和使用进行监督。

（二）外部使用者

1. 社会公众

社会公众包括纳税人,选民,投票人,各利益集团,政府提供的商品、服务和转移支付的接受人,他们是真正的预算资金的使用者。社会公众是政府财务报告的第一信息需求者,政府凭借公权力将社会公众的部分财富集中起来使用,因此社会公众有权利通过政府财务报告了解并监督预算资金的使用情况。

2. 投资者与债权人

政府向市场购买服务以及政府在财政收支入不敷出时,需要适度的发行债券向金融机构融资,催生了公共资金的投资者和债权人。投资者和债权人必须了解政府的偿债能力、受益状况以及资金支出等方面的事项,做出是否进行投资和融资等决策。

3. 投资评估机构

投资评估机构对一个国家或政府的资信等级进行评价,为投资者和债权人进行投资和融资提供参考。所以,投资评估机构需要获取政府的财务报告,了解政府的资产、负债等信息。

4. 其他使用者

除了以上政府财务报告使用者之外,还有其他政府、国际机构和资源供应者、经济和财务分析人士(包括媒体)、高层管理者等。

## 三、政府财务报告的主体

政府财务报告主体的确定基础有五种:控制基础、受托责任基础、主要风险和报酬基础、公共预算支持运营基础、按类似职能或目标运营基础。其中,最常见的是控制基础和受托责任基础。《国际公共部门会计准则第 6 号——合并财务报表和受控主体会计》规定采用的是控制基础,但要求各国根据实际情况,明确政府财务报告主体的确认标准。

加拿大联邦政府也采用"控制"标准来界定政府财务报告主体。加拿大将"控制"定义为"具有控制另一个机构财务和运营政策的权力,该机构的活动预期会给政府带来收益或损失风险",同时确定了判断"控制"存在的多项指标。主要指标有四个:① 单方任命或免除机构管理团体中大部分成员的权力;② 持续使用机构资产的权力,能够持续管理资产的使用和承担损失责任;③ 具有控制机构财务或运营政策权力的多数表决股权或"黄金股权";④ 单方解散机构的权力,并因此接管其资产,承担其债务。除上述四大主要指标外,判断"控制"存在还有其他七个指标:① 提名机构重要管理岗位职位的人选;② 能够任命或免除首席执行官(CEO)或其他重要职务人员;③ 确定或修改机构的任务或托管权;④ 批准机构的业务计划或预算,并要求其修改;⑤ 确定机构借款或投资限额,或限制其投资;⑥ 限制机构的收入,特别是收入的来源;⑦ 确定或修改机构的管理政策。

国际会计师联合会公共部门委员会将政府财务报告主体定义为"能够感知到存在使用者需要依靠财务报告所提供的信息来评价受托责任履行情况的主体",并指出政府财务报告主体包括政府整体、政府各部门以及构成政府组成部分的其他主体。美国政府会计准则委员会将政府财务报告主体分为三个层级:基本政府、基本政府对其负有财务责任的组织、其他依据与基本政府的关系必须纳入报告主体范围的组织。

(一)基本政府

基本政府是财务报告主体的核心,它除了包括通常意义上的州政府、市政府与县政府外,还包括具有特殊目的的政府。基本政府需要满足以下条件:① 具有独立的法律地位,包括拥有独立的名称,有权利以自己的名义起诉别人或被别人起诉,有权利以自己的名义购买、销售、租赁、抵押财产;② 在财政上或预算上独立,具体是指有权确定自己的预算,有权征税或确定税率或收费,有权放行债券,不需要别的政府批准。

(二)基本政府的组成单位

基本政府的组成单位是指法律上独立、基本政府对其负有财务责任的组织。如果一个组织对于基本政府而言非常重要,重要到不能将该组织排除在外,否则会使报告主体的财务报表产生误导性信息或不完整,那么这个组织也应该纳入基本政府组成单位的范围。可以通过财务责任来识别基本政府的组成单位,如果基本政府能够任命该组织中的大部分投票成员、能够将意志施加于该组织,并且该组织可以通过某种方法给基本政府带来特定的财务利益或财务负担,基本政府就对该组织负有财务责任。

（三）基本政府的相关单位

基本政府的相关单位是指其绝大多数投票成员由基本政府任命,但基本政府对其不负财务责任的机构,如提供城市服务的警察和消防、街道和公共卫生、运输、供水等部门。相关单位与组成单位的主要区别在于：① 相关单位是基本政府可以控制但对其不负财务受托责任的单位,而组成单位是基本政府可以控制并对其负有财务受托责任的单位；② 相关单位的财务报表不需要与基本政府的财务报表联合编制,而组成单位的财务报表一般需要与基本政府的财务报表联合编制。

## 四、政府财务报告的编制基础

政府财务报告编制的会计基础有两种：权责发生制和收付实现制。权责发生制是以权力和责任的发生来决定收入和费用的归属期的原则,即凡是本期内已经收到或已经发生或应当负担的一切费用,不论其款项是否收到或付出,都作为本期的收入和费用处理。反之,不属于本期的收入和费用,即使款项在本期收到或付出,都不应作为本期的收入和费用。收付实现制是指以现金收到或付出为标准来记录收入的实现和费用的发生,不考虑收入和费用的归属期间。两种方法各有优劣。国际会计师联合会公共部门委员会在《第11号研究报告——政府财务报告》中提出,与收付实现制相比,以权责发生制为基础的财务报告能够提供更多、更有价值的财务信息,从而能够更好地满足报告使用者的信息需求。目前世界上大多数国家的政府财务报告编制基础采用收付实现制,有许多国家已经逐步引入权责发生制。如美国、英国、澳大利亚等,都先后采用了权责发生制。

我国目前的政府财务报告编制基础以收付实现制为主,主要用于反映当年的预算执行情况,并不能够全面、完整地反映政府所拥有的资产和负债的财务状况。也有部分地区已开始试编权责发生制政府财务报告。

## 五、政府财务报告的构成

政府财务报告包括财务报表和文字说明两部分。政府财务报表是政府财务报告的主要部分,包括财务报表和报表附注,报表附注为财务报表提供附加信息,主要是对报表信息做进一步的解释和说明；文字说明主要是围绕财务报表所做出的书面陈述,帮助报表使用者更好地理解、读懂财务报表。

各国政府编制的财务报表存在一定差异,但一般包括三张基本报表：① 资产负债表,反映关于政府资产、负债和净资产方面财务信息；② 运营表,反映政府在特定时期内的运营业绩；③ 现金流量表,提供特定时间内政府的现金收入、现金支出和现金结余信息。

我国现行预算会计编制的财务报表包括：① 财政总预算会计编制的反映政府财政预算资金情况的资产负债表、预算执行情况表、预算执行时情况说明书及其附表等；② 行政单位编制的资产负债表、收入支出表、支出明细表、基本数字表和报表说明书；③ 国有事业单位编制的资产负债表、收入支出表、支出明细表、基本数字表和报表说明书。财政部门在收到统计行政事业单位和国有事业单位上报的财务报表时，再将行政单位和国有事业单位各自编制的收入支出表予以汇总，编制成行政事业单位收支汇总表。

## 六、政府财务报告的合并

### （一）政府财务报告的合并范围

当政府为一个包括很多受控主体的报告主体编制财务报告时，通常需要编制合并财务报表。符合政府财务报告确认标准的政府单位、基金都应属于政府财务报告的合并范围。《国际公共部门会计准则第6号——合并财务报表和受控主体会计》规定：控制主体应当合并所有受控主体（包括国内和国外），统一编制合并财务报表。本身完全由另一主体拥有并控制的控制主体，或几乎由另一主体完全拥有并控制的控制主体，如其合并财务报表的使用者不存在，或使用者的信息需求可通过其控制主体的合并财务报表得到满足，则不需要合并下属受控主体编报合并财务报表。但在下列情况下，受控主体不应包括在合并范围内：① 暂时性控制，即控制主体虽然取得并拥有受控主体，但是计划在近期内将其处置；② 受控主体的经营受到外界的长期严格限制，该限制阻止了控制主体从其活动中受益。

各国在编报合并财务报表时，均要求纳入合并范围的会计主体应使用一致的会计政策，同时合并主体的报告期间应当保持一致，否则应对报告数字进行适当调整。如国际公共部门会计准则规定，被合并主体编制财务报表如采用不同的报告日，则应对各不同报表日与控制主体财务报表日之间发生的重大交易或其他事项的影响进行调整。

### （二）政府财务报告的合并程序

《国际公共部门会计准则第6号——合并财务报表和受控主体会计》规定：经济主体内部往来的余额和经济主体内部交易，包括销售、转让及随后按比例或其他预算权威机构的规定已确认的收入、费用及股利，应全额抵消；包括在资产（如存货、固定资产）账面价值中的、由内部交易产生的未实现盈余，也应当全额抵消；由经济主体内部交易产生、在计算资产账面价值时已扣除的未实现损失，除非是成本不能补偿的，也应予以抵销。

关于如何进行财务报表合并，国际公共部门会计准则规定，编制合并财务报表时，应将控制和受控主体视作单一经济主体，控制主体及其受控主体财务报表中的资产、负债、权益、收入和费用等相同项目，均应进行逐项合并。同时，经济主体的内部往来交易余额、经济主体内部交易及其产生的未实现利得，应全额抵消；经济主体内部交易产生的未实现损失，也应予以抵消。例如，抵消一个主体对另一主体的借款以及抵消内部主体之间商品和服务的销售。

我国总预算会计、行政单位会计和事业单位会计各有一套报表,且各套报表自成体系,无法直接合并生成反映政府整体情况的合并资产负债表、资金营运表和现金流量表。

## 本 章 小 结

政府决算是指政府各部门按照法定程序编制的,用来反映政府一个预算年度内政府预算执行结果的会计报告。该报告集中反映了政府一个预算年度内的预算收入和预算支出,从财政角度集中体现政府的职能与经济活动。

政府决算草案汇编完成后,进入法定审查和批准程序。政府决算必须按照统一的方法和程序进行编制,并经过法定的审查与批准程序,才能成为正式的决算。

政府财务报告是指为信息需求者编制的以财务信息为主要内容,以财务报表为主要形式,全面系统地反映政府财务受托责任的综合报告。

## 复 习 思 考

1. 简述政府决算的概念。
2. 简述政府决算的编制方法。
3. 简述政府决算的编制程序。
4. 简述政府决算审查的方法。
5. 简述政府财务报告的概念。
6. 简述政府财务报告编制基础。

# 第八章 政府预算监督

【本章导读】

政府预算监督是保障国家财政职能实现的重要手段,是政府进行科学决策的重要保证,是严肃财经纪律、防范和遏制腐败的重要保证,是保证预算的法律效力、维护法律权威性的重要手段。加强政府预算监督,是建立和完善公共财政体系的需要,是发展社会主义市场经济的内在要求,是社会主义民主政治建设的客观要求,是实施依法治国基本方略的基本要求。

政府预算绩效评价是运用科学、规范的绩效评价方法,按照政府行为的效益、效率和效果原则,将以政府行为的成本效益分析为核心的综合指标体系与标准作为评价依据,对政府预算的成本和效益进行科学、客观、公正的衡量比较和综合评判。政府预算绩效评价是政府预算绩效管理的核心内容和重要手段。

政府预算透明是实现财政民主和有效财政监督的重要前提,也是社会公众监督各级政府权力行使的基础。预算透明是公共财政领域透明度问题的核心内容,体现着公共财政的本质特征,是良好财政治理的关键因素。提高政府预算透明度,增强政府与公众信息交流的信任机制,对于提升政府的执政能力,促进我国财政民主的实现和法治社会的形成具有重要意义。

## 第一节 政府预算法制监督的制度框架

政府预算监督,是指在预算的全过程中,具有一定权力的监督主体,依照受托责任的要求,对有关预算主体进行的检查、督促和制约,是政府预算管理的重要组成部分。广义的政府预算监督,是指预算监督体系中有监督权的各主体依照法定的权限和程序,对各级政府预算所实施的检查和监督行为。狭义的政府预算监督,是指财政机关在财政管理过程中依照法定的权限和程序,对各级政府预算的合法性、真实性、有效性进行审查、稽核、检查活动。

政府预算监督是依法进行的监督。政府预算反映了政府活动的范围和方向,体现着很强的政策性,对政府预算的监督必须要以国家的财经法律、法规为依据,依法进行。按照政府预算监督体系的构成来划分,政府预算监督可以划分为立法监督、行政监督、社会监督和司法监督。我国预算监督机制中最主要的是立法监督和行政监督,其中行政监督又可分为财政监督和审计监督。

## 一、立法监督

立法监督是立法机关保证法律有效执行和按照法律制定者意愿处理问题的行为。立法机关即全国人民代表大会及其常设机构。立法机关对政府预算的监督主要通过两种方式进行：一是通过立法实施监督，包括宪法层次的监督和一般法层次的监督；二是通过审查、批准政府预算以及对政府预算执行的监督，对政府预算施加影响。

### （一）立法监督的内容

《中华人民共和国宪法》确立了国家权力机关即各级人大及其常委会行使国家立法权、审批和监督政府预算的制度，因此，对政府预算的编制和执行情况的监督就成为人大对政府行为的一项最重要的监督。《预算法》第 83 条规定：全国人大及其常委会对中央和地方预算、决算进行监督。县级以上地方各级人大及其常委会对本级和下级政府预算、决算进行监督。乡、民族乡、镇人大对本级预算、决算进行监督。其监督的主要内容如下。

1. 对政府预算编制的监督

《预算法》第 44 条规定：国务院财政部门应当在每年全国人大会议举行的 45 日前，将中央预算草案的初步方案提交全国人大财政经济委员会进行初步审查；省、自治区、直辖市政府财政部门应当在本级人大会议举行的 30 日前，将本级预算草案的初步方案提交本级人大有关专门委员会进行初步审查；设区的市、自治州政府财政部门应当在本级人大会议举行的 30 日前，将本级预算草案的初步方案提交本级人大有关专门委员会进行初步审查，或者送交本级人大有关工作机构征求意见；县、自治县、不设区的市、市辖区政府应当在本级人大会议举行的 30 日前，将本级预算草案的初步方案提交本级人大常委会进行初步审查。《预算法》第 43 条规定：中央预算由全国人大审查和批准，地方各级政府预算由本级人大审查和批准。

2. 对预算调整和变更的监督

预算调整是指经全国人大批准的中央预算和经地方各级人大批准的本级预算，在执行中因特殊情况需要增加支出或者减少收入，使原批准的收支平衡的预算的总支出超过总收入，或者使原批准的预算中举借债务的数额增加的部分变更。

《预算法》第 69 条规定：中央预算的调整方案应当提请全国人大常委会审查和批准；县级以上地方各级政府预算的调整方案应当提请本级人大常委会审查和批准；乡、民族乡、镇预算的调整方案必须提请本级人大审查和批准。未经批准，不得调整预算。

3. 对政府决算的监督

《预算法》第 77 条规定：国务院财政部门编制中央决算草案，经国务院审计部门审计后，报国务院审定，由国务院提请全国人大常委会审查和批准。县级以上地方各级政府财政部门编制本级决算草案，经本级政府审计后，由本级政府提请本级人大常委会审查和批准。乡、民族乡、镇政府编制本级决算草案，提请本级人大审查和批准。

对决算的监督是对预算监督的继续，预算监督的一切情况都将反映在决算中。对决算的监督内容包括：检查经人大批准的决议是否都已执行，财政部门是否按人大批准的预算给部门和单位及时拨付资金，资金的投向、结构是否合理，使用中是否存在截留、转移、挪用等情况，决算与预算是否相符，决算数额是否真实、准确，有无重报、漏报和虚报等情况。

### （二）立法监督的手段

**1. 询问或质询**

《预算法》第85条规定：各级人民代表大会和县级以上各级人民代表大会常务委员会举行会议时，人民代表大会代表或者常务委员会组成人员，依照法律规定程序就预算、决算中的有关问题提出询问或者质询，受询问或者受质询的有关的政府或者财政部门必须及时给予答复。

**2. 组织调查**

《预算法》第84条规定：各级人民代表大会和县级以上各级人民代表大会常务委员会有权就预算、决算中的重大事项或者特定问题组织调查，有关的政府、部门、单位和个人应当如实反映情况和提供必要的材料。

### （三）加强立法监督

**1. 探索预算立法**

在历经十余年预算改革，特别是行政层面启动的部门预算、国库集中收付以及政府采购等预算改革后，现行的《预算法》在诸多方面已经不适应现实形势的发展，与预算管理现状也多有冲突。

（1）部分内容已不合时宜。例如，《预算法》对政府收支的划分仍带有浓重的计划经济色彩，无法适应和充分体现公共财政框架下政府职能以及收支结构的转变和调整。

（2）审批时间错位。中国每年"两会"审议下一年政府预算报告的时间一般在第二年的3月初；意味着每年编制的1—3月的预算就失去了其应有的约束力。

（3）审批时间仓促。从预算编制到表决通过仅有6个月时间，而人大对预算的初审只有1个月时间，时间非常仓促。

（4）缺乏可诉性。《预算法》中关于法律责任的规定原则性太强，责任不明晰。除行政层面的处罚外，没有引进司法诉讼的途径，法律约束力弱。

在中央层面，2005—2010年历年全国人大常委会的立法计划均把《中华人民共和国预算法》的修订列为提案。尽管由于部门利益以及现实技术等原因，修订迟迟未出台，但预算根本大法修订的紧迫性和必要性已在全社会范围内达成了共识。在地方层面，全国绝大多数省级人大根据《宪法》《地方各级人民代表大会和地方各级人民政府组织法》和《预算法》以及有关法律法规的规定，结合当地实际情况，以条例、决定等形式制定并实施了地方性预算管理法规。

**2. 提升人大预算监督能力**

（1）充实人大预算监督组织。我国人大监督的组织体系分为三层：各级人大、各级人大常委会和人大专门委员会以及人大代表。1983年设立人大财政经济委员会（简称财经委），1998年在人大常委会下设预算工作委员会（简称预工委），协助财经委审查预决算、审查预算调整方案和监督预算执行的具体工作。就全国来看,预算监督主要由财经委负责,而我国人大财经委现有委员32人,要负责国民经济、社会发展规划研究和审议、国家财经法律法规的草拟和审查,以及全国上万亿预算资金的审查监督,预算能力有限。因此,应统一设置预算委员会,隶属于人大,常年驻会,负责对政府预算及其调整方案进行初审,并向人大常委会和人大提出意见报告,将原预工委改设为预算委员会的工作机构,从而保证预算委员会和财经委各司其职。

(2) 推进立法审计。我国的审计模式属于行政型审计,即审计机关作为专门的财政监督机构隶属于政府。在行政型审计下,预算审计不属于预算周期的必要内容,而被看作外部监督,其在预算管理中的作用基本上被决算替代。因此,应将审计划归人大,作为监督预算的专业性机构,实现对预算编制、预算执行、决算方案等的全方位监督,从而弥补现行人大及其常委会在对政府财经行为监督中缺乏专业技术支持的弱点,解决行政型审计中的同体监督问题,强化立法监督。

(3) 加强人大对政府预算过程的监督制约。人大作为权力机关,其对政府预算的监督是最高层次的监督,重在加强对预算过程的合法性、正当性和合理性的监督。

① 加大对政府预算草案的审查力度。一要实行人大预算审查机构提前介入制度。在预算初审前介入预算编制过程,并进行深入调查研究,为初审做好充分准备。二要建立预算辩论、听证和质询制度。在人代会期间,就预算草案整体以及赤字安排、政府重大公共投资项目预算安排、重点民生项目预算安排等进行专题辩论、听证或质询,分组进行审议。三要建立预算初审和审议意见反馈制度。财政部应就财经委的初审意见和人大会议期间人大代表的审议意见的采纳情况做出反馈。

② 加大对预算执行的监督力度。一要加强对预算执行情况的定期分析。各级人大财经委应按季度听取财政部门关于预算执行情况的汇报,提出改进预算管理工作的意见和建议。二要实行人大常委会听取和审议年中预算执行情况的制度。按《监督法》规定,各级政府应在每年6月至9月,向本级人大常委会报告当年上一阶段预算执行情况。三要积极探索和创新监督方式。

③ 加大对决算的审查监督力度。各级政府应向人大提交一般收支细化到"款"、重点收支细化到"项"的决算草案,特别是对政府重大公共投资项目的资金安排、使用和效益情况,涉及民生的重点支出的绩效情况,行政经费安排和使用情况,以及年终预算结余、专项资金结转等情况应进行详细说明。另外,向人大常委会提交的政府本级决算,还应包括部门决算汇总表。

## 二、财政监督

财政监督是指财政部门对预算的监督,是人大监督之下的政府监督。政府财政部门对预算实施监督的权力,来源于代表国家意志的宪法和法律规定、人大及其常委会的政治授权,以及本级人民政府的行政授权,性质上属于国家行政权。2012年2月23日,财政部颁布了《财政部门监督办法》(财政部令第69号,以下简称《办法》)。《办法》于2012年5月1日起正式施行。《办法》的颁布实施,不仅对建立健全财政预算编制、执行、监督、相互制约、相互协调的机制,推进依法行政、依法理财具有十分重要的意义,也将对严肃财经秩序、推动源头治腐、促进经济社会协调发展起到积极作用。

(一) 财政监督的内容

财政监督的范围是由财政分配活动所覆盖的范围决定的,在一定时期和环境下,财政监督的内容应该有所选择、有所侧重。目前,我国财政监督的内容主要包括以下几个方面。

1. 对预算编制的监督

财政部门对部门预算的编制、审核和批复过程进行监督,从审查部门预算编制着手,以预算编制的公平、透明、规范、高效为目标,注重预算编制的合法性、合规性,避免和及时纠正预算编制出现的失误。其中,合法性监督是指监督部门收入是否合法合规,各项支出是否符合财政宏观调控的目标,是否遵守现行的财政规章制度,支出预算是否结合本部门的事业发展计划、职责和任务进行测算。合规性监督是指对部门是否将依法取得的所有财政性收入全部纳入预算进行审查,对以人员为主的基础信息资料的真实性进行审查,对单位的项目申报资料的真实性、准确性和完整性以及预算编制的科学性和合理性进行审查。

2. 对预算执行的监督

通过监督部门预算执行的合法性和合规性,及时对财政预算支出的总量、结构和效益进行监控、反馈和预警。财政部门按照预算计划、事业进度、核定的支出用途、预算级次拨款,监督用款单位上报用款计划与使用资金的开支内容是否符合批复的部门预算,财政预算拨款后是否合理有效地按照预算规定的用途使用预算资金,有无截留、挪用财政资金,违规扩大开支范围等。另外,为避免预算约束软化,防治腐败和寻租现象,必须对预算调整进行监督。监督有关部门和单位申请追加追减预算的依据是否真实、合法,申请调剂使用不同预算科目之间的资金是否合规,预算划出和划入的双方结算数据是否真实、准确、一致,有无未经本级人大常委会或财政部批准擅自调整预算。

3. 对政府决算的监督

财政部门对同级主管部门上报的决算草案和下级政府财政总决算进行审核监督。对决算进行监督,可以掌握部门预算的实际执行情况,是否完成收支任务,收支是否平衡,还可以掌握各部门施政目标的执行情况以及年度内财政资金的流量和流向,为以后年度的部门预算提供数字依据。财政部门对决算的监督内容,从支出监督的角度看主要有两个方面。

(1) 监督支出是否合规。监督下列内容:支出预算是否与核对后的上级核定数相一致,下级调整预算数与上级核定的预算数之间的关系;本年支出预算是否符合年度收支期限划分的规定,预算支出是否符合正常规律,上级拨款的专项资金是否按规定用途使用,决算支出是否已编列齐全、完整;决算报表之间,上下年度、上下级财政总决算之间,财政总决算与单位总决算之间的有关数字是否一致。

(2) 监督支出是否有效。一方面,在财政监督检查和日常监管工作中,选择目标明确、易于评价的重点项目开展绩效监督,从项目目标合理性、目标实现程度、社会效果、经济效益等方面进行分析评价。另一方面,加大对社会中介机构开展绩效评价工作执业质量的监管力度。

4. 财政内部监督检查

财政内部监督检查是指由各级财政部门内设的财政监督检查机构派出的检查组或人员,对财政部门内设各职能机构的财政财务会计管理、预算编审执行、内部制约制度以及直属单位的财务收支和会计信息质量情况实施的监督检查。

检查组根据被查单位实际情况,主要对以下内容进行检查:部门预算执行和决算的审核及批复情况,国有资金的解缴、退付及拨付情况,专项资金的分配、使用及管理情况,国债资金的管理情况,预算外资金的管理情况,上级财政与下级财政资金结算情况,政府采购管理情况,银行账户的开设和管理情况,财政机关和所属单位的财务收支、会计基础工作和内部控制制度的制定和执行情况,对审计部门和内部监督检查提出问题的整改情况,财政法规和财会制度的制定和执行情况,工作程序的合规性和资金使用的效益性情况等。

5. 对预算外资金的监督

根据财政国库管理制度改革要求,2002年预算外资金收入收缴管理制度改革的主要内容是:财政部门设立预算外资金财政专户,取消主管部门和执收单位设立的收入过渡性账户,规范收入收缴程序,健全票据管理体系,充分运用现代信息技术加强对预算外资金收入收缴的监督管理。

由各级财政部门分别在代理银行总行或分支机构设立预算外资金财政专户,用于记录、核算和反映预算外资金收支活动;按执收单位,分收入项目进行核算,与财政汇缴专户清算,向国库单一账户缴款以及拨付预算外资金。代理银行根据有关规定,对收缴收入按照执收单位,分收入项目向同级财政部门、主管部门和执收单位报送日(旬、月)报表。

预算外资金收入来源中的行政事业性收费、政府性集资、以政府名义获得的各项捐赠收入等按照财务隶属关系使用财政部或省、自治区、直辖市财政部门统一监(印)制的票据。票据的印制、发放、使用、管理、核销等,按照省级以上财政部门的有关规定执行。

财政部驻各地财政监察专员办事处要加强对中央部门和执收单位收缴情况的监督检查。

(二) 财政监督的方式

财政监督方式按照不同的标准可以划分为现场监督和非现场监督,日常监督和专项检查,事前监督、事中监控和事后检查,合规监督和绩效监督,独立检查和联合检查等。

1. 现场监督和非现场监督

现场监督是监督机构派人到被监督对象所在地,通过听取汇报、查验资料、盘点资产等方法,对被监督对象执行财税法规政策等情况所进行的监督检查活动。非现场监督是财政部门或监督人员通过全面了解监管对象的基本情况,定期或不定期地审阅被监督对象的报表或报送资料,通过分析、测算并加以管制,对其相关经济活动进行全面、动态的监控。

2. 日常监督和专项检查

日常监督是指财政监督专职机构和财政业务管理机构在财政日常运行中履行日常管理的监管职责,按照国家法律法规对预算资金的筹集、分配和使用以及决算过程所进行的日常监督管理活动。专项检查是指财政部门根据财政管理和监督过程汇总暴露的难点、热点和重大问题,有针对性地开展的检查活动。

3. 事前监督、事中监控和事后检查

事前监督是指财政部门对国家机关、企事业单位、其他经济组织等主体将要发生的经济事项及其相关行为的合法性、合规性、合理性进行审核和监督。事中监控是对经济事项运行过程进行跟踪监控。事后检查是对终结的经济事项、运行结果及相关行为的合法性、合规性、有效性进行检查、评价以及处理处罚。

4. 合规监督和绩效监督

合规监督是指财政部门对国家机关、企事业单位以及其他经济组织等主体各项财务活动是否严格执行国家财政政策、财经法规、制度所进行的监督检查活动。绩效监督是指财政部门以提高财政资金分配与使用绩效为目的,在有效开展财政支出资金合规性监督的基础上,按照绩效管理的要求,运用科学的监督标准和分析方法,对财政支出行为过程及其结果进行客观、公正的评价与监督的活动。

5. 独立检查和联合检查

独立检查是指财政部门按照财政监督检查工作计划,独立组织本级财政部门实施的各项财政监督检查活动。联合检查是指财政部门根据工作需要,采取上下联动方式或者会同其他有关部门对被检查单位进行的监督检查活动。

### (三) 财政监督法制化建设

依法行政是社会主义市场经济的客观要求,坚持依法行政是发挥财政监督作用的关键,财政监督法制化建设是规范财政监督行为的需要,是保护被监管对象合法权益的重要途径。

1. 加快探索财政监督立法

财政监督立法是指国家法定机关在其权限范围内,依据法定的程序,制定、修改或废止财政监督法律、法规和规章的活动。目前,为适应加强财政监督工作的需要,应探索完善财政监督法律法规体系,尽快出台《财政监督法》或《政府预算监督法》,进一步明确财政监督的主体、职责范围、内容、权限配置、手段、程序和责任,使政府预算监督有法可依,实现政府预算监督的法律权威性。

2. 加大财政监督执法力度

财政监督执法是指财政部门在法定的职权范围内,依照法律、法规和规章的规定,对财政监督的相对人行使权利、履行义务、遵守法律法规等情况进行的检查、监督和处罚等活动。一要规范财政监督执法程序。严格行政审核审批制度,规范财政监督检查执法程序。二要加大处理处罚和公开曝光力度,提高财政监督的威慑力。三要建立健全财政监督法律救助机制,切实保障财政监督相对人的合法权益。

3. 加强法制观念宣传教育

社会法制观念是指社会对法律、法规的认知和遵守程度,核心是依法办事。财政监督法制建设要求加大财政监督普法宣传,通过举办法律知识学习讲座和培训班、组织编写财政监督普法教材和充分利用新闻媒体舆论工具,广泛开展内容丰富、形式多样的普法宣传活动,提高财政监督干部的法律素质和全社会的财税法律意识。

## 三、审计监督

审计是指国家审计机构和审计人员,依法对被审计单位的财政、财务收支以及经济活动进行审查、分析和评价,并将审计结果向国家有关机关报告的一系列活动的总称。监督职能是审计的基本职能。审计监督就是指审计机关开展的经济监督活动。

### (一) 审计监督的主体和对象

我国《预算法》第 89 条规定,各级政府审计部门对本级各部门、各单位和下级政府的预算执行、决算实行审计监督。

政府预算执行审计的主体是政府审计部门,不可由社会审计组织或内部审计机构等独立承担。政府预算执行审计的对象是各级政府、财税部门和政府其他部门。

### (二) 审计监督的内容和范围

政府预算主要包括预算编制、预算执行和决算三个部分,各级审计部门对政府各部门的预算收支活动进行审计监督,相应地也应从预算编制、预算执行和决算三个方面展开。

政府预算的审计监督主要是审计机关对政府预算执行的监督,包括对政府总预算执行情况和政府部门预算执行情况的审计,是一项独立检查财务和预算的经济监督活动,目的在于监督被审计单位预算执行情况的真实性、合法性和有效性。监督的主要内容,不仅包括财政预算收支、非税收支,还包括各预算单位财务收支,以及财政、税务和财务管理活动等。各种法律、法规和政府部门制定的各种规章制度都是政府预算执行审计的依据。

### (三) 审计监督的形式和方法

审计的形式和方法多种多样,主要包括正当性审计、财务报表审计和资金效益审计等。

1. 正当性审计

正当性审计涉及在各项业务完成之后对单项业务进行检查,以确保各项业务有批复的预算拨款和文件记录,其重点在于确定单项业务的合法性和合规性。

审计部门要与财政部门以及政府部门的内部审计单位开展合作,充分利用各种审计资源作为审计战略的一部分,强化有效防止违规现象或者其他预算资源浪费行为的管理控制手段,纠正可能发生的违规行为。

一方面,审计部门应以社会公众所关心的领域或经常发生违规现象的领域为审计重点;另一方面,审计部门应以政府活动的重点项目领域为重点,从根源上防治违规问题的发生。

### 2. 财务报表审计

审计部门必须对政府预算或其他政府财务报告进行年度审计,目的在于确定财务报告中数据的可靠程度,并提出审计意见。审计的重点在于检查会计报表和会计报告基础的制度和管理控制方法是否正确。

检查会计事务和控制效果主要有两种方法:一是审计人员从大量业务中抽取适当数量的样本进行检查;二是采用数理统计分析理论,抽取能够代表整个业务的样本。相比而言,后者的可信度更高,不过这种审计要求有经验丰富的统计专家提供协助,参与解释审计结果。

### 3. 资金效益审计

资金效益审计与正当性审计和财务审计不同,资金效益审计是指在对预算单位的财务收支及其经济活动的真实性、合法性进行审计的基础上,审查政府履行职能时财政资金使用所达到的经济效率和效果程度,并进行分析评价和提出审计建议的专项审计行为。资金效益审计主要通过内部的审计机构审查整个部门的活动或计划,提出提高管理效率的建议。开展资金效益审计,意味着效益审计本身就必须具有成本效益,要以尽可能低的费用实现既定目标。因此,希望采取这种方式的审计部门必须做出战略决策,以较少资金培训一支能够胜任此类审计工作的审计队伍。

由于审计部门开展的各项任务具有潜在的多样性,所以必须考虑这些任务的优先顺序。通常,应当将建立并维持公共财政制度的廉洁性置于最优先的地位,特别是在腐败风险很高的领域。在管理控制较弱的情况下,应当强调把正当性审计和财务报表审计作为加强控制的战略的一部分,而资金效益审计应被赋予必要的优先地位。

### (四) 政府预算审计管理

#### 1. 政府预算审计报告

在审计部门的有关职责和规范中,通常明确规定了提供审计报告的要求,审计结果必须向人大报告。审计报告可以单独提交,或者按照规定的时间以总结报告的形式提供。审计报告还应该提供给相关部门,尤其是被审计部门,以便其根据审计报告结果和建议采取行动。

另外,公众对政府预算审计结果和公共财政资金使用情况拥有法律赋予的知情权,审计报告除非涉及国家安全方面,否则都应该向社会公众公开。

#### 2. 政府预算审计行动

审计部门在审计过程中发现违规行为后,可以直接采取某些行动。

(1) 提供明确的审计结果。审计部门应尽可能明确、具体地说明审计中发现的问题的性质以及问题带来的后果。

(2) 提供有说服力的证据。审计部门在审计报告中提供的支持审计结果的各种证据必须具有相关性和可信度。

(3) 提供成本效益的建议。审计部门有义务针对审计过程中发现的问题向被审计部门提供合理可行的解决方案。

(4) 提供有效的交流战略。审计部门在递交审计报告时应提交简要的报告说明,通过与政府管理者开展座谈会或与媒体进行合作等方式,促进政府部门及时根据报告结果采取调整行动。

3. 政府预算审计评估

审计部门应设计和采用多种审计方式,强化审计的独立性,建立审计评估制度。为了确保审计评估的顺利完成,有关方面必须就计划过程中的问题以及如何为解决问题提供可靠数据达成一致。开展评估活动的部门必须具有收集和分析数据所需要的专业技术和资源。评估者必须加强与政府、财政等相关部门的合作。

**专栏 8-1**

### 2011年审计报告发布

受国务院委托,2012年6月27日,审计署审计长刘家义向全国人大常委会做《关于2011年度中央预算执行和其他财政收支的审计工作报告》。报告梳理了中央财政管理、中央部门预算执行、县级财政性资金、重点民生项目等九大方面的审计情况,并列举和分析了审计查出的重大违法违规问题,有针对性地给出了加强财政管理的五点意见。

重大投资项目一直是历年审计的重点,投资约2 000亿元的京沪高铁建设项目作为我国一次性投资额最高的工程,自2008年4月开工以来即是公众关注的焦点,审计署也于2009—2011年连续3年对京沪高铁建设项目进行了跟踪审计。关于招投标不规范问题,3年来逢审必披。2009年"化整为零,规避招投标";2010年"44.46亿项目,未招标已开工""排斥潜在投标人";2011年"违规缩短招投标时间""个别物资未招标就采购","铁道部违规将资格预审申请文件的获取时间由至少5个工作日缩短至13小时,从获取到递交时间由规定的一般不少于7天缩短至不到24小时。"刘家义指出,由于政府采购标准的制定和采购代理机构的资格认定、审批、授予、考核、处罚都由财政部负责,政府采购缺乏有效监督制约。2012年的审计报告还指出"借道'中介服务'等第三方进行权钱交易成为一些领域腐败犯罪新形式",需要引起各方关注。

另外,此次提出中央预算管理完整性,是报告的最大亮点。这就意味着原来只向人大备案而不需人大审批、不接受人大监督的那部分预算外资金也将纳入审计的视野。刘家义指出,在中央预算管理完整性方面,有些收支未纳入预算管理。例如:中国清洁发展机制基金管理中心2006年以来收取的温室气体减排量交易收入101.25亿元;商务部、卫生部和农业部2008年以来接受的国外无偿援助资金收入62.09亿元、支出10.92亿元;财政部委托进出口银行管理的外国政府贷款利息收入372.83万欧元、支出173.82万欧元等。此外,财政部在向全国人大报告2011年中央预算执行情况时,少报19.22亿元超收收入安排情况。中央公共财政国库集中支付上年累计结余628.92亿元,编入部门预算的不到一半。12个部门的12项政府性基金上年累计结余52.72亿元,均未编入部门预算。

## 第二节 政府预算绩效评价

政府预算绩效评价是指财政部门和预算部门(单位)根据设定的预算绩效目标,运用科学、合理的绩效评价指标、评价标准和评价方法,对预算支出的经济性、效率性和效益性进行客观、公正的评价。政府预算绩效评价的核心是强调预算支出管理中的目标与结果及其结果有效性的关系,旨在提高政府管理效率、资金使用效益和公共服务水平。

我国目前的政府预算绩效评价注重对支出结果的评价,主要依据《财政支出绩效评价管理暂行办法》,对部门和支出绩效目标的实现程度,特别是为实现这一目标所安排预算的执行结果进行考核和评价。

### 一、政府预算绩效评价概述

《财政支出绩效评价管理暂行办法》(财预〔2011〕285号)(以下简称《办法》)对绩效评价的原则、依据、内容、指标体系、工作程序、评价报告、结果运用等做了明确规定。

#### (一)政府预算绩效评价的原则和依据

1. 绩效评价的基本原则

《办法》第5条规定,绩效评价应当遵循以下基本原则。

(1)科学规范原则。政府预算绩效评价应当严格执行规定的程序,按照科学可行的要求,采用定量与定性分析相结合的方法。

(2)公正公开原则。政府预算绩效评价应当符合真实、客观、公正的要求,依法公开,并接受公众的监督。

(3)分级分类原则。政府预算绩效评价由各级财政部门、各预算部门根据评价对象的特点分类组织实施。

(4)绩效相关原则。政府预算绩效评价应当针对具体预算支出及其产出绩效进行,评价结果应当清晰反映支出和产出绩效之间的紧密对应关系。

2. 绩效评价的主要依据

《办法》第6条规定,绩效评价的主要依据是:

(1)国家相关法律、法规和规章制度;

(2)各级政府制定的国民经济与社会发展规划和方针政策;

(3)预算管理制度、资金及财务管理办法、财务会计资料;

(4)预算部门职能职责、中长期发展规划及年度工作计划;

(5)相关行业政策、行业标准及专业技术规范;

(6)申请预算时提出的绩效目标及其他相关材料,财政部门预算批复,财政部门和预算部门年度预算执行情况,年度决算报告;

(7) 人大审查结果报告、审计报告及决定、财政监督检查报告；

(8) 其他相关资料。

(二) 政府预算绩效评价的主体

《办法》第3条规定，各级财政部门和各预算部门（单位）是绩效评价的主体。

1. 财政部门

财政部门是国家预算的分配主体，负责安排各项财政支出，并对财政资金的使用依法监督，是政府预算绩效评价的主管部门，主要有下列职责。

(1) 研究、制定预算支出绩效评价体系，设计预算支出评价的指标体系，建立预算支出评价指标库，测算、收集各项评价指标的评价标准，制定评价工作管理办法和工作规范。

(2) 对各部门的财政支出评价工作进行指导、监督和质量控制，帮助其他评价主体组织开展预算支出绩效评价工作，组织绩效评价工作相关知识的培训，建立评价工作队伍。

(3) 审核各部门、各单位的绩效评价工作报告。

(4) 研究、拓展财政支出绩效评价结果的应用领域，以及具体的应用方法和应用模型，促进财政支出绩效评价工作为预算管理服务，提高财政资金的使用效率。

2. 预算部门（单位）

预算部门（单位）是指与财政部门有预算缴款、拨款关系的国家机关、政党组织、事业单位和社会团体。预算部门（单位）是预算绩效评价工作的具体组织者和实施主体。其中，主管部门和基层单位主要有下列职责。

(1) 主管部门按照财政部门关于预算绩效评价工作的总体要求和统一规定，制定本部门绩效评价工作方案和实施办法。

(2) 主管部门组织、指导本部门所属单位开展绩效评价工作。

(3) 主管部门收集、审核本部门所属单位的绩效评价报告，汇总后，向财政部门报送。

(4) 主管部门根据绩效评价情况，提出本部门改善预算管理工作的建议，建立、健全相应的规章制度。

(5) 基层单位按照财政部门和主管部门的有关规定和工作要求，组织本单位的预算绩效评价工作，向主管部门报告预算绩效状况并提交评价报告。

(6) 基层单位针对绩效评价工作中暴露的问题和财政部门或上级部门反馈的信息，改进本单位的预算及项目管理工作，提高财政资金的使用效率。

(三) 政府预算绩效评价的对象和内容

《办法》第7条规定，绩效评价的对象包括纳入政府预算管理的资金和纳入部门预算管理的资金。按照预算级次，可分为本级部门预算管理的资金和上级政府对下级政府的转移支付资金。

《办法》第8条规定，部门预算支出绩效评价包括基本支出绩效评价、项目支出绩效评价和部门整体支出绩效评价。绩效评价应当以项目支出为重点，重点评价一定金额以上、与本部门职能密切相关、具有明显社会影响和经济影响的项目。

《办法》第9条规定，上级政府对下级政府的转移支付包括一般性转移支付和专项转移支付。一般性转移支付原则上应重点对贯彻中央重大政策出台的转移支付项目进行绩效评价;专项转移支付原则上应以对社会、经济发展和民生影响重大的支出为重点进行绩效评价。

《办法》第10条规定,绩效评价的基本内容应包括:绩效目标的设定情况、资金投入和使用情况、为实现绩效目标制定的制度和采取的措施、绩效目标的实现程度及效果等。

### 专栏 8-2

#### 财政支出绩效评价与财政绩效监督的联系与区别

财政绩效监督是指财政部门以提高财政资金分配与使用绩效为目的,在有效开展财政资金合规性监督的基础上,按照绩效管理的要求,运用科学的监督标准和分析方法,对财政支出行为过程及其结果进行客观、公正的评价与监督的活动。

2004年,财政部下发了《关于加强财政支出绩效监督工作的若干意见》(财办监〔2004〕9号),第一次对财政部门开展财政支出绩效监督工作提出了明确要求。

一、财政支出绩效评价与财政绩效监督的联系

财政绩效监督与支出绩效评价都是绩效管理的重要内容。绩效评价结果和绩效监督结果都作用于预算编制与执行工作的改进,财政支出绩效评价体系的建立是财政绩效监督的基础。

二、财政支出绩效评价与财政绩效监督的区别

1. 地位作用

绩效评价既可以服务于项目建设单位的项目验收、项目管理部门的项目管理,又可以服务于财政部门的财政管理工作,是预算编制和预算执行管理工作的重要环节和内容。而财政绩效监督则是财政部门开展的服务于财政管理的监督,是建立预算编制、执行和监督相互分工、相互制衡的机制的重要内容。同时,绩效监督对绩效评价机构及绩效评价结果也有监督作用。

2. 实施主体

财政支出绩效评价的实施主体可以是财政部门,也可以是项目建设单位的主管部门或中介机构,而财政绩效监督的组织实施主体只能是财政部门。

3. 运用的方法

绩效评价运用全部绩效评价指标对支出绩效进行评价,而绩效监督则是根据重要性和监督工作的成本效益原则,选取关键性指标用于绩效监督。

4. 具体的内容

绩效评价注重对支出结果的评价,即对部门和支出绩效目标的实现程度,特别是为实现这一目标所安排预算的执行结果进行考核与评价。而财政绩效监督是对行为与结果的监督,既包括对目标实现程度和结果的监督,也包括对项目设计立项、资金投入以及项目与资金管理等情况的监督,其中财政支出绩效评价工作的组织和完成情况,也是财政绩效监督的内容之一。

#### (四) 政府预算的绩效目标

《办法》第12条规定,绩效目标是绩效评价的对象计划在一定期限内达到的产出和效果,由预算部门在申报预算时填报。预算部门年初申报预算时,应当按照本办法规定的要求将绩效目标编入年度预算;执行中申请调整预算的,应当随调整预算一并上报绩效目标。

《办法》第13条规定,绩效目标应当包括以下主要内容:预期产出,包括提供的公共产品和服务的数量;预期效果,包括经济效益、社会效益、环境效益和可持续影响等;服务对象或项目受益人满意程度;达到预期产出所需要的成本资源;衡量预期产出、预期效果和服务对象满意程度的绩效指标;其他。

《办法》第14条规定,绩效目标应当符合以下要求。① 指向明确。绩效目标要符合国民经济和社会发展规划、部门职能及事业发展规划,并与相应的财政支出范围、方向、效果紧密相关。② 具体细化。绩效目标应当从数量、质量、成本和时效等方面进行细化,尽量进行定量表述,不能以量化形式表述的,可以采用定性的分级分档形式表述。③ 合理可行。制定绩效目标时要经过调查研究和科学论证,目标要符合客观实际。

《办法》第15—17条规定,财政部门应当对预算部门申报的绩效目标进行审核,符合相关要求的可进入下一步预算编审流程。不符合相关要求的,财政部门可以要求其调整、修改。绩效目标一经确定一般不予调整。确需调整的,应当根据绩效目标管理的要求和审核流程,按照规定程序重新报批。绩效目标确定后,随同年初预算或追加预算一并批复,作为预算部门执行和项目绩效评价的依据。

#### (五) 政府预算绩效评价体系

**1. 政府预算绩效评价指标和标准**

《办法》第18条规定,绩效评价指标是指衡量绩效目标实现程度的考核工具。绩效评价指标的确定应当遵循以下原则:① 相关性,即应当与绩效目标有直接的联系,能够恰当反映目标的实现程度;② 重要性,即应当优先使用最具评价对象代表性、最能反映评价要求的核心指标;③ 可比性,即对同类评价对象要设定共性的绩效评价指标,以便于评价结果相互比较;④ 系统性,即应当将定量指标与定性指标相结合,系统反映财政支出所产生的社会效益、经济效益、环境效益和可持续影响等;⑤ 经济性,即应当通俗易懂、简便易行,数据的获得应当考虑现实条件和可操作性,符合成本效益原则。

《办法》第20条规定:绩效评价标准是指衡量财政支出绩效目标完成程度的尺度。绩效评价标准具体包括:① 计划标准,以预先制定的目标、计划、预算、定额等数据作为评价的标准;② 行业标准,参照国家公布的行业指标数据制定的评价标准;③ 历史标准,参照同类指标的历史数据制定的评价标准;④ 其他经财政部门确认的标准。

**2. 政府预算绩效评价方法**

《办法》第21条规定,绩效评价方法主要采用成本效益分析法、比较法、因素分析法、最低成本法、公众评判法等。

（1）成本效益分析法。成本效益分析法通常用于政府的经济支出方面，针对政府的建设目标，提出若干方案，详列各种方案的全部预期成本和全部预期效益，通过分析比较，依据其净社会效益，选出最优的政府投资项目。

（2）比较法。比较法是指通过对绩效目标与实施效果、历史与当期情况、不同部门和地区同类支出的比较，综合分析绩效目标实现程度。

（3）因素分析法。因素分析法是指通过综合分析影响绩效目标实现、实施效果的内外因素，评价绩效目标实现因素。因素分析法注重考察预算支出的直接费用和间接费用，将影响预算支出和产出（效益）的各项因素罗列出来进行综合分析，计算投入产出比，对政府预算绩效进行评价。

（4）最低成本法。最低成本法即最低费用选择法，是指对效益确定却不易计量的多个同类对象的实施成本进行比较，评价绩效目标实现程度，适用于军事、政治、文化、卫生等预算支出项目。根据政府确定的建设目标提出各种备选方案，然后分别计算每种备选项目的各种有形费用并予以加总，在效益既定的条件下分析其成本费用的高低，以成本最低为择优标准。

（5）公众评判法。公众评判法适用于无法直接用指标计量其效益的支出项目，如对公共管理部门和财政投资兴建的公共设施进行评判，主要是通过专家评估、公众问卷及抽样调查等对预算支出效益进行评判，评价绩效目标实现程度，具有民主性和公开性的特点。

（六）政府预算绩效评价的组织管理和工作程序

1. 政府预算绩效评价的组织管理

《办法》第23条规定，财政部门负责拟定绩效评价规章制度和相应的技术规范，组织、指导本级预算部门、下级财政部门的绩效评价工作；根据需要对本级预算部门、下级财政部门支出实施绩效评价或再评价；提出改进预算支出管理意见并督促落实。

《办法》第24条规定，预算部门负责制定本部门绩效评价规章制度；具体组织实施本部门绩效评价工作；向同级财政部门报送绩效报告和绩效评价报告；落实财政部门整改意见；根据绩效评价结果改进预算支出管理。

《办法》第25条规定，根据需要，绩效评价工作可委托专家、中介机构等第三方实施。财政部门应当对第三方组织参与绩效评价的工作进行规范，并指导其开展工作。

2. 政府预算绩效评价的工作程序

《办法》第26条规定，绩效评价工作一般按照以下程序进行：确定绩效评价对象，下达绩效评价通知，确定绩效评价工作人员，制订绩效评价工作方案，收集绩效评价相关资料，对资料进行审查核实，综合分析并形成评价结论，撰写与提交评价报告，建立绩效评价档案。具体流程如图8-1所示。

（七）政府预算绩效评价报告

预算具体执行单位要对预算执行情况进行自我评价，提交预算绩效报告，要将实际取得的绩效与绩效目标进行对比，如未实现绩效目标，须说明理由。组织开展预算支出

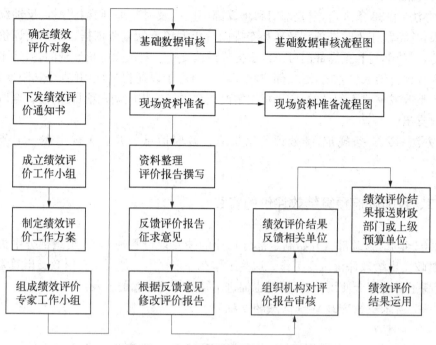

图 8-1　政府预算绩效评价工作流程

绩效评价工作的单位要提交绩效评价报告,认真分析研究评价结果所反映的问题,努力查找资金使用和管理中的薄弱环节,制定改进和提高工作的措施。

《办法》第 28 条规定,财政资金具体使用单位按规定向财政部门提交绩效报告,内容包括:① 基本概况,包括预算部门职能、事业发展规划、预决算情况、项目立项依据等;② 绩效目标及其设立依据和调整情况;③ 管理措施及组织实施情况;④ 总结分析绩效目标完成情况;⑤ 说明未完成绩效目标及其原因;⑥ 下一步改进工作的意见及建议。

《办法》第 29 条规定,财政部门和预算部门开展绩效评价并撰写绩效评价报告,包括以下主要内容:① 基本概况;② 绩效评价的组织实施情况;③ 绩效评价指标体系、评价标准和评价方法;④ 绩效目标的实现程度;⑤ 存在问题及原因分析;⑥ 评价结论及建议;⑦ 其他需要说明的问题。

《办法》第 30 条规定,绩效报告和绩效评价报告应当依据充分、真实完整、数据准确、分析透彻、逻辑清晰、客观公正。预算部门应当对绩效评价报告涉及基础资料的真实性、合法性、完整性负责。财政部门应当对预算部门提交的绩效评价报告进行复核,提出审核意见。

《办法》第 31 条规定,绩效报告和绩效评价报告的具体格式由财政部门统一制定。

(八) 绩效评价结果及其应用

《办法》第 32 条规定,绩效评价结果应当采取评分与评级相结合的形式,具体分值和等级可根据不同评价内容设定。

《办法》第33条规定，财政部门和预算部门应当及时整理、归纳、分析、反馈绩效评价结果，并将其作为改进预算管理和安排以后年度预算的重要依据。对绩效评价结果较好的，财政部门和预算部门可予以表扬或继续支持。对绩效评价发现问题、达不到绩效目标或评价结果较差的，财政部门和预算部门可予以通报批评，并责令其限期整改。不进行整改或整改不到位的，应当根据情况调整项目或相应调减项目预算，直至取消该项财政支出。

《办法》第34条规定，绩效评价结果应按政府信息公开有关规定在一定范围内公开。

## 二、我国政府预算绩效评价的实践

2003年起，财政部就开始制定部分行业的绩效评价管理办法，组织部分中央部门开展财政支出绩效评价试点工作。这些工作在一定程度上加强了对财政支出效果的管理，提高了财政资金使用效益，同时也促进了绩效管理理念的普及。

### (一) 财政支出绩效评价试点的过程

**1. 制度建设**

2005年，财政部研究制定了《中央部门预算支出绩效考评管理办法（试行）》，对中央部门绩效评价的组织管理、工作程序、结果运用和评价经费来源等做了明确规定，确立了财政部统一领导、部门具体组织实施的绩效评价分工体系。2009年，财政部印发了《财政支出绩效评价管理暂行办法》，对地方财政支出绩效评价工作进行规范、指导。在此基础上，财政部又针对中央各部门的绩效评价工作，下发了《关于进一步推进中央部门预算项目支出绩效评价试点工作的通知》，进一步明确了绩效评价工作中，各方的职责、工作程序、评价内容以及评价结果公开等。2011年，针对当前中央和地方在财政支出绩效评价工作中存在的概念不统一、程序不规范的问题，财政部重新制定了全国统一的《财政支出绩效评价管理暂行办法》，进一步明确了评价主体、对象、范围、方法、指标和结果运用等，规范绩效评价行为，促进了绩效评价管理的科学化和合理化。与此同时，地方各级财政部门也制定了一系列绩效评价工作规范。

**2. 组织机构**

2004年起，地方财政部门开始成立绩效评价机构，截至2011年，全国36个省（市、自治区、计划单列市）级财政部门，已有14个（河北、黑龙江、上海、江苏、浙江、福建、江西、青岛、湖北、湖南、广东、海南、贵州、云南）成立了单独的预算绩效管理机构。其他未单独设立机构的财政厅（局）也由相关处室（19个省市设在预算处、3个省市设在监督处）履行绩效管理职责，并有专门人员从事预算绩效管理工作。北京、河北等9个省市区的市、县设立绩效管理机构，如黑龙江省13个市（地）中有12个设立了专门机构（只有哈尔滨市工作职能在预算处），县（市）有40%设立了专门机构，其余分别设在国资、预算、国库等不同部门。

3. 试点内容

在中央层面,2006年,财政部选择了农业部"农业科技跨越计划"等4个项目进行绩效评价试点,制定绩效目标,设立评价指标体系。2007年,财政部选择了教育部"高校建设节约型社会"等6个项目继续进行绩效评价试点。2008年全面推开,最终确定了教育部等74个部门的108个项目进行绩效评价试点。2009年绩效评价试点已经扩大到94个部门的167个项目。2010年,进一步扩大到115个部门的200个项目。2011年,进一步扩大到149个部门的242个项目,绝大多数中央一级部门已经纳入了绩效评价试点范围,涉及资金近70亿元。同时,将"全国中小学校舍安全工程"等9个专项转移支付项目纳入绩效评价试点范围。

在地方层面,部分省市财政部门也以项目支出为切入点,开展了绩效评价试点工作。如广东省从2005年起在省级部门预算单位全面铺开对财政支出项目资金使用情况的自我绩效评价工作和财政部门对重大项目的综合评价工作。上海市闵行区通过与复旦大学公共预算与绩效评价中心合作,运用并改进美国项目评级(Program Assessment Rating Tool,PART)工具,创新性地开展了预算绩效评价工作。

(二) 财政支出绩效评价试点的成效

(1) 通过开展绩效评价工作,项目支出单位和部门的绩效观念大大增强,初步建立了绩效管理制度,及时发现了预算编制、执行以及管理中存在的问题,提高了预算单位加强预算管理的内在动力,提升了预算管理水平,以预算带管理,提升了各部门的管理绩效。

(2) 实施项目绩效评价,提升了项目规划设计的科学性,也加强了财政部门、试点部门、有关专家及相关部门的协调配合,确立了财政部门的主导作用,提高了财政部门的决策水平,增强了项目资金投向的合理性,从而提高了财政资源配置效率。同时,绩效评价促使试点部门增强了"成本—效益"观念,及时发现项目管理中存在的问题,提高了项目管理水平和项目资金使用效率。

(三) 财政支出绩效评价试点中存在的问题

绩效评价是一项全新的工作,无论在中央层面还是地方层面,都仍处于起步探索阶段,在基础条件、制度建设、组织实施等方面都还存在一些问题。

(1) 理论界和具体预算部门对绩效评价的认识仍旧不足,部门的自我绩效评价缺乏约束和监督,评价质量不高。原则上,部门应按照"确定绩效目标—执行项目—评价"的程序进行,但现实中,绩效目标和指标的制定往往具有事后特征,导致绩效评价缺乏时效性。

(2) 目前仍没有确定统一的、适用于各单位的评价指标体系。具体的指标体系设计存在着"三多三少"问题:定性指标多,定量指标较少;投入指标多,效果指标少;财务指标多,绩效指标少。指标体系的不规范导致绩效评价工作流于形式,难以真正诊断部门的预算绩效,最终与项目竣工验收和财务评价没有什么区别。

(3) 由于缺少科学、规范的绩效评价信息共享机制和评价结果运用机制,绩效评价结果缺乏足够的可信度,运用渠道狭窄,对于优化资源配置、提升项目绩效、改进财务管理和增强外部监督的作用不明显。

#### (四）进一步推进部门预算绩效评价的思路

推进部门预算绩效评价，是深化部门预算改革的下一步重点工作。要在借鉴国外先进经验的基础上，立足我国公共财政建设和部门预算改革的情况，通过推动试点，完善制度，探索适合我国政府行政管理体制和部门预算管理改革目标的预算绩效评价体系，逐步建立起与公共财政相适应、以提高政府管理效能和财政资金使用效益为核心、以实现绩效预算为目标的科学、规范的财政支出绩效评价体系，为远期引入绩效预算探索道路。

（1）要完善预算管理制度，深化部门预算改革。调整和充实部门预算内容，规范预算决策和分配机制，加大对项目支出预算的滚动管理，制定部门滚动预算。同时深化国库集中收付制度改革、政府收支分类改革、政府会计核算方式改革，推进预算编制信息化建设。

（2）要完善评价机制，稳步推进评价试点。将绩效评价的范围逐步扩大到所有项目支出，要求部门在申报项目文本时明确提出项目的绩效目标，实现绩效管理与部门预算管理的有机结合。完善现行的绩效评价制度体系，制定和修订行业绩效评价管理办法。建立绩效评价激励机制，加强绩效评价结果的运用。

（3）要加强协调配合，提高绩效评价水平。在法律保障方面，需要人大等立法机构介入；在加强问责方面，需要国务院等强力部门介入；在信息监督方面，需要审计部门介入。各部门协调配合，发挥合力作用。另外，要加强对绩效评价工作人员的培训，提高专业素质。还要建立统一、规范的绩效管理信息系统和绩效评价基础资料数据库，提供信息技术支持。

## 第三节　政府预算透明度

政府信息公开是指国家行政机关和由法律、法规以及相关规章授权和委托的公共组织，在行使国家行政、经济等管理权限过程中，通过法定形式和程序，将与经济、社会管理和公共服务相关的公共信息，包括政府的结构与职能、财政政策的取向、公共部门账目以及财政预算等，主动向社会公众公开或依申请而向特定的个人或组织公开的制度。

政府预算透明度是指政府预算的全过程和结果的信息公开程度，包括预算准备、预算编制、预算审批、预算执行和预算监督等一系列预算过程。政府通过预算实现其对公众的受托责任，公众通过预算监督政府的履约情况。

### 一、政府预算透明度概述

#### （一）政府预算透明度的内涵

考皮兹和克雷格（Kopits and Craig，1998）等将预算透明度定义为：最大限度地公开政府的结构和职能、财政政策的目的、公共部门的账目以及政府项目；有关政府活动的信息要可靠、全面、易懂,并具有国际比较性,这些信息的获取必须没有难度。这样,公众和金融市场就可以准确地评估政府的财务状况和政府活动的成本及收益,并判断其对未来社会经济发展的含义[①]。

实际上,预算透明度是履行"公共契约"达到"社会合意"的具体手段。预算透明度涵盖了从预算编制、预算批复、预算执行、财务报告到统计评价的政府财政活动全过程,以财务数据的形式,全面、真实、客观地固化和反映了公共财政框架下政府的责任和义务,为"契约"履行提供了有效的评价工具和制度基础。

透明度越高,善治的程度也就越高。提高预算透明度客观上要求政府转变行政方式,通过信息网络系统实现政府部门与企业、中介机构和社会公众的相互关联,并根据预算的法制性、完整性、效率性和具体性探索衡量政府预算透明度的指标体系,公开反映政府的全部活动。

预算透明包括预算对社会公众的透明、不同层级政府间预算关系的透明和不同部门间预算关系的透明三个层次。首先,社会公众要能及时、准确地获取全面的预算信息,并有权依据法律法规对政府预算管理运行情况实行全过程监督。其次,各级政府间的制衡关系和预算资源在各部门间配置的比例关系要利于公众评判监督政府占用资源的情况和提供公共服务的质量。

(二) 政府预算透明度的考量标准

评价和提升政府预算透明度总体上可以从完整性、及时性、确实性、具体性、可得性、参与性等几个方面来衡量。

1. 政府预算信息公开的完整性

完整是预算透明度的基本要求,指的是预算的过程和内容要全面、完整。国际货币基金组织指出,政府向公众公开的预算文件、决算账户和其他财务报告中应包含政府预算内和预算外的全部活动,并公布政府合并的财政状况以及所有预算外资金的明细报表[②]。

(1) 预算全过程都应该公开。预算过程包括预算编制、预算审批、预算执行和决算等,全过程公开意味着除法律规定保密的情况外,这些行为及结果都应该公开。如在预算编制环节,可通过开放会议、转播、报告、听证等途径让公众了解。

(2) 公开的预算内容要全面。预算内容全面是指政府的全部收支(法律规定保密的情况除外)都应该公开,包括财政活动和准财政活动,或者说税式支出和金融及非金融资产与负债。通过全口径、多维度的公开,实现预算信息的完整性。

2. 政府预算信息公开的及时性

及时性是信息一项重要的质量要求,是构成透明度的重要因素之一。预算透明是一个对公共预算进行民主控制的制度安排。作为一种民主形式的透明度,它要求将政府掌握的政府收支信息向社会公开,及时回应社会和民众的要求并采取行动以满足这些要求。

---

① George Kopits, Jon D. Craig. Transparency in Government Operations. IMF Publisher, 1998:42.
② 国际货币基金组织.财政透明度守则[M].人民出版社,2001:23.

从国际经验来看,通常通过报告制度和信息手段来确保预算信息的及时性。报告制度要求在预算批准后报告、预算执行中报告、预算调整后报告和决算后报告。信息手段主要是指利用官方网站及时提供和更新预算信息。

**3. 政府预算信息公开的确实性**

政府预算信息公开必须真实、可靠。预算是专业的政府理财行为,随着政府职能的扩张以及政府会计的复杂化,公众将越来越不容易看懂预算。因此,政府必须如实地向公众报告其相关的财政收支、政策取向与具体制定情况等信息,不可无中生有、扭曲事实。

(1) 所有预算文件和预算报表以及数据,如预算草案、预算年中报告、决算报告等,都应经过审计。在我国,可以从对政府预算进行审计开始,到公开审计信息,再到追踪政府对审计问题的处理,逐步提高审计质量和预算信息的真实性。

(2) 可信的预算须阐明财务风险,包括隐形负债、或有负债、经济假设等。国际货币基金组织、经济合作与发展组织以及国际预算合作组织共同要求编制预算前报告,以提高预算信息的科学性和可信性。

(3) 政府会计的规范与否也决定了预算信息是否可靠,因为公开的预算信息通常以政府财务报告的形式出现,而财务报告由微观的政府会计信息生成。

**4. 政府预算信息公开的具体性**

具体性是指预算信息应能够详细具体地说明每项预算收支的来龙去脉。

一方面,我国预算支出分类包括功能分类和经济分类两层。公开按照功能分类的预算信息细化到"项"级科目,公开按照经济分类的预算信息细化到"款"级科目,是评价和提升预算透明度的重要指标。另一方面,提高预算透明度还要求财政的每个部门都能够编制并公开详细的部门预算,使预算信息具体化、细化。

**5. 政府预算信息公开的可得性**

政府预算信息的公开应当便于公众获得和理解。目前,有些国家政府或民间组织都在积极编制公民预算,即政府面向公众编制简单易懂的预算,同时还突出公众所关心的预算信息,如医疗教育等内容,其目的就是让公众能够看得懂越来越复杂的预算文件。

具体而言,政府信息公开的易懂性应包括:政府支出是否按部门、功能和经济三个方面进行分类;财政数字信息的公布是否有相应的文字说明;每年的预算报告是否公布了3—5年的预算信息;是否对专业术语进行了解释。政府信息公开的便利性包括:政府公开的财政信息是否集中于预算报告和财政报告中;文件是否可以方便地通过网络以低成本方式获得。

**6. 政府预算信息公开的参与性**

参与性就是允许公众参与到预算过程中来。在条件具备的情况下,如基层预算管理规范、公众参与意识较强、政府愿意采纳公众的意见建议等,可以考虑推广参与式预算。目前,各国允许公众参与预算的主要途径就是听证,我国行政管理中已经引入了听证制度,但专门对政府预算进行听证的还非常少。

## 二、政府预算信息公开的内容

一方面,政府预算信息的披露要能够满足公共需要;另一方面,政府预算信息的披露还要权衡成本效益问题(披露成本和公共利益)。具体而言,公开的信息应该包括以下内容。

### (一) 预算据以制定的经济假设

政府预算的制定首先必须建立在对未来,尤其是对财政年度经济形势预测的基础上,这种预测包括对所有关键经济指标进行估计,以及就这些关键经济指标的变动对预算的影响进行敏感度分析。具体的关键经济指标主要包括:GDP 增长率、GDP 增长结构、就业率和失业率、通货膨胀率和利率等。

### (二) 预算收支信息

收支信息是政府预算中最主要的内容,通过收入和支出的信息反馈,公众可以了解政府的基本财政运行情况。

收入信息的披露应包括政府的税收收入和非税收入。不仅要列明收入总数和各项收入数,而且要对各种收入情况进行详细说明。支出信息的披露要求政府预算必须按功能、经济、部门进行分类,公开各项支出和各部门支出的目标,公布的各项支出应全部包含在预算及与预算直接相关的文件中,不可分散公布,不可虚假公布或少公布预算收支信息。

### (三) 政府资产负债信息

公众有权了解政府筹集资金和偿还债务的能力,以便预测政府履行现有义务所需要的未来收入。因此,必须公开政府的资产负债信息。国际货币基金组织指出,政府应公布关于其债务和金融资产规模和构成的全面信息,这是财政透明度的基本要求。

政府披露的资产负债信息应包括:预算年度内发行的债务额以及累计债务额、债务结构、利率及结构,政府的外债种类、数额、期限、利率,政府的现金、可出售债券、对企业的投资和贷款、对其他组织的贷款等金融资产信息,政府的资产种类、资产名称、借贷会计方法下的资产价值和折旧表等非金融资产信息。

### (四) 政府预算绩效信息

对政府预算信息的披露不仅应包括资金的投入信息,还应该包括政府使用财政资金的效果,及政府预算的绩效信息。这里的绩效信息主要是指政府预算绩效评价的结果和运用,具体的资料应包括政府的部门绩效报告和政府预算绩效评价报告。披露的绩效信息必须附有真实具体的责任说明,向公众明确表达政府预算绩效问题的原因和解决方案。

政府预算绩效信息作为预算信息披露的最后环节,为政府提供了提高公共资金效率和效果的诱导机制和动力机制。对政府预算绩效信息的关注,反映了公众对项目有效性的要求,从而能够提升政府的公共责任感、改善政府决策、提高政府的预算管理效率和水平。

政府预算管理

专栏 8-3

## 我国的政府信息公开

新中国成立初期,政府信息公开程度在现实的政治实践中还是比较高的。1949年的《中国人民政治协商会议共同纲领》中规定了公民可以向国家机关工作人员提出批评和建议。但是后来,政府开始对信息采取保密的手段,使得大量与社会政治生活相关的信息被封闭。1951年《中华人民共和国保守国家机密暂行条例》第2条规定了17项国家机密的基本范围,其中包括了国家财政计划、国家概算、预算、决算及各种财务机密事项。

在中共十一届三中全会后,我国完成了政治、经济与文化等各条战线的拨乱反正,确定要加快恢复政治民主化和国家法制化进程,其中包括将政府信息公开纳入法制化轨道。2004年的《全面推进依法行政实施纲要》把行政决策、行政管理和政府信息的公开,作为推进依法行政的重要内容。2005年的《中共中央办公厅、国务院办公厅关于进一步推行政务公开的意见》是党中央、国务院对政务公开工作的重大部署。2007年1月17日,国务院常务会议审议并原则通过《中华人民共和国政府信息公开条例》,并于2007年4月24日由新华社授权发布,自2008年5月1日起施行。2010年3月1日,财政部根据《国务院办公厅关于做好政府信息依申请公开工作的意见》制定了《关于进一步做好预算信息公开工作的指导意见》,要求政府及其部门主动公开预算和决算,积极推动部门预算的公开。2010年4月29日,十一届全国人大常委会第十四次会议表决通过了修订后的《中华人民共和国保守国家秘密法》,定于2010年10月1日起正式实施。2011年1月28日,为推动基层财政信息公开,财政部下发了《关于深入推进基层财政专项支出预算公开的意见》,对基层财政专项支出预算公开的范围、公开的原则、主要内容和方式都做了明确的规定。据统计,2010年共有包括国土资源部等在内的75个中央部委公开了部门预算,这在中国历史上尚属首次,标志着中国透明政府的建设正在稳步向前推进。

说起信息公开,不得不提一下"中国第一全裸乡政府"。四川省巴中市巴州区白庙乡,一个面积不过五十余平方公里、人口不过万人、偏居在大巴山中的"麻雀乡"。2010年,白庙乡政府通过互联网和公示栏公示了《白庙乡2010年财政收入项目表》《白庙乡2010年财政预算支出项目表》《巴中市巴州区白庙乡在职人员工资表》,以及白庙乡政府机关2010年1月和2月的公务开支明细表,就连"花1.5元购买信纸"以及招待上级官员的烟酒都悉数公布,透明程度之高,被网友称为"中国第一全裸乡政府"。事实上,巴中市巴州区早在2004年就探索建立起全国第一个村级民主监事会,当时就受到全国人大的高度重视和各级民政部门的广泛关注。到目前为止,巴中市全市共设立各类公开栏5 230多个,开通党务公开网页170多个,设立党务公开意见箱680多个。全市乡、村、机关、医院、学校、社区等的党务公开面达到了98.7%。

## 三、政府预算透明度标准体系

1998年,国际货币基金组织(IMF)推出了《财政透明度良好做法守则》(以下简称《守则》),与《守则》配套发布的还有《标准与守则遵守情况报告》(以下简称《报告》)和《财政透明度手册》(以下简称《手册》)。《报告》是由国际货币基金组织联合世界银行、巴塞尔银行监管委员会、金融行动专责委员会等组织对世界各国遵守国际标准和守则情况的评估报告,其中包括财政透明度。《手册》进一步阐述和说明了《守则》中的4项原则,并为《报告》的执行提供了指南。2007年,国际货币基金组织(IMF)对《财政透明度良好做法守则》进行了修订,为财政透明度提供了一个综合框架,重点内容包括:明确职责、公开预算程序、方便公众获得信息、确保真实性。具体的标准如下。

(一) 明确职责

(1) 应将政府部门与其他公共部门以及经济体的其他部门区分开来,应明确公共部门内部的政策和管理职能,同时予以公开披露;应明确政府的组织结构与职能;应明确界定政府各级行政、立法和司法机构的财政权力;应明确规定各级政府的责任以及它们之间的关系;应明确规定政府与公共法人机构之间的关系;应按照明确的条例和程序,以公开的方式,处理政府与私营部门之间的关系。

(2) 财政管理应有明确和公开的法律、法规和行政框架。公共基金的募集、承诺和使用应全面遵守有关预算、税收和其他公共财政的法律、法规和行政规定。有关税收和非税收入的法律法规,以及应用过程中有关行政自由裁量权的准则,应力求方便、明确和通俗易懂;有关税或非税义务的申诉应及时予以处理。对于修订法律法规的提议,以及在可行情况下对于更全面修订政策的提议,应该有充分的时间征求意见。政府与公营或私营实体(包括资源公司和政府特许权的经营者)之间的合同安排,应该本着明确和方便公众了解的原则;政府资产与负债管理,包括公共资产使用权或开采权的授予应该有明确的法律依据。

(二) 公开预算程序

(1) 在编制预算时,应按确定的时间表进行,并以明确的宏观经济和财政政策目标为指导。预算日程应明确具体并予以遵守,立法机关应有充分的时间对预算草案进行审议。年度预算应切合实际,并全面依照中期的宏观经济和财政政策框架进行编制和予以报告;财政目标和任何财政规则应予以明确规定和解释。对于重大收支措施,以及这些措施对政策目标的影响,应该予以说明;还应就这些措施对当前和未来预算的影响,及其对更广泛的经济影响进行评估。预算文件应对财政的可持续性进行评估;有关经济发展和政策的重要假设应该明确而且切合实际,应该就敏感度进行分析。应依照财政政策的总体框架,为预算和预算外活动确定明确的协调和管理机制。

(2) 预算的执行、监督和报告应有明确的程序。会计制度应该为收入、承诺、支付、欠账、债务与资产的跟踪提供可靠依据。应及时向立法机关提交有关预算进展情况的年中报告,并按更高的频率(至少按季度)予以更新和公布。在财政年度期间,提交给立法机关的补充收支建议应该与已提交的原有预算一致。经过审计的决算账户与审计报告(包括核定预算的调整)应该提交给立法机关,并在一年内予以公布。

### (三) 方便公众获得信息

(1) 应就过去、现在和未来的财政活动以及主要的财政风险,向公众提供全面的信息。预算文件(包括决算账户)以及公布的其他财政报告应该涵盖中央政府预算和预算外的全部活动。应至少针对前两个财政年度的结果提供相关信息,该信息应该与年度预算相当,同时至少应对后两年主要预算总量进行预测和灵敏度分析。预算文件应对中央政府税式支出、或有负债以及准财政活动的性质及其财政意义予以说明,并对其他所有的重大财政风险予以评估。年度预算报告应将所有重大税收来源的收入(包括与资源有关的活动以及国外援助)单列;中央政府应公布其债务、金融资产、重大非债务责任(包括退休金权、担保风险和其他合同义务)以及自然资源资产的水平及构成。预算文件应该报告地方政府的财政状况以及公共法人机构的财务状况。政府应该定期公布长期公共财务报告。

(2) 提供的财政信息应有利于政策分析和加强问责制。在年度预算之际,应该广泛提供简明扼要的预算指南。财政数据应按收入、支出和融资总额报告,并按经济、职能和行政类别对支出进行划分。各级政府的总差额和总债务,或与之相当的应计金额应该是衡量政府财政状况的标准综合指标,在必要时,还应结合采用其他财政指标,如基本差额、公共部门差额和净债务。应对照主要预算计划的目标,每年将执行结果提交给立法机关。

(3) 应确保及时公布财政信息。应将及时公布财政信息作为政府的法定义务。应宣布并遵守事先公布的财政信息日程。

### (四) 确保真实性

**1. 财政数据应符合公认的数据质量标准**

预算的预测与更新信息应反映最新的收支趋势、重要的宏观经济动态以及明确的政策承诺。年度预算和决算应说明编制和报告财政数据的会计基础,应遵守公认的会计准则。应确保财政报告数据的内在一致性,并根据其他来源的相关数据对其进行核对;对于历史财政数据的重大修正,以及数据分类的变动,应予以说明。

**2. 应对财政活动进行有效的内部监督和保护**

应明确和深入宣传公务员行为的道德标准。公共部门应以文件的形式说明其聘用程序与条件,并能方便有关方获取相关信息。采购规定应符合国际标准,能方便有关方获取相关信息,并在实践中得以遵守。公共资产的买卖应公开,大型交易应单独列出。应对政府的活动与财务进行内部审计,并对审计过程进行公开审查。国家税收征管部门应受法律保护,不应受到政治取向的影响,应确保纳税人的权利,并向公众定期报告其活动情况。

**3. 财政信息应接受外部审查**

应由一家独立于行政机构以外的国家审计机构或类似机构对公共财务与政策进行

审查。国家审计机构或类似机构应公布并向立法机关提交所有报告(包括其年度报告),应有监督后续活动的各种机制。应邀请独立专家对财政预测数据,以及这些预测所依据的假设和宏观经济预测数据进行评估。应从制度上确保国家统计机构的独立性,以便对财政数据的质量进行核查。

**专栏8-4**

**中国省级财政透明度排行榜(2017)**[1]

| 排名 | 省份 | 2017透明度 | 2016透明度 | 排名 | 省份 | 2017透明度 | 2016透明度 |
|---|---|---|---|---|---|---|---|
| 1 | 山东 | 70.01 | 56.82 | 17 | 广西 | 49.38 | 42.59 |
| 2 | 甘肃 | 68.24 | 38.21 | 18 | 云南 | 47.45 | 34.74 |
| 3 | 四川 | 65.94 | 24.83 | 19 | 北京 | 44.49 | 42.96 |
| 4 | 安徽 | 65.69 | 57.34 | 20 | 重庆 | 40.83 | 41.33 |
| 5 | 湖南 | 64.88 | 65.18 | 21 | 天津 | 40.24 | 40.64 |
| 6 | 辽宁 | 61.73 | 51.53 | 22 | 吉林 | 37.8 | 35.41 |
| 7 | 福建 | 58.2 | 53.82 | 23 | 江西 | 37.41 | 41.65 |
| 8 | 宁夏 | 56.29 | 65.53 | 24 | 浙江 | 37.23 | 33.03 |
| 9 | 山西 | 56.22 | 55.39 | 25 | 海南 | 36.64 | 40.88 |
| 10 | 上海 | 55.94 | 48.4 | 26 | 河北 | 36.41 | 29.16 |
| 11 | 江苏 | 55.08 | 23.71 | 27 | 贵州 | 33 | 33.96 |
| 12 | 河南 | 55.01 | 44.62 | 28 | 西藏 | 32.67 | 27.94 |
| 13 | 内蒙古 | 52.83 | 38.07 | 29 | 青海 | 28.77 | 25.21 |
| 14 | 广东 | 52.78 | 50.47 | 30 | 陕西 | 27.24 | 27.92 |
| 15 | 黑龙江 | 52.16 | 50.26 | 31 | 湖北 | 25.5 | 33.7 |
| 16 | 新疆 | 49.89 | 54.34 |  | 平均 | 48.26 | 42.25 |

资料来源:邓淑莲,曾军平,郑春荣,朱颖.中国省级财政透明度评估(2017)[J].上海财经大学学报,2018,20(3):18-28.

---

[1] 表中数据为我国各省(自治区、直辖市)(港、澳、台数据暂缺)的财政透明度得分.具体评估方法见资料来源。

专栏 8-5

### 中国省级政府各信息要素透明度评估结果(2017)

| 地区 | 一般公共预算 | 政府性基金 | 财政专户 | 国有资本经营预算 | 政府资产负债 | 部门预算 | 社会保险基金预算 | 国有企业资产 | 态度 |
|---|---|---|---|---|---|---|---|---|---|
| 北京 | 69.47 | 61.11 | 0 | 27.77 | 0 | 45.8 | 26.07 | 47.5 | 90.91 |
| 天津 | 46.65 | 37.04 | 2.78 | 41.67 | 0 | 39.2 | 26.07 | 75 | 86.36 |
| 河北 | 38.16 | 33.33 | 19.44 | 27.78 | 0 | 42 | 24.93 | 62.5 | 81.82 |
| 山西 | 74.47 | 72.22 | 0 | 72.22 | 48.98 | 40.9 | 77.14 | 25 | 47.73 |
| 内蒙古 | 44.74 | 50 | 19.44 | 44.44 | 0 | 47.6 | 77.14 | 80 | 72.73 |
| 辽宁 | 76.32 | 72.22 | 0 | 72.22 | 0 | 42.7 | 77.14 | 81.25 | 72.73 |
| 吉林 | 37.83 | 27.78 | 0 | 11.11 | 0 | 42.7 | 69.2 | 25 | 86.36 |
| 黑龙江 | 51.32 | 33.33 | 30.56 | 44.44 | 51.02 | 50 | 48.25 | 75 | 68.18 |
| 上海 | 53.68 | 55.56 | 0 | 61.11 | 0 | 50.7 | 73.17 | 85 | 86.36 |
| 江苏 | 74.74 | 72.22 | 0 | 61.11 | 0 | 42 | 40.79 | 85 | 86.36 |
| 浙江 | 64.21 | 33.33 | 0 | 25 | 0 | 46.2 | 24.93 | 25 | 86.36 |
| 安徽 | 75 | 61.11 | 0 | 72.22 | 48.98 | 50.4 | 77.14 | 75 | 90.91 |
| 福建 | 76.32 | 72.22 | 0 | 72.22 | 48.98 | 58 | 26.07 | 75 | 86.36 |
| 江西 | 32.24 | 16.67 | 0 | 11.11 | 0 | 44.4 | 77.14 | 25 | 90.91 |
| 山东 | 66.51 | 66.67 | 25 | 69.44 | 51.02 | 71.3 | 77.14 | 87.5 | 86.36 |
| 河南 | 51.97 | 33.33 | 0 | 27.77 | 48.98 | 40.2 | 77.14 | 75 | 81.82 |
| 湖北 | 27.63 | 16.67 | 0 | 5.56 | 0 | 42.3 | 24.93 | 25 | 77.27 |
| 湖南 | 69.74 | 72.22 | 0 | 72.22 | 48.98 | 49.7 | 77.14 | 75 | 81.82 |
| 广东 | 50.24 | 33.33 | 0 | 27.78 | 0 | 58.8 | 74.76 | 75 | 90.91 |
| 广西 | 73.68 | 61.11 | 19.44 | 27.78 | 0 | 42 | 24.93 | 75 | 81.82 |
| 海南 | 64.47 | 33.33 | 0 | 30.56 | 0 | 42 | 24.93 | 25 | 81.82 |
| 重庆 | 47.37 | 31.11 | 0 | 36.11 | 0 | 51.1 | 23.21 | 75 | 81.82 |
| 四川 | 78.95 | 72.22 | 5.56 | 72.22 | 51.02 | 37.8 | 77.14 | 75 | 86.36 |

续 表

| 地 区 | 一般公共预算 | 政府性基金 | 财政专户 | 国有资本经营预算 | 政府资产负债 | 部门预算 | 社会保险基金预算 | 国有企业资产 | 态度 |
|---|---|---|---|---|---|---|---|---|---|
| 贵州 | 54.48 | 27.78 | 0 | 5.56 | 0 | 49.7 | 23.21 | 25 | 47.73 |
| 云南 | 36.62 | 27.78 | 0 | 44.44 | 0 | 44.8 | 77.14 | 77.5 | 72.73 |
| 西藏 | 63.16 | 44.44 | 0 | 33.33 | 0 | 30.4 | 21.43 | 25 | 9.09 |
| 陕西 | 26.32 | 27.78 | 0 | 5.56 | 0 | 51.4 | 23.21 | 25 | 81.82 |
| 甘肃 | 76.32 | 72.22 | 8.59 | 72.22 | 51.02 | 56.7 | 77.14 | 75 | 86.36 |
| 青海 | 36.62 | 33.33 | 0 | 44.44 | 0 | 38.1 | 23.21 | 25 | 72.73 |
| 宁夏 | 73.68 | 72.22 | 8.59 | 72.22 | 51.02 | 40.2 | 25 | 85 | 72.73 |
| 新疆 | 69.74 | 61.11 | 5.56 | 61.11 | 48.98 | 73.8 | 25.5 | 25 | 68.18 |
| 平均 | 57.5 | 47.9 | 4.68 | 43.64 | 17.71 | 47.19 | 49.11 | 57.78 | 77.27 |

资料来源：邓淑莲,曾军平,郑春荣,朱颖.中国省级财政透明度评估(2017)[J].上海财经大学学报,2018,20(3):18-28.

## 本 章 小 结

政府预算监督是指预算监督体系中有监督权的各主体依照法定的权限和程序,对各级政府预算所实施的检查和监督行为。政府预算监督是依法进行的监督,反映了政府活动的范围和方向,体现着很强的政策性。我国预算监督机制中最主要的是立法监督和行政监督,其中行政监督又可分为财政监督和审计监督。

预算支出绩效评价是预算绩效管理的核心。预算执行结束后,要及时对预算资金的产出和结果进行绩效评价,重点评价产出和结果的经济性、效率性和效益性。实施绩效评价要编制绩效评价方案,拟定评价计划,选择评价工具,确定评价方法,设计评价指标。

政府预算公开透明是公共财政的本质要求,是程序民主的基础环节。政府信息公开、预算透明度的提升与一国政治、经济、历史文化、法制、管理技术、组织特征等环境因素密切相关。提高政府预算透明度应公开政府的预算目标和预算编制的依据,公开政府的全部收支信息,公开预算执行的过程,对预算进行充分的、清楚易懂的说明,对经济术语进行解释。预算信息应尽可能集中,并容易为公众所获取和理解。

## 复 习 思 考

1. 解释以下关键术语：立法监督、财政监督、审计监督、绩效评价、预算透明度。

2. 简述立法监督的方式。
3. 简述财政监督的内容。
4. 简述审计监督的内容。
5. 简述政府预算绩效评价的原则、方法。
6. 简述我国的政府预算绩效评价试点的内容和成效。
7. 简述政府预算透明度的内涵。
8. 简述我国政府信息公开的历程。

# 第九章 政府预算管理信息系统

【本章导读】

政府预算的编制、执行以及政府会计、审计直至政府决算,需要处理的数据量非常大,各种具体财政收支项目十分繁杂,如果没有一个强大的以计算机为基础的信息系统的支持,必将影响预算资金的到位速度并进而影响预算项目的执行和实施,而且有可能助长各部门的贪污腐败行为,甚至出现整个国民经济的混乱。目前,信息化已成为全球社会发展的一大潮流,各国政府都在加强信息基础设施的建设工作,积极采用信息与通信技术加强政府预算的管理。我国政府预算管理的信息化建设正是在这种国际背景下进行的。

政府预算信息化管理是利用先进的信息技术,以预算编制、预算执行和国库集中收付为核心的政府财政管理综合信息系统。当今世界信息全球化的发展趋势迅猛,我国政府现代化和信息化管理的发展要求也日益迫切,我国提出了建立电子政府的要求,政府有关部门也加快了管理信息化建设的进程。财政部从 2000 年开始全面启动了"政府财政管理信息系统"建设,2002 年将其正式命名为"金财工程",并于当年在全国范围全面启动。这对提高我国财政预算管理水平和效率,有力地推动财政预算管理现代化的进程具有重要意义。本章主要内容是对政府财政管理信息系统、政府预算管理信息系统和金财工程的概述。

## 第一节 政府财政管理信息系统概述

### 一、政府财政管理信息系统在预算管理中的重要性

(一)财政管理信息系统的含义

政府财政管理信息系统,就是运用先进的技术,综合预算、会计和财务管理应用程序,完整记录每一笔财政收支数据,实现内部控制和业务程序的自动化,及时提供准确、可靠的财务信息,为预算编制和预算执行提供全面的、综合的管理报告,为宏观经济决策和微观经济管理提供依据的信息系统。建设这一系统,对于预算管理的规范化,提高国库资金的使用效率,提高政府财政管理决策的科学性,增强财政管理的透明度,加强

廉政建设,促进财政的改革与发展,促进国民经济管理现代化,都具有十分重要的意义。

### (二)财政管理信息系统在预算管理中的重要性

**1. 采用信息系统的优势**

我们知道,财政部门在执行其预算管理责任时,涉及预算编制、预算支出的实施、控制、监督和征集税收等活动。这些管理活动中的许多过程要求在有限的时间内处理各种的大量交易,这些交易涉及全国范围的办公室网络,通过手工记录获取信息并按照适合管理决策的方式或分类计划对各种信息进行重新分类,这一过程可能需要大量的时间,劳动力密集程度也非常高。在这种情况下,如果没有一定程度的自动化,就可能无法及时、准确地获得财政管理所需的基本数据。以计算机为基础的信息系统向财政部门管理者提供了各种各样的工具,可以在需要合并大量来源分散的数据时提供可靠而及时的决策信息。因此,这种信息系统可以快速编辑合并来自全国各国库部门和税收部门的数据,并交与财政部集中处理。系统数据库中的数据可以根据管理需求以各种方式提供。

此外,预算管理中的许多职能从其性质来看是一个反复的过程,遵循预先设定的一套规则。例如,处理支出的规则,或者计算税款和关税的规则都应有明确的表述。这种情况下,以计算机为基础的信息系统可以向政府部门管理者提供独一无二的便利,有效地处理各种业务数据,采取必要的控制措施,并同时收集决策所需的及时和准确的信息。在这一过程中,以下两方面尤其重要。

(1)以计算机为基础的信息系统使得政府有可能合并交易分类并且在处理交易过程中同时记账。这就意味着,在处理某项交易时,如做出开支时,可以同时对该项交易进行分类并记入有关的账户。这就确保了所有交易数据可以及时而准确地列入系统数据库中。

(2)使用以计算机为基础的信息系统可以实现许多控制手段和程序的自动化。在处理交易的过程中,系统可以采取必要的控制措施,例如,确保在做出一项承付款项或批准一项支出之前,必须存在适当的预算拨款。只有在程序要求采取特殊处理措施时,才有必要采取手动干预。在以上情况下,系统将保留适当的审计记录,包括与特定情况预算拨款授权有关的详细资料。

**2. 采用信息系统的问题**

虽然以计算机为基础的信息系统存在上述优势,但在政府预算管理中采用自动化信息系统仍然给人们带来了许多设计和实施方面的困难。

(1)采用以计算机为基础的信息系统的投资规模可能非常庞大,投资期间很容易就会持续几年。在一个中等规模的国家,投资以计算机为基础的信息系统在 5 年内可能耗费的资金介于 1 000 万美元到 5 000 万美元之间。

(2)采用以计算机为基础的信息系统一般要求对现有制度安排进行大幅度改革。

(3)必须使以计算机为基础的信息系统中各组成部分之间的不同信息流实现一体化,以全面发挥计算机系统的优势。

在系统设计和实施时必须有效地解决上述第二个和第三个问题,因为只有解决这两个问题,才能实现效率的提高并提高财政决策水平。

因此,一个国家在开始引入以计算机为基础的信息系统之前,从数据的角度认真评估财政管理信息系统的成本和收益以及国家的行政和制度环境至关重要。

### 3. 信息系统改革的要点

在信息系统的改革中,不采取重大改革措施、对信息系统各组成部分之间的重要信息流动毫不关注,是一种很普遍的现象。在那些要求对基本的管理方法进行大幅度改革的情况下更是如此。这种挤牙膏似的改革通常导致在这种系统中,各种职能之间相互叠加或者冲突,整个财政数据库缺乏完整性。为了设计和实施有效的政府财政管理信息系统,以下因素至关重要。

(1) 明确就基本的财政管理方法开展的改革达成一致,并且将这种改革作为信息系统设计的基础。

(2) 在明确财政管理方法的基础上,详细说明系统的职能和技术细节。

(3) 提供明确的指导原则,用于实现为政府财政管理提供支持所需的各种子系统的一体化。

## 二、政府财政管理信息系统的功能

### (一) 外国政府财政管理信息系统的功能

各国的政府财政管理信息系统,虽然由于财政管理体系及管理方式不同,具体的系统结构及子系统设置有较大差别,但其主要功能都包括下列内容:① 宏观经济预测及分析;② 预算编制、审核及调整记录;③ 预算指标控制、调整及相应的财务处理;④ 提供全面、公开、透明的预算报告;⑤ 对资金使用计划的授权控制;⑥ 记录资金支付的承诺、待付、支付过程;⑦ 处理支出发票、收据和签发支付令;⑧ 按会计科目对收入和支出记录总分类账;⑨ 进行现金管理,保障资金调度;⑩ 编制标准和待定的财务报表和报告。

### (二) 我国政府财政管理信息系统的功能

我国政府财政管理信息系统,主要反映在"系统"的控制功能上。这一功能的主要内容如下。

#### 1. 规范业务流程

从整个财政管理业务来讲,系统的建设必须明确宏观经济预测与分析、预算编制与预算执行等业务之间的衔接。同时,系统也对各部分内部管理业务的工作与信息流程做了规定,如预算编制、预算调整、预算授权、支付流程的规范化等。特别是预算编制,从一定意义上讲,程序的合理性就是保证了预算本身的合理性。

#### 2. 财务控制

政府财政管理信息系统建立后,其国库管理系统有两个很重要的功能:一是预算审核,二是用款计划控制。国库在集中支付过程中,必须进行预算审核,以规范部门支出行为。预算审核落实到经济分类的类、款、项级科目上,就体现了财政不同的控制功能。用款计划则体现了财政对预算项目实施与国库现金余额平衡的控制,有利于国库资本运作与短期国债发债时机的选择,整体提高财政资金的使用效率。

全面、及时反映预算编制和预算执行过程。预算审核、预算编制、预算调整、用款计划的审核及调整过程都记录在系统中,大大减少了管理的随意性。同时,通过对预算执行情况全面、及时的反映,可以看到中央级支出当天总共拨出多少钱,当天拨出的钱分布在哪些部门,用于多少项目、什么用途。这有利于监督政府部门的支出行为。

### 三、我国启动政府财政管理信息系统建设的背景

近年来,信息化已成为全球社会发展的一大潮流,西方发达国家经济的持续发展在很大程度上得益于信息产业优势及由信息化带来的管理效率优势。世界各国顺应这一潮流大力发展本国信息产业,加强信息基础设施建设工作,积极采用信息与通信技术,并广泛应用于管理。如西方七国政府在线项目(1995年)、美国的国家信息基础设施或信息高速公路项目(1996年)、印度的信息时代改革(1996年)、亚太发展信息计划(1998年)、意大利"行政管理网络中的数字文件"项目、丹麦的"信息社会2000"战略等。与此同时,各国也加快了财政管理信息系统的建设和重建工作。

面临全球信息化浪潮及加入世界贸易组织(WTO)的双重挑战,我国提出建立电子政府的要求,政府有关部门也加快了管理信息化建设的进程,如海关系统的"金关工程"和税务系统的"金税工程"等。但财政管理信息化建设的步伐相对迟缓一些。2000年6月,国务院总理在国家科技领导小组举办的科技知识讲座会上指出:"积极运用现代科技手段,特别是先进信息技术,加快政府管理信息化进程,是适应国民经济和社会信息化发展的迫切要求。各级政府、各个部门都要把推进行政管理信息化作为一件大事来抓。"2000年8月,国际货币基金组织高级专家代表团来到中国,在与财政部会谈有关财政改革时提出,中国财政管理改革涉及预算编制和执行等多方面的根本性改革,必须要有现代化的"政府财政管理信息系统"作支撑才能顺利进行。在财政制度全面深化改革和政府管理网络建设大发展的推动下,我国财政管理信息系统建设被纳入重要的工作计划之中。2000年8月,财政部成立由国库司、预算司、综合司和信息中心等有关人员组成的"政府财政管理信息系统"工作小组,开始了我国财政管理信息化工作。适应社会主义市场经济和财政改革与发展的要求,我国在"十五"期间,建成了包括宏观经济预测与分析、预算编制和预算执行等有关业务、达到国际先进水准的政府财政管理信息系统。

### 四、我国建立政府财政管理信息系统的意义

我国建立政府财政管理信息系统,是提高政府工作效率和透明度的需要,也是深化财政体制改革的需要,同时也将对我国的经济生活产生巨大的影响,其意义深远。

(1)适应政府管理信息化要求,建立起各地方、各部门之间的电子信息化联系,实现电子信息的传输和所有信息的共享,建立电子政府,从而提高政府工作效率和工作透明度。

(2)适应建立公共财政框架的要求,为预算编制与预算执行改革提供保证。"系统"本身按照新的预算和国库改革方案设计,为预算编制与预算执行的进一步改革打下基础。

（3）提高财政管理决策水平，为宏观经济分析提供基本依据，为预算执行分析提供及时的财务报告。保持宏观经济分析和预算执行各方面及历史数据的完整，是系统建设的一个重要目标。同时，经济预警模型、收支测算模型、先进预测模型等，为决策科学化提供保障，也为各种财政管理业务提供科学的分析工具。

（4）规范政府行为，增加预算编制与执行的透明度，增强财务控制功能，既能对财政部内部管理工作进行规范，又能对支出部门预算执行行为进行监督。

## 第二节 政府预算信息管理系统

### 一、我国政府财政管理信息系统

为适应信息全球化迅猛发展的趋势和我国政府管理现代化、信息化发展的要求，财政部从 2000 年开始全面启动了"政府财政管理信息系统"（Government Financial Management Information System，GFMIS）建设，即"金财工程"。我国的"金财工程"以大型信息网络为支撑，以细化的部门预算为基础，以所有财政收支全部进入国库单一账户为基本模式，以预算指标、用款计划和采购订单为预算执行的主要控制机制，以出纳环节高度集中并实现国库资金的有效调度为特征，详细记录每个用款单位每一笔财政资金收支的来龙去脉，覆盖了财政收支管理的全过程，可监控任一时点的财政资金收支状况，从根本上防止财政资金的体外运行和沉淀。我国"金财工程"的框架由"宏观经济分析和预测""预算编制""预算执行"等部分组成，各部分按管理功能分为不同的子系统。各部分之间的信息流程按预算制度改革后的业务工作流程确定。在"金财工程"中，所有数据统一编码，集中存放在一个数据中心（其核心为总分类账数据库及其他数据库），真正做到宏观经济预测、预算编制、预算执行、审计的数据共享及信息的集中处理。系统的信息关系为："宏观经济分析和预测"从"金财工程"数据中心采集"预算编制"和"预算执行"当年的历史数据，结合从其他途径采集来的数据，进行分析、预测，为"预算编制"提供预算指南。"预算编制"从金财工程"数据中心"采集宏观经济分析和预测的"预算指南"以及预算执行的各年份、各种类型的数据，结合其他方面的数据，编制部门年度预算和调整预算，为"预算执行"提供预算指标。"预算执行"从 GFMIS 数据中心采集"预算编制"的部门预算指标数据，根据部门预算指标数据控制预算执行，预算执行的情况反馈给"预算编制"，为"宏观经济分析和预测"提供分析资料。"审计"从"预算编制"和"预算执行"中提取数据，随时监控和审计预算编制和预算执行中的情况。政府预算管理信息系统既要涵盖所有的财政管理业务，必须具备网络覆盖面广、信息处理能力大的特点，又要充分考虑信息的保密性和资金的安全性。为此，我国 GFMIS 的设计努力体现以下几个特点和要求。

（1）严密性。能详细记录每一笔收支业务，保证总分类账记录的准确性，能实时查询每一笔支出的来龙去脉。

(2) 可控性。要求整个支付过程自动化程度高,同时又可以控制。
(3) 易操作性。微机操作界面的设计要客户化,易于操作,易于维护。
(4) 实时性。系统设计要具有很强的数据处理能力,以进行高效实时处理。
(5) 安全性。系统的安全要达到或超过银行的标准。
(6) 可靠性。要有主机、辅机和远程灾难备份系统。
(7) 可扩展性。要充分考虑技术革命的发展前景,系统要能适应未来发展的需要。
(8) 可兼容性。能够兼容在其他环境下开发的软件和数据。
(9) 数据格式的一致性。采用单一数据库,统一的数据字典,保证数据格式一致。

## 二、政府预算管理过程的信息系统框架

### (一) 预算管理业务流程

在政府预算管理中,信息与通信技术的应用对于预算的编制、执行、政府会计和审计以及财政报告都有十分重要的意义。目前,许多国家都开始把信息与通信技术运用到政府预算管理中。按国际货币基金组织对各国预算管理业务流程所做的一般分析,预算管理业务流程分为四个循环。

(1) 预算管理总循环。即"预算编制——预算执行——项目评估及执行报告——审计"。这一循环从总体上描述了预算项目从预算编制到决算的全过程中各个环节的关系。

(2) 预算执行管理循环。即"预算授权——支付管理——执行报告管理与审计"。这一循环阐明了预算执行管理的内容及各管理环节的关系。

(3) 支付过程管理循环。即"承诺管理——支付管理——现金管理"。这一循环反映了国库支付管理的内容及与现金管理的互动关系。

(4) 现金管理循环。即"现金管理——债务管理"。这一循环说明了现金管理与债务发行的互动关系。

### (二) 信息系统框架

因此,与预算管理过程相适应,信息系统框架由以下几部分构成。信息系统支持着政府预算管理过程,每个管理过程中都有着相应的信息系统。

1. 宏观经济预测系统

宏观经济预测主要是为了使政府预算更好地制定支出和资源的规划。可以通过建立一个宏观经济框架,将国家的收入增长、储蓄、投资和公共支出与收入的资金平衡联系起来。宏观经济预测分析包括两个层次的内容:一是宏观经济运行态势分析,其重点是分析预测国内外经济发展趋势以及对财政发展的影响和对财政宏观调控职能的要求;二是财政运行态势分析,其重点是分析预测财政收支增长趋势、财政可持续发展状况以及财政政策的实施效果。依据上述两个层次的分析预测,预算管理部门提出相关的财政政策建议。信息系统将以财政数据库的数据为基础,综合国内外宏观经济数据,建立财政收支分析预测模型、财政监测预警模型、政策分析模型、宏观经济预测模型、宏观经济景气与监测模型,科学、全面地掌握宏观经济和财政收支增减因素,合理控制债

务规模,为政府财政预算编制、财政支出管理、财政政策调整提供辅助决策依据。

2. 预算编制系统

预算编制过程首先需要提出一份预算公告,说明各项经济发展前景、各种政策目标,以及如何通过预算实现上述发展前景和政策目标,并根据宏观经济框架确定部门拨款和拨款上限。其次,在财政部门和预算单位进行一系列讨论之后,应编制机构支出计划和收入预测,并分析各机构预算如何并入一份年度预算文件等问题,这份年度预算文件须获得立法机构批准。上述重点在于如何通过预算申请书实现预算公告中列出的各项政策目标,并以下列问题作为重点内容:各项提案的优先顺序,预算申请书中各项资金需要的合理性,以及如何在总体预算限额内满足各项资金需求。

与上述流程相对应,通过建立预算编制和预算批准的信息系统来为编制预算服务。预算编制系统从持续性计划、规划内的各项计划以及各有关机构开展的项目中获得详细资料,对这些资料进行合并,并通过这些资料编制构成机构与财政部谈判基础的各种文件。立法机构最终完成预算审核之后,信息系统提供获得批准的预算预计值。系统记录并保留预算申请书和所有政府机构的收入预测,记录预算编制、预算批准和预算修订过程中的任何变动。为了协助评估预算申请书,系统应当能够从以往年份的数据库中形成人员、维修和其他运营费用的基准数据。研究资本支出需要获得政府已经批准的各个项目的资料(实物数据和财务数据),并通过使用各种预算计划书的分析工具(如用成本收益分析进行评估和业绩考核的工具)对预算编制系统进行补充。

3. 预算执行、会计和财政报告系统

预算执行、会计和财政报告过程涉及多种职能的活动,例如,根据预算预计值采购商品和服务;在有关年份内记录所有政府交易并进行会计处理;定期提供报告,以监督总体的支出流动或拨款使用状况;找出偏离预算计划的主要事项并提出调整性措施。

用于预算执行、会计和财政报告的信息系统是政府财政管理系统的关键,是财政数据的主要存储场所,是政府财政管理信息系统的基础。这些系统可以用于开展与预算执行、监督和控制有关的各项活动,获得持续性项目实际支出的资料。这些系统还监督并评估总体预算实施过程,提供必要的财政报告。此外,这些系统还向各部委和支出机构提供有用的财务资料,使部委和支出机构能够更好地管理其工作计划。

系统以下列4类主要系统为支持重点:① 预算控制和担保控制;② 应付款项;③ 应收款项;④ 国库普通分类账户系统或者财政普通分类账户系统,这四个系统共同构成了政府核心会计系统,预算控制系统保存支出部门的各种数据。上述四个系统保存以下各种数据:获得批准的预算拨款(包括资本拨款和经常性拨款),计划和项目的融资来源,预算转移支付,补充性拨款,以及当年根据预算拨款做出的资金拨付(担保)。第2类和第3类系统用于在各项交易发生之后尽快做出处理,并记录承付款项,是根据预算拨款做出的实际支出的各项数据。

该系统通常被称为国库分类账系统(Treasury Ledger System, TLS),由下述机构和单位使用。

(1) 财政部及其在各个地区设立的办事处,利用国库分类账系统履行基本的会计职能并开展预算执行工作。

政府预算管理

（2）财政部预算司，利用国库分类账了解实际支出状况并且完成与预算编制和预算监督有关的过程。

（3）财政部现金管理司，利用国库分类账系统提供现金管理和实施现金限额所需的信息。

（4）各有关机构，利用国库分类账系统满足其会计和财务信息需求。

（5）政府审计机关，利用国库分类账系统获得审计所需的财政交易数据。

4. 现金管理系统

现金管理过程包括进行机构和中央现金流预测，向支出机构拨付资金，监督现金流和预期的现金需求，为了向政府计划提供融资发行及赎回政府债券。现金管理系统协助政府了解最新的政府流动资金状况和现金需求。

现金管理系统通过普通分类账户获得实际机构支出和政府现金余额的信息。现金管理系统或者通过普通分类账户，或者通过特定系统，如债务管理系统，获得收入流入、借款、贷款支出、国库券、政府债券和现金储蓄到期日的信息。政府通过这些信息可以做出下列决策：① 机构的预算拨款限额和资金拨付；② 发行和赎回政府债券的时间安排，这些政府债券用于为资金短缺提供融资。

5. 债务管理系统

债务管理过程保存所有合同和公共债券记录有关的各项任务，对每一笔贷款分别予以记录并根据贷款来源和贷款类型进行分类。这一过程还可以协助经济和政策分析，因为这一过程可以预测现有合同和预期合同还本付息所需的资金，从而决定不同的财政政策和赤字融资政策对债务造成的影响。

债务管理系统记录与政府国内借款和国外借款有关的信息。此类信息包括载于贷款文件中的信息，各项交易以及政府债券的发行信息。除了会计信息外，这一系统还可以提供制定财政政策所需的信息，例如，预测贷款的提取和还本付息负债，以及不同的财政政策和赤字融资政策对债务造成的影响。与政府借款有关的开支由中央系统根据债务管理的数据做出。在政府账户中记录的贷款收据通过中央会计系统处理，然后用于更新债务管理系统保存的债务数据库。

6. 税收管理系统

税收管理过程解决税收政策管理问题，涉及实际课税和税收征收，包括税收政策中规定的税项和关税，估值并征集非税收收入，如印花税、使用费和服务费。

税收管理系统首先用于协助政府制定税收政策和收费政策，其次协助政府征集税款和非税收收入。此类系统涉及许多独立的系统：例如，支持管理并征集各种类型的非税收收入（如印花税）的系统。税收管理系统向核心会计系统提供税收征集的概括信息。税务部门和海关所征集的税款将按其总额在财务分类账系统中进行记录，并根据在银行系统中的存款进行调整。

7. 人员管理系统

人员管理系统服务于与政府人力资源政策有关的各项活动，包括人力资源规划、人员编制控制、退休金政策，以及与人力资源相关的政策及其管理对财政产生的影响。这里人员管理的系统是指与政府财政管理有关的人员的管理，是指那些与定岗、定员的管理以及薪金、退休金等支出有关的各种过程。因此,这个系统也构成了政府财政管理信息系统的一个重要部分。

8. 审计过程系统

审计过程系统用于分析和监督公共交易、财政交易和其他各项交易,确保上述各项交易符合政府政策和程序,并确保预算执行单位根据政府总体项目顺序以具有成本效益的方式使用公共资金。审计工作通常在两个层次上开展:一是在财政年度内由部委开展的内部审计,二是由总审计长通过随机检查对财政年度最终账目开展的外部审计工作。审计过程系统协助内部和外部审计机构履行其职能。

## 三、预算管理信息系统成功的关键因素

### (一) 政府承诺和管理层支持

政府要提高预算管理的水平,就必须使预算和资源配置的过程更加透明。这将对那些从现行制度缺陷中获益的人造成不利影响。这些利益集团可能采取行动,推迟系统的建立或使系统的建立偏离其目标。因此,政府承诺对于政府预算管理改革的持续开展和预算管理制度的加强来说是关键的因素。

引入新的预算执行制度结构需要对有关政府机构,如财政部、中央银行、国库的地位和职责以及各机构与部委之间的关系进行重组和重新分配,并且对上述机构开展的各项职能过程进行根本性的改革。以计算机为基础的信息系统应当作为协助实现上述目标的一种手段。采取这些改革措施需要获得政府最高层的支持,以确保这些改革措施能够顺利实施。对于公共部门管理者,从新制度和新方法带来的好处这一角度考虑,分阶段逐渐引入新政策和新方法以及广泛的推广计划,可以使更多的人了解新政策和新方法的益处,促进其更好地实现。

### (二) 机构之间的相互协调

在一个由多个机构构成的环境中,系统的准备和实施非常复杂。建立一个由所有主要利益相关方代表组成的领导小组,可以确保所有参与机构的需求在制度设计过程中得到考虑,这样,各机构没有必要各自开展重复性的活动。在这种情况下,机构积极参与系统设计和系统实施尤其重要。它还可以建立系统性的数据共享协议、合同和各种系统之间的计划,使所有的机构能够使用所需的财政数据。总体系统各不同组成部分之间的主要职责应当由直接负责有关职能过程的组织完成。这一委员会还可以作为一种工具,为负责实施项目的技术小组提供用户信息。

### (三) 组织能力和技术

建立政府预算管理信息系统所需的财务人员和技术人员的数量很多,所要求的技术水平也相当高。为了确保可持续性,必须对现有技术进行补充,提供资金并聘请实施改革的专业人员、预算管理专家以及其他具有必需的技术技能的专业人士。政府可能需要重新考虑重要部门人员的薪金水平,以挽留这些公务人员,并且考虑采用更灵活的聘任形式,从私营部门聘请科技人员,通过外部人员为某些系统提供技术维修和培训。在任何情况下,都必须采用一项持续性的培训政策,以解决可以预料到的人员大幅减少

的问题。

从技术角度看,应当建立一套系统组织或者加强现有组织单位,以吸收并保留各种技术,管理系统规划、系统开发和运营。开展上述工作需要以下技巧：① 高级项目设计和规划技巧；② 项目管理技巧；③ 技术实施技巧,以运行和使用硬件和软件；④ 用户支持技巧,以开发用户和技术记录,培训最终用户,建立热线,开展更加正式的最终用户培训。

### (四) 确定制度实施的先后顺序

预算编制及执行、政府会计和审计等信息系统的特点是数据量大,其中一些系统要求分散式的数据处理设施。这些系统所涉及的业务流程类型所需的数据量巨大并且交易速度又快,因此必须计算机化。如果不计算机化和自动化,那么这些领域可能产生严重的数据积压,这种积压可能导致预算管理所需的信息出现重大缺陷。因此,在设计总体框架的过程中,应先分清先后、主次顺序,并明确各组成部分的类型和范围,以及这些组成部分之间的相互联系,从而使这些系统相辅相成。

## 第三节 金财工程

### 一、"金财工程"与政府预算信息化管理

"金财工程"即政府财政管理信息系统(GFMIS),是利用先进的信息网络技术,支撑预算管理、国库集中收付和财政经济景气预测等核心业务的政府财政综合管理信息系统。"金财工程"以财政系统纵横向三级网络为支撑,以细化的部门预算为基础,以所有财政收支全部进入国库单一账户为基本模式,以预算指标、用款计划和采购订单为预算执行的主要控制机制,以出纳环节高度集中并实现国库资金的有效调整为特征,以实现财政收支全过程监管、提高财政资金使用效益为目标。

"金财工程"是在总结我国财政信息化工作实践,借鉴其他国家财政信息化管理、先进的管理理念和成功经验的基础上,提出的与我国建立公共财政体制框架目标相适应的一套先进的信息管理系统,是我国正在实施的电子政务战略工程建设的重要组成部分。为了与正在建设的"金关""金税"等重大信息工程相对应,2002年初,该系统正式被命名为"金财工程"。

我国的政府预算信息化管理在"金财工程"中得到了充分的体现,并随着"金财工程"的发展而不断完善。政府预算管理信息系统作为"金财工程"的主体子系统,与其他子系统有着广泛而密切的联系,它在某方面决定、支配着其他业务应用子系统。国库支付管理系统、工资统一发放管理系统、政府采购管理系统等业务应用子系统都是根据预算指标进行运作的,并接受预算监督。

从预算管理的角度分析,我国"金财工程"的框架是由"财政经济景气预测分析""预算编制审核"和"预算执行"三大部分组成的。国库支付管理、现金管理、工资统一发放

管理、国债（债务）管理、政府采购管理、固定资产管理和收入管理都是预算执行的具体内容。"金财工程"中各系统之间的关系可以表述如下。

"财政经济景气预测分析系统"从"金财工程"数据库收集预算编制和预算执行的当年和历史数据，并结合其他宏观经济数据，进行分析、预测，为"预算管理系统"的预算编制提供指南。"预算管理系统"根据"财政经济景气预测分析系统"的预算指南和各年份、各类型的预算执行数据，综合有关社会经济情况，编制部门年度预算和调整预算，为预算执行提供预算指标。"总账管理系统"是"金财工程"的数据存储中心，也是沟通预算编制和预算执行的桥梁，它将预算编制确定的预算指标或调整预算指标转换为满足预算执行管理需要的指标体系。"国库支付管理系统""工资统一发放管理系统""政府采购管理系统"等预算执行系统，依据"预算管理系统"确定的部门预算指标数据控制预算执行，并将预算执行的情况反馈给"预算管理系统"，为预算编制提供分析材料。同时，"预算管理系统"随时监控和审核预算编制和预算执行的情况。

可见，预算管理信息系统是我国"金财工程"的基础和核心，它贯穿于"金财工程"各财政业务应用系统。而"金财工程"也充分反映了我国政府预算信息化的发展情况。因此，只有从整个政府财政管理信息系统这个更广阔的视角出发，才能全面、系统地理解政府预算管理信息系统。

## 二、"金财工程"建设的意义

"金财工程"的建设与实施，对于加快社会主义市场经济体质的建立和促进国民经济管理的现代化、深化财政改革、完善公共财政体制、规范财政预算管理、提高国库资金使用效率、增强财政决策的科学性和财政工作的透明度、加强廉政建设、实现依法理财等，都具有十分重要的意义。

### （一）"金财工程"顺应全球信息化潮流，是推进电子政务建设的重要环节

信息化是现代社会发展的重要特征与必然要求。政府财政管理信息系统是目前世界上主要市场经济国家政府信息管理系统的核心系统。美国财政部的联邦政府国库支付系统在2000年度除国防支出外，包括社会保障基金和退税在内的全部9亿笔政府开支，总值为1.2万亿美元的财政资金都是由管理信息系统通过单一账户支付（其中70%是以电子支付方式）实现的。可见，加快电子政务的发展、充分利用信息化手段加强政府管理、促进政府职能转变、提升政府办事效率和管理水平，是国际潮流和大势所趋。加快"金财工程"建设，符合我国市场经济发展和加入世界贸易组织的要求，也有利于在财政工作方式、方法上尽快与国际接轨。

### （二）"金财工程"实施是公共财政体制和推进财政改革与发展的必然要求

近年来，我国的财政改革与发展已进入到一个新的阶段。财政宏观调控能力不断增强，财政管理体制改革不断向纵深拓展，以人为本的公共支出体系不断完善，国家财政实力也不断壮大，财政改革与发展的步伐明显加快，这些都表明我国的财政改革与发展处在一个更高的新起点上。与此同时，我国的财政管理也面临着新的挑战：一方面，财政收支规模迅速扩大，业务工作量快速增长，财政工作的繁重性、复杂性和艰巨性大

大增加；另一方面，社会各方面对更好地发挥财政职能作用的要求也越来越高。仅仅靠模拟手工操作和部分财政工作计算机化等传统的工作方式和方法，显然已经不能满足财政改革与发展的现实和长远需要。只有把现代信息技术积极运用到财政工作中来，才能更好地保障和促进财政改革与发展不断深化。

（三）"金财工程"的实施是财政管理科学化、规范化的必由之路

"金财工程"通过统一平台和技术业务标准、共享数据资源、规范业务流程、自动控制与处理、程序间的反馈与相互制衡、信息快速传递与跨地域存取等手段，在财政资金运行的各个环节，都可以实现财政管理权限的相互制约，推动实现财政管理的科学化、规范化，从而催生新的公共财政管理模式。财政管理手段和工具，将从目前的以模拟手工操作和财政管理业务部分计算机化为主，逐步向财政管理全过程的自动化、标准化转变；操作上相应地将逐步从"有纸"向"无纸"、从"自然人"向"机器人"转变；财政管理的主要工作内容，将从目前偏重的审核审批、联表编制等烦琐重复又耗时费力的具体事务管理，逐步向简化具体事务，加强调研、执行分析和制度拟定等宏观管理政策层面的方向转变；财政管理的各项业务和各个环节，将从目前一定程度上存在相互间相对独立脱节、信息流动单向封闭的情况，逐步向相互紧密衔接、通畅制衡、信息对称透明转变；财政管理规则，将从目前的一项资金一个管理制度和方法，逐步向不同部门同类资金有统一规范的管理制度和办法转变。"金财工程"的建设和实施还能使财政部门内部机构和岗位设置、业务工作机制和人员配置等，进行更趋优化的调整，从而对财政管理工作产生深远的影响。

（四）"金财工程"是加强财政监督和党风廉政建设，提高财政资金使用管理安全性和规范性的有力武器

"金财工程"通过各个业务部门和各个环节的互联互通，以及详细记录每个用款单位每一笔财政资金收支的运行状态，可以对预算编制、预算执行、资产管理等财政资金运行事前、事中、事后的全过程进行实时监测，将财政资金都置于监督之下，实现阳光下的财政监管。同时通过为财政监督提供全面、准确、及时的信息，有重点、有针对性地对资金运行中出现的异常情况，进行实地调查和风险控制。这样既能保证监督质量、降低监督成本、提高监督效率、促进财政资金的规范和安全使用，又能防止"暗箱操作"和人为干扰，维护财经纪律，从机制上防止腐败行为的发生。

（五）"金财工程"是提高财政管理决策水平和财政资金使用管理有效性的重要基础

财政收支数据是财政政策和宏观经济调控决策最可靠的依据之一。"金财工程"的建设与实施，将通过实现信息处理的高度自动化和信息资源的广泛共享，完整地保存预算执行各方面的数据，可以提供准确、实时、完整的财政财务信息，财政资金运行每一时点的状态也就是那一时点的决算。同时，以数据库为基础，将数量分析方法引入财政管理，通过建立宏观经济计量模型、政策效应测算模拟分析模型以及财政收支预测模型等，将在很大程度上提高财政政策决策的科学性和准确性，从而更好地为党中央、国务院加强和改善宏观调控服务。特别地，在信息系统的保障下，通过加强执行分析和绩效评价，并结合资产存量和结余资金情况，可以进一步改进预算决策，提高预算编制的科学性和准确性，避免

盲目投入和重复建设。不仅如此,通过充分利用国库集中收付改革后集中的库款余额,加强现金管理和运作,加快资金周转,降低财政融资成本,可以更好地支持各部门和基层加快改革与发展,有利于加强绩效管理,提高财政资金使用的有效性。

## 三、"金财工程"建设的总体规划

按照系统工程规划设计,"金财工程"建设共分为业务应用系统、信息网络系统和安全保障体系三个方面,即以应用为中心、以网络为支撑、以安全为保障。一是建立财政业务应用系统,包括预算管理系统、国库集中支付管理系统、总账管理系统等12个业务应用系统;二是建立纵横向三级网络系统,包括本级局域网,纵向连接各级财政部门的广域网和横向连接同级各预算单位、国库、银行、税收等相关职能部门的城域网;三是建立安全保障体系,即建立以认证中心、数据加密为核心的统一安全保障体系,确保"金财工程"应用系统高效、稳定地运行。

### (一)财政业务应用系统

财政业务应用系统主要指预算管理系统、国库支付管理系统、现金管理系统、工资统一发放管理系统、国债(债务)管理系统、政府采购管理系统、固定资产管理系统、收入管理系统、财政经济景气分析系统、标准代码系统、外部接口系统、总账管理系统等12个业务管理系统。

1. 预算管理系统

该系统可实现各级财政资金使用部门和各级财政管理部门预算编制、预算审核、预算调整的规范化和科学化的管理,支持基本预算支出和项目预算支出的部门预算编制,能完成预算控制数编制及预算批复,支持预算科目新体系,通过数据库实现与国库支付管理、现金管理、收入管理、政府采购、宏观经济预测等系统的数据共享。它有下列子系统:

(1)部门预算管理系统;
(2)预算指标管理系统;
(3)定员定额管理系统;
(4)中央对地方专项拨款管理系统;
(5)地方预算汇总管理系统;
(6)转移支付测算管理系统;
(7)全国预算汇总管理系统;
(8)非贸易、非经营性外汇管理系统。

2. 国库支付管理系统

该系统主要按照财政国库集中收付管理制度改革的要求,完成财务资金使用过程中的分月用款计划管理、支付管理、采购订单管理、财务管理和预算执行分析管理等,并实现与现金管理、预算管理、收入管理、国债管理、政府采购、宏观经济预测等系统的数据共享。它有下列子系统:

(1)国库集中支付管理系统;
(2)总账管理系统;

(3) 分月用款计划管理系统；

(4) 预算单位财政资金支付管理系统。

3. 现金管理系统

该系统对国库现金账进行实时管理，并实现与国库支付管理、收入管理、国债管理、政府采购等系统的数据共享。主要功能模块包括与中国人民银行国库局和与商业银行连接的支付对账系统、现金流预测系统，可实现在现金流总体控制条件下的支付授权。

4. 工资统一发放管理系统

工资统一发放管理系统存储财政供养人员的基本信息、工资结构，并通过国库单一账户来管理和发放每个人的工资。通过系统的内部控制机制和财政、人事部门、编制机构的三方核对，能有效防止个人工资虚增冒领的现象。具备工资调整预测功能，有与银行的接口，能够通过代理银行直接将工资发放到个人账户。该系统还将拓展用于住房补贴、住房公积金、个人医疗费的直接支付，并提供对外个人工资信息的网上授权查询功能。

5. 国债（债务）管理系统

具有对国债发行计划、国债发行及清偿进行管理，国债风险评估，国债经济效益分析等功能，并实现与预算管理、国库支付管理、现金管理、宏观经济预测等系统的数据共享。该系统包括四个子系统：

(1) 国债发行计划系统；

(2) 国债发行及清偿管理系统；

(3) 国债风险评估系统；

(4) 国债经济效益分析系统。

6. 政府采购管理系统

以网络化和电子商务的先进技术手段支持政府采购业务流程，并实现与预算管理中的政府采购预算、国库支付中的采购订单相连接，与固定资产管理等系统实现数据共享。政府采购管理系统的核心由四部分组成：采购项目管理系统、政府采购信息发布系统、政府采购订单管理系统、政府采购审计监督系统。

7. 固定资产管理系统

建立固定资产总分类账，支持固定资产添置、折旧、重估、报废等管理工作，实时更新和维护固定资产数据库，并实现与国库总分类账、政府采购等系统的数据共享。

8. 收入管理系统

收入管理系统主要管理税收收入和非税收入，并实现与预算编制、国库支付管理、现金管理、宏观经济预测等系统的数据共享。该系统的税收收入系统将与税务、海关连接，具有退税管理功能。非税收入是执行"收支两条线"、实现综合预算的关键，也是收入管理系统的主体部分。

9. 财政经济景气分析系统

该系统以财政数据库的数据为基础，综合国内外宏观经济数据，建立财政收支分析预测模型、财政监测预警模型、财政分析模型、宏观经济预测模型、宏观经济景气与监测模型，科学、全面地掌握宏观经济和财政收支增减因素，合理控制债务规模，为政府财政预算编制、财政支出管理、财政政策调整提供辅助决策依据。

#### 10. 标准代码系统

为实现"金财工程"各系统间的信息共享,必须首先建立规范、统一的数据标准;进一步扩充完善《财政信息分类与代码》,统一规范基础数据指标体系、建立财政业务各环节的主体数据表,对财政应用基础数据按主体进行科学定义和分解(元数据化),在此基础上建立"金财工程"核心数据模型。

#### 11. 外部接口系统化

"金财工程"需要与税务、海关、中国人民银行国库、代理商业银行信息交换与业务连接,需要写发改委、卫生、民政、统计等综合经济部门相连接,通过对外接口向国务院、人大财政委、各综合经济管理部门提供相关信息。

#### 12. 总账管理系统

总账管理系统是"金财工程"数据存储及管理的核心,它既管理收入账,又管理支出账。利用该系统,可分解出每个部门、每个预算单位的明细账目。真正实现"一级财政一本账"管理。

### (二) 网络系统

我国将建立一个覆盖全国各级财政部门和财政资金使用部门的纵横向三级系统。纵向上,建立财政部连接各省(区、市)财政厅(局)的一级骨干网,省级财政连接各市(地、州)级财政的二级骨干网,市(地、州)级财政连接县级财政的三级骨干网;横向上,实现各级财政部门与同级预算单位、中国人民银行、代理银行等部门连接。建立政府财政管理信息系统的运行基础,以支撑财政核心业务的应用。

为确保"金财工程"高效、稳定、可靠地运行,需要提供对网络、系统、数据进行有效管理和监控的手段,实现财政部网络中心的计算机系统硬件、操作系统、数据库平台的两级集中管理。

### (三) 安全保障体系

建立统一的安全体系是"金财工程"建设的一个重要方面,要实现全系统的应用安全、系统安全、网络安全和物理安全的统一管理,重点建设以认证中心、数据加密为核心的应用安全平台,制定相应的安全管理制度,为"金财工程"提供有效的安全保障。

按照高可靠性和高标准的故障恢复能力,建立完善的备份与恢复系统。做好现场备份、同城备份及异地备份。待"电子签名"等具备法律依据,可以采用无纸化的网上支付及缴纳时,采用实时模式灾难恢复技术,建立一个高度可靠和高度可用的系统。

## 四、"金财工程"的建设与发展

### (一) "金财工程"的建设原则

"金财工程"建设规模庞大、安全要求高、实施周期长、涉及面广,需要精心组织、协调各方。在实施过程中,要遵循以下原则。

#### 1. 坚持为财政业务服务的原则

服务财政业务,特别是服务财政改革,是信息化建设的出发点和归宿。同时,财政业务工作只有借助现代化手段才能得到更强有力的支撑,实现管理方向上的重大改变。

"金财工程"应根据财政业务需要来开发建设、规划理财,而且应立足于现代财政政策和管理体制,同时为将来财政改革和业务开展留有空间。

2. 坚持"五统一"原则

"金财工程"是一项复杂的、技术性很强的系统工程,涉及财政改革与管理工作的方方面面,只有严格遵守"统一领导、统一规划、统一技术标准、统一系统平台和统一组织实施",即"五统一原则",才能发挥预期作用,避免重复建设,减少损失浪费。

3. 坚持先进性与实用性相结合的原则

财政业务改革是一个循序渐进、逐步深化到位的过程。"金财工程"建设要充分考虑这一现实,科学、合理地制定实施步骤,正确处理好先进与实用关系。既要考虑现实财政业务工作的情况,又要放眼长远,坚持高标准,留有接口,为日后根据信息技术发展的最新动态和财政业务发展的需要进行软件升级打下基础。

4. 坚持建设与应用并举的原则

网络建设和网络应用是财政信息化建设相辅相成、紧密相关的两个方面。四通八达的计算机网络,可为网络应用奠定良好的基础,为实现信息资源共享管理手段的科学化创造条件。搞好网络应用,可使网络资源得到充分利用,尽快发挥网络的作用。因此,在建设"金财工程"的过程中要牢牢把握"应用"这个核心,全面提高各业务信息系统和计算机网络的运用效率,使"金财工程"尽快发挥作用。

(二)"金财工程"的组织实施

1. 组织领导

(1)领导小组。"金财工程"领导小组由财政部主要领导人任组长,成员由预算司、国库司、有关业务司和信息网络中心领导组成,是项目的领导机构。其职责是负责"金财工程"的建设规划、技术方案、项目投资、实施计划、项目管理等问题的最终决策,负责系统建设、组织实施中重大问题的协调工作等。

(2)领导小组办公室。领导小组办公室负责工程实施的决策,协调日常工作,制定详细的工作计划和各种管理规范,管理中央级"政府财政管理信息系统"的建设和指导地方各级"政府财政管理信息系统"建设。其具体任务是编制项目可行性研究报告、项目设计书,制定工程设施方案和实施计划,制定财政信息管理基础编码体系,制定信息流程标准规范,编制项目预算,承担工程进程管理、质量管理、资金管理、文档管理、设备采购和招标管理,负责工程的组织实施、测试和验收,承担领导小组交办的其他事项。

(3)网络管理中心。网络管理中心的工作由财政部信息网络中心负责。其主要职责是制定中央及政府财政管理信息系统运行维护的相关规章制度,指导地方各级政府财政管理信息系统管理中心的工作。各省财政管理部门成立对应工作机构,并在中央相应机构的指导下工作;省以下的财政部门根据实际情况成立机构并完成相关工作。

2. 实施状况

"金财工程"的实施步骤大致可分为以下四个阶段。

(1)2000年完成政府财政管理信息系统初步框架设计。

(2)2001年完成小范围的政府财政管理信息系统试点。

(3)2002年扩大试点,完成政府财政管理信息系统的详细设计。

(4) 2003—2008年为"金财工程"的规划建设期,按照"试点先行、稳步推进"的原则,分两期建设。

2003—2006年为第一期,主要依据财政改革进度确定,完成预算管理系统、国库支付管理系统、收入系统中的非税收入管理系统、工资统一发放管理系统及部分财政经济景气预测与分析系统的开发和运营,并部分完成财政业务应用支撑平台的开发工作,同时建设系统运营所必需的网络、安全、运营维护等保障环境,即初步建成业务标准统一、操作功能完善、网络安全可靠、覆盖所有财政资金、辐射各级财政部门和预算单位的政府财政信息管理系统;

2006—2008年完成了"金财工程"的二期建设,更加完善了整个财政业务管理应用系统,完成了从上到下、财政业务全覆盖的"金财工程"系统的建设。

3. 财政一体化管理信息系统建设

"金财工程"的初步建成,改变了财政系统多年来"粗放"的管理模式,完善了预算管理,提高了预算管理效率,为财政管理决策提供了有力支持。但在提出"金财工程"之初,其建设目标是建立财政业务应用系统和覆盖全国各级财政管理部门和财政资金使用部门的信息网络系统。这导致预算和业务系统信息不共享,形成数据孤岛。因此,"十一五"期间的"金财工程"建设仅仅是财政信息化建设的初级阶段。

2011年至今,"金财工程"进一步升级发展,进入财政一体化管理信息系统整合阶段。经过"金财工程"建设,各级财政部门的业务系统已经非常完备,可以满足日常业务办理需要。财政信息化建设的重点已不再是单一业务系统建设,而是整合原有业务系统,提高数据分析利用水平。在"金财工程"二期的基础上,财政部门开始对财政各个业务系统模块进行"整合",将所有业务模块都放到一个平台上,逐渐形成了财政一体化管理信息系统。2011年,财政部逐渐向全国各省、市、县推广财政一体化管理信息系统,要求其以预算管理为核心、预算指标为纽带,涵盖预算管理要素、预算编制、预算执行、预算执行结果反馈即监督评价等功能,上下级财政全局统一考虑,互联互通,统一编码规范,统一数据口径,实现数据充分共享,清除信息孤岛。系统内部形成多个业务模块:部门预算、国库集中支付、指标管理、计划管理、公务卡结算、票据管理、政府采购、财政工资统发、固定资产管理等。同时,外围还连接预算单位、人民银行国库、代理银行等单位。财政一体化管理信息系统已经涵盖了财政部门的所有日常工作。

(三) 大数据环境下"金财工程"的发展

2013年,随着预算管理制度对接全预算口径管理,它既包括固有预算管理体系内的预算编制、预算执行和预算监督等,也包括预算动态管理均衡、预算支出绩效评价、预算信息透明公开、公众参与式预算等方面的补充,其目标是实现预算管理体系的全面规范和公开透明,进而满足民众对预算管理安排的期待。预算管理的变化对"金财工程"建设提出了更高的要求,须运用、分析海量财政数据才能满足新的管理需要。因此,在大数据环境下,"金财工程"建设须从以下四个方面进一步深化发展。

1. 搭建系统平台

依托财政一体化管理信息系统,构建覆盖全国财政、税务、海关、金融等方面的财税大数据系统,加快建设个人收入和财产信息系统。通过网络,中央财政可以即时掌握全国所有的原始财政收支数据,包括关于每一个企业、居民,每一级政府、每一个预算单位的财政收支数据。同时,摸清和即时掌握中央和地方财政的家底,相应调整财政收入支出政策,应对经济变化的挑战。

2. 建立数据标准

财政大数据应用充分发挥效能的前提是大数据的标准化以及业务流程和组织管理的规范化。财政数据标准化的关键性工作环节包括:运用信息组织技术对财政数据进行规范化的重组,消除数据结构的不合理,冗余混乱、分散等情况;确定财政信息技术标准化中应遵循的最基本的标准,包括数据元素标准、信息分类编码标准、用户视图标准、概念数据库标准和逻辑数据库标准等;数据标准规定财政业务的最小数据单元,从名称、定义、数据类型、表示形式、值域等各个方面做出描述。

3. 共享数据采集

推动中央政府和各级政府公共数据的有效采集、统一格式、免费普遍公开。大数据系统可以为资源优化配置、统一市场消除信息不对称的壁垒,极大地增强政府的公信力和执行力。政府掌握着经济社会运行的绝大部分数据,这些数据的公开和分享,既可以催生新产业、提高市场运行效率、提高政府透明度,又可以成为知识生产和技术创新的土壤。构建中央财政收支及各级政府公共数据的公开网站,统一数据格式,推动自然地理、经济社会等数据在全社会的共享,为下一代互联网的发展创造条件,为技术创新提供强大的基础和支撑。

4. 挖掘数据价值

大数据的价值并非体现在具体、琐碎、孤立、冗繁的基础数据中,而是体现在对基础数据的甄别筛选、分析判断、趋势预测上。大数据价值的发挥依赖于对原本具体、琐碎、孤立、冗繁的数据进行比对分析、归纳汇总、趋势判断。数据使用者须通过挖掘数据间互相影响和制约的关系来发挥其蕴藏的巨大价值。大数据时代的预算管理更应注重数据分析。面对海量数据信息,预算管理者应具备数据挖掘的基本素质,掌握数据分析的基本方法,能够充分运用分类归纳、重点筛选、比对分析、关联挖掘、趋势分析、建模分析等方法多角度、多维度地挖掘财政数据中蕴含的价值,为政府财政分析、预算管理、财政预警、政策决策等提供参考,促使资金使用部门最大限度地提高财政资金使用效率,改善预算管理。

# 参考文献

[1] 焦建国.英国公共财政制度变迁分析[M].经济科学出版社,2009.
[2] 马国贤.政府预算[M].上海财经大学出版社,2011.
[3] 李燕.政府预算管理[M].北京大学出版社,2016.
[4] 李兰英.政府预算管理[M].西安交通大学出版社,2007.
[5] 包丽萍.政府预算[M].东北财经大学出版社,2011.
[6] 王邦佐等.新政治学概要[M].复旦大学出版社,1999.
[7] 陶勇.地方财政学[M].上海财经大学出版社,2006.
[8] 杨君昌.公共预算:政府改革的钥匙[M].中国财政经济出版社,2008.
[9] 联合国.国民经济核算体系2008[M].中国统计出版社,2010.
[10] 世界银行.1994年世界发展报告:为发展提供基础设施[M].中国财政经济出版社,1994.
[11] 熊波,王修贵,关洪林,刘英萍,翟丽妮.事权划分的国际经验与借鉴[J].经济研究导刊,2016(04):187—190.
[12] 张守文.论"共享型分税制"及其法律改进[J].税务研究,2014(01):58—63.
[13] 中华人民共和国统计局.中国统计年鉴2010[M].中国统计出版社,2010.
[14] 国际货币基金组织.财政透明度守则[M].人民出版社,2001.
[15] 白伊宏.论我国预算编制方法的改革[J].中央财政金融学院学报,1987(04):23—25.
[16] 傅志华,邱玉芳.国外复式预算制实践[J].经济研究参考,1992(Z5):683—692.
[17] 徐旭川,罗旭.论全口径政府预算范围的合理构建[J].江西社会科学,2013,33(04):74—77.
[18] 财政部预算司.2007年政府收支分类科目[M].中国财政经济出版社,2006.
[19] 王雁.英国地方政府预算的编制与管理[J].财会研究,2003(05):58—60.
[20] 郑建新.中国政府预算制度改革研究[M].中国财政经济出版社,2003.
[21] 马蔡琛.如何解读政府预算报告[M].中国财政经济出版社,2002.
[22] 夏露露.德国财政转移支付制度及对我国的启示[J].湖北文理学院学报,2013,34(04):43—46.
[23] 卢洪友.政府预算学[M].武汉大学出版社,2005.
[24] 贾康,常丽.政府财务报告目标提升与重构——基于财政透明度原则的解析和开拓创新[J].财政监督,2009(14):6—9.
[25] 邓淑莲,曾军平,郑春荣,朱颖.中国省级财政透明度评估(2017)[J].上海财经大

学学报,2018,20(3):18—28.

[26] George Kopits, Jon D. Craig. Transparency in Government Operations[M]. IMF Publisher,1998.

**图书在版编目(CIP)数据**

政府预算管理/徐旭川编著.—上海:复旦大学出版社,2019.8
信毅教材大系
ISBN 978-7-309-14541-0

Ⅰ.①政… Ⅱ.①徐… Ⅲ.①国家预算-预算管理-中国-高等学校-教材 Ⅳ.①F812.3

中国版本图书馆 CIP 数据核字(2019)第 166150 号

**政府预算管理**
徐旭川 编著
责任编辑/方毅超 李 荃

复旦大学出版社有限公司出版发行
上海市国权路 579 号 邮编:200433
网址: fupnet@fudanpress.com http://www.fudanpress.com
门市零售: 86-21-65642857 团体订购: 86-21-65118853
外埠邮购: 86-21-65109143
上海四维数字图文有限公司

开本 787×1092 1/16 印张 14.75 字数 315 千
2019 年 8 月第 1 版第 1 次印刷
印数 1—3 100

ISBN 978-7-309-14541-0/F·2608
定价:38.00 元

如有印装质量问题,请向复旦大学出版社有限公司发行部调换。
版权所有 侵权必究